高等职业教育精品规划教材

乡村旅游开发与经营管理

主 编 何 瑛
副主编 董珍慧 赵文秀 刘 芳

西安交通大学出版社
XI'AN JIAOTONG UNIVERSITY PRESS

内容简介

本教材的编写以职业教育教学改革思想为指导,以国家职业标准和行业标准为依据,以校企深度融合为基础,以乡村旅游开发与经营管理的实践为主线,采用"项目导向、任务驱动"的模块化教学理念与方法,将课程内容整合设计为乡村旅游概论、乡村旅游项目开发、乡村旅游设施建设、乡村旅游经营管理、乡村旅游商品开发、乡村旅游市场营销、乡村旅游从业人员等七个模块,以提高学生的实践能力、管理能力以及职业能力。

本教材既可作为高职高专旅游专业的教材,也可作为旅行社从业人员的培训教材。

图书在版编目(CIP)数据

乡村旅游开发与经营管理/何瑛主编.—西安:西安交通大学出版社,2019.9(2024.1重印)
ISBN 978-7-5693-1294-2

Ⅰ.①乡… Ⅱ.①何… Ⅲ.①乡村-旅游资源开发-中国-高等职业教育-教材 ②乡村-旅游企业-企业经营管理-中国-高等职业教育-教材 Ⅳ.①F592.3

中国版本图书馆 CIP 数据核字(2019)第179526号

书　　名	乡村旅游开发与经营管理
主　　编	何　瑛
副 主 编	董珍慧　赵文秀　刘　芳
策划编辑	曹　昳
责任编辑	陈　昕
出版发行	西安交通大学出版社 (西安市兴庆南路1号　邮政编码 710048)
网　　址	http://www.xjtupress.com
电　　话	(029)82668357　82667874(市场营销中心) (029)82668315(总编办)
传　　真	(029)82668280
印　　刷	西安五星印刷有限公司
开　　本	787 mm×1092 mm　1/16　印张 19.75　字数 294千字
版次印次	2019年9月第1版　2024年1月第5次印刷
书　　号	ISBN 978-7-5693-1294-2
定　　价	43.60元

如发现印装质量问题,请与本社市场营销中心联系。

订购热线:(029)82665248　(029)82667874
投稿热线:(029)82668502　QQ:8377981
读者信箱:lg_book@163.com

版权所有　侵权必究

甘肃工业职业技术学院

教材编写委员会

主 任： 鲁挑建

副主任： 何 瑛　刘智涛　曹 昳

委 员（排名不分先后）：

　　　　姜啟明　高 翔　王敏龙　任四清　董珍慧　刘 芳
　　　　赵文秀　佟 磊　王红玲　王利军　陈冠臣　王筱君
　　　　杨军义　唐 均　丁智奇　吴永春　杨轶霞　陈浩龙
　　　　杨 虎　杨明皓　张 鑫　李 鹏　史东坡　石生益
　　　　廖天录　黄晓慧　刘青青

前　言

近年来，乡村旅游已成为中国旅游发展新热点，也是最具潜力与活力的旅游板块之一。《"十三五"旅游业发展规划》中出现了关于乡村旅游的十大关键词：乡村"创客"、城镇化、农业现代化、特色村镇、智慧旅游乡村、传统村落休闲游、厕所革命、乡村度假、旅游扶贫、土地供给政策等。各省市也充分利用有利时机，大力发展乡村旅游，使乡村旅游成为乡村发展的"新引擎"。然而由于我国乡村旅游从业人员整体素质较低，高素质乡村旅游开发与经营管理人才缺乏等原因，乡村旅游的发展正面临严峻的挑战。因此，开展专业化培训，提高旅游专业学生的实践能力与管理能力；提高乡村旅游从业人员素质，增强乡村旅游企业的综合竞争力，将是发展乡村旅游的当务之急。

乡村旅游开发与经营管理实务是一门以众多学科为基础、专门研究怎样进行乡村旅游开发与经营管理的应用型课程。通过这门课程的学习，学生能够掌握乡村旅游开发与经营管理的基本理论，提高乡村旅游开发与经营管理能力，提升乡村旅游商品开发与市场营销技能，最终胜任乡村旅游企业的各级管理工作。

本教材的编写以职业教育教学改革思想为指导，以国家职业标准和行业标准为依据，以校企深度融合为基础，以乡村旅游经营与管理的实践为主线，采用"项目导向、任务驱动"的模块化教学理念与方法，将课程内容整合设计为乡村旅游概论、乡村旅游项目开发、乡村旅游设施建设、乡村旅游经营管理、乡村旅游商品开发、乡村旅游市场营销、乡村旅游从业人员等七个模块，以提高学生的实践能力、管理能力以及职业能力。

本教材具有如下特点：

1. 实用性，坚持理论联系实际，强调操作技能与实训，注重实践；

2. 前沿性，吸收最新的研究成果，采用乡村旅游企业经营管理实践中的最新理念、方法和成功案例，与时俱进；

3. 丰富性，覆盖了乡村旅游开发与经营管理各个领域的内容，从基本理论到项目开发、设施建设，从经营管理到商品开发、市场营销、从业人员培训等，内容全面系统。

本教材共分七个模块，刘芳负责编写模块一，赵文秀编写模块二、模块七，董珍慧编写模块三、四、五、六。何瑛参与编写模块六，负责全书编写大纲的拟定，并完成最后的修改定稿工作。

本教材在编写过程中借鉴了很多同行专家、学者的研究成果，参考了许多旅行社企业的资料，在此谨向他们表示衷心的感谢！

由于编者水平和经验所限，书中难免存在疏漏和不妥之处，恳请广大读者批评指正。

编者

2019年1月

目录

模块一　乡村旅游概论

项目一　乡村旅游概述 3

项目二　乡村旅游的起源与发展 14

模块二　乡村旅游项目开发

项目一　乡村旅游资源 29

　　任务一　认识乡村旅游资源 30

　　任务二　乡村旅游资源的开发 43

项目二　乡村旅游项目开发 54

　　任务一　乡村旅游项目开发的前期准备 55

　　任务二　乡村旅游项目的开发 58

模块三　乡村旅游设施建设

项目一　乡村旅游交通设施建设 81

　　任务一　乡村道路建设 82

　　任务二　乡村旅游道路沿线景观建设 85

　　任务三　乡村旅游交通配套设施建设 89

项目二　乡村旅游景观建设 95

任务一　乡村旅游景观层次 96
任务二　乡村旅游景观的设计思路 98
任务三　乡村旅游景观建设 100

项目三　乡村旅游接待服务设施 107

任务一　乡村住宿设施建设 108
任务二　乡村餐饮设施建设 117
任务三　乡村游憩（娱乐）设施建设 118
任务四　乡村购物设施建设 124
任务五　乡村旅游解说系统的建设 127

项目四　乡村环卫设施建设 133

任务一　乡村厕所建设 134
任务二　乡村垃圾处理设施建设 136
任务三　给水和污水处理设施建设 137

项目五　乡村旅游信息服务设施建设 139

任务一　导览标识系统 140
任务二　通信设施及紧急救援设施 144
任务三　乡村旅游智慧化建设 145

模块四　乡村旅游经营管理

项目一　乡村旅游餐饮经营管理 ... 159
　　任务一　乡村特色餐饮的开发 ... 160
　　任务二　乡村特色餐饮资源开发 ... 165

项目二　乡村旅游住宿经营模式 ... 170
　　任务一　乡村旅游住宿产品概述 ... 171
　　任务二　乡村旅游住宿产品的类型 ... 172
　　任务三　乡村旅游住宿经营模式 ... 176

项目三　乡村体验项目开发与经营管理 ... 196
　　任务一　乡村旅游体验项目开发 ... 197
　　任务二　乡村旅游休闲体验项目类型 ... 202

模块五　乡村旅游商品开发

项目一　乡村旅游商品概述 ... 209
　　任务一　乡村旅游商品的内涵与特色 ... 210
　　任务二　乡村旅游商品开发的资源 ... 212

项目二　乡村旅游商品开发 ... 215
　　任务一　乡村旅游商品开发的意义 ... 216
　　任务二　乡村旅游商品开发的类型 ... 217

　　　　任务三　乡村旅游商品的开发生产 222

　　　　任务四　乡村旅游商品的包装 228

　　　　任务五　乡村旅游商品的销售 230

模块六　乡村旅游市场营销

　　项目一　乡村旅游市场营销概述 243

　　　　任务一　乡村旅游市场营销的主体 244

　　　　任务二　乡村旅游市场营销的内容 246

　　　　任务三　乡村旅游的目标市场 251

　　项目二　乡村旅游市场营销策略 256

　　　　任务一　乡村旅游网络营销 257

　　　　任务二　注意力营销 258

　　　　任务三　4P 组合策略 261

模块七　乡村旅游从业人员

　　项目一　乡村旅游从业人员的形象设计 271

　　　　任务一　角色定位 272

　　　　任务二　形象塑造 274

　　项目二　乡村旅游从业人员的服务规范 291

　　项目三　乡村旅游从业人员的培养 296

参考文献 304

模块一

乡村旅游概论

 学习目标

通过本模块的学习，理解国内外乡村旅游的内涵，掌握乡村旅游的分类及特点，了解发展乡村旅游的意义，熟悉国内外乡村旅游的起源与发展，掌握乡村旅游的发展趋势。

【导言】

乡村旅游是以农民为经营主体，以农民所拥有的土地、庭院、经济作物和地方资源等为特色，以乡村民俗文化为灵魂，以城市居民为目标，以为游客服务为经营手段的一种休闲旅游形式。现代乡村旅游发源于19世纪中期的欧洲，是工业化与城市化发展的结果。我国的乡村旅游萌芽于20世纪50年代，学术界开始研究乡村旅游始于20世纪90年代。

乡村旅游具有旅游活动内容的乡村性、旅游目标市场的特定性、旅游产品的体验性、旅游开发的扶贫性、旅游资源的可持续性、时空的多变性以及效益的内在统一性等特征。乡村旅游根据不同的标准，可划分为不同的类型。其作为阻止农业衰退和增加农村收入的有效手段，展示出很强的生命力和越来越大的发展潜力，已成为人们新的生活方式。

模块一 乡村旅游概论

项目一 乡村旅游概述

【项目引入】

中国作为一个农业大国,"三农"(农业、农村和农民)问题在我国社会主义现代化建设新时期具有重要战略地位。2005年10月在党的十六届五中全会上,"三农"问题被正式提出。20世纪90年代以来,伴随着我国经济的快速发展,人民收入水平的提高,国内的一些新兴工业城市和沿海发达城市的区域旅游市场开始陆续导入乡村旅游模式。乡村旅游在转移农村富余劳动力、增加农民收入、改善农村基础设施、优化农业结构等方面有着得天独厚的优势,为解决"三农"问题提供了一条有效的途径,受到了党和国家以及社会各界的高度重视。2015年中央一号文件提出,要大力发展扶持与农村相关的各类产业,深度挖掘乡村旅游观光、人文风情、文化教育的价值。2016年中央一号文件再次强调加强乡村旅游和休闲农业的发展,将其打造成为富裕农民、繁荣农村的新型支柱产业。2017年的中央一号文件指出,要利用乡村各种形态资源的独特优势,利用"旅游+""生态+"等模式,促使农业、林业与休闲娱乐、风土人情、教育文化、修身养性等深度融合,使乡村旅游业态和产品更加多元化。一系列中央文件突出了旅游在"三农"问题中的地位和作用,促进乡村旅游真正成为繁荣农村、富裕农民的新兴支柱产业。

【学习目标】

知识目标:

- 理解国内外乡村旅游的内涵;
- 掌握乡村旅游的分类及特点;
- 了解发展乡村旅游的意义。

能力目标：

● 能够分析周边乡村旅游资源的类别和特点。

◆ 结合所学知识，以组为单位，对周边乡村旅游产品的类型、特点进行调研，完成调研报告，并以计算机演示文稿（PPT）的形式进行汇报。

一、乡村旅游概念界定

（一）国外关于乡村旅游的概念界定

在国外，乡村旅游最早发源于19世纪的法国，然而对乡村旅游进行学术研究始于"二战"后。关于乡村旅游的概念，从研究问题的不同角度和不同目的出发，不同国家的不同学者给出了各有侧重的定义。

西班牙学者希尔韦特（Gilbert）等认为，乡村旅游就是农户为旅游者提供食宿等条件，使其在农场、牧场等典型的乡村环境中从事各种休闲活动的一种旅游形式。

美国的爱德华·因斯克普（Edward Inskeep）在《旅游规划：一种可持续的综合方法》一书中提出，农业旅游、农庄旅游、乡村旅游这三个概念可以相互转换，无需区分。

欧盟（EU）和世界经济发展组织（OECD）认为，乡村旅游是指在乡村发生的旅游活动。在乡村开展的旅游，田园风味是其中心和独特的卖点。

英国的布拉姆韦尔（Bramwell）认为，乡村旅游不仅是基于农业的旅游活动，而且是一个多层面的旅游活动。它除了基于农业的假日旅游外，还包括特殊兴趣的自然旅游、生态旅游，在假日步行、登山和骑马等活动，探险、运动和健康旅游，打猎和钓鱼，教育性的旅游，文化与传统旅游，以及一些区域的民俗旅游活动。

以色列的阿里耶·赖歇尔（Arie Reichel）、奥代德·勒文加特（Oded Lowengart）和美国的埃迪·米尔曼（Ady Milman）简明扼要地说，乡村旅游就是位于农村区域的旅游,具有农村区域的特性,如旅游企业规模要小、区域要开阔和具有可持续发展性等特点。

西班牙学者佩拉莱斯(Perales)将乡村旅游分为传统乡村旅游和现代乡村旅游。传统的乡村旅游在工业革命后,主要源于从农村转移到城市的居民采取的一种"回老家"度假的形式:主要在假日进行;没有有效地促进当地经济的发展;没有给当地增加就业机会和改善当地的金融环境。而现代乡村旅游是20世纪80年代在农村出现的一种新型的旅游模式,尤其是在20世纪90年代以后发展迅速。旅游者的旅游动机明显区别于回老家的传统旅游者:旅游的时间不仅仅局限于假期;现代乡村旅游者充分利用农村区域的优美景观、自然环境和建筑、文化等资源;现代乡村旅游对农村经济的贡献不仅仅表现在给当地增加了财政收入,还表现在给当地创造了就业机会,同时给当地衰弱的传统经济注入了新的活力。

斯洛博丹·乌古伊(Slobodan Unkouie)认为,乡村旅游就是非城市旅游:在芬兰,乡下地区为旅游者提供小木屋或者是用餐服务等被认为是乡村旅游;在荷兰,农林牧场中的游览观光活动被认为是乡村旅游。

由此可见,乡村旅游的概念具有一定的复合性,但是乡村旅游具有乡村性的特质是欧洲学者普遍认同的观点。乡村性是进行乡村旅游开发的基础,是吸引旅游者进行乡村旅游的根本,也是界定乡村旅游与非乡村旅游的重要标志。

(二)国内关于乡村旅游的概念界定

我国的乡村旅游萌芽于20世纪50年代,学术界开始研究乡村旅游始于20世纪90年代。目前,国内学术界对乡村旅游的概念还没有完全统一的定义。

马波认为,乡村旅游是以乡村社区为活动场所,以乡村独特的生产形态、生活风情和田园风光为对象系统的一种旅游类型。

杜江和向萍认为,乡村旅游是以乡野农村的风光和活动为吸引物,以都市居民为目标市场,以满足旅游者娱乐、求知和回归自然等方面需求为目的的一种旅游方式。

何景明、李立华等认为狭义的乡村旅游是指在乡村地区,以具有乡村性的自然和人文客体为旅游吸引物的旅游活动。乡村旅游的概念包含了两个方面:一是发生在乡村地区；二是以乡村性作为旅游吸引物，二者缺一不可。

刘红艳从乡村旅游资源和地理范围两个方面对乡村旅游的概念进行了界定。

刘德谦认为乡村旅游是以乡村地域及农事相关的风土、风物、风俗、风景组合而成的乡村风情为吸引物，吸引旅游者前往休息、观光、体验及学习等的旅游活动。

夏林根认为乡村旅游是以民土民风、历史遗迹、田园风光、好山好水、农业生产、农村和农村独特的大环境为旅游目标，以城市居民为主要目标群体，力求满足旅游者的观光、休闲、娱乐、度假等需求的旅游活动。

王昆欣、周国忠等定义了以乡村地域环境和资源为基础的乡村旅游，它是以国家和国家形象为核心，以城市居民为主体的旅游客户市场和经济发展活动模式。

葛晓虹指出，乡村旅游是自然风光与人文景观相结合的新型旅游模式，不仅可以带动经济发展，还是促进农村发展的重要途径。

郭咏嘉、张玉婷等认为，乡村旅游主要是在农村偏远地区，以农村环境为基础的旅游，独特的农村田园风光、农业生产方式和乡村生活方式等在农村特色的基础上，集观光、休闲、度假和体验于一体。

于天认为，乡村旅游是以与农民、农事有关的风物、风土、风景、民俗凝聚而成的乡村风情为出发点，吸引游客游玩、参观、体验别样风情的旅游活动。

国内专家学者对乡村旅游的认识虽然有表述上的差异，对乡村旅游的定义有些不同，但是基本内涵是相同的，即乡村旅游活动发生在乡村地区，以乡村作为旅游吸引物。

综上所述，乡村旅游就是以农民为经营主体，以农民所拥有的土地、庭院、经济作物和地方资源等为特色，以乡村民俗文化为灵魂，以城市居民为目标，以为游客服务为经营手段的一种休闲旅游形式。

二、乡村旅游的分类

根据不同的分类标准，我国乡村旅游活动可以分为不同的类型。

模块一　乡村旅游概论

（一）按对资源和市场的依赖程度分类

按对资源和市场的依赖程度来划分，乡村旅游包括资源型、市场型和中间型。

资源型乡村旅游活动对资源的依赖程度较高。这种旅游地资源丰富，特色较浓。

市场型乡村旅游活动对市场依赖程度较高，一般多集中在人口众多、交通便捷、经济发达的地方，尤其是在大中城市的内部或附近分布较多，如城市内部的民俗村、城市附近的农家乐等。

中间型乡村旅游活动资源较丰富，介于资源型和市场型之间。该类型又可以细分为两种：一种资源较丰富，市场广阔；一种资源较丰富，市场狭小。

（二）按地理位置分类

按地理位置来划分，乡村旅游包括都市近郊型、都市远郊型和景区边缘型。

都市近郊型乡村旅游主要在大都市城郊附近。其中，有些乡村旅游点是为了满足大中城市居民的旅游需求，在原有农业和现代农村聚落景观的基础上，融入现代科技手段而发展起来的各种观光农业。这种类型主要适应于现代都市居民日益渴望摆脱快节奏、繁杂、喧嚣、污染严重等都市环境的需求，是利用都市郊区相对良好的自然生态环境、独特的人文环境、地缘优势和便利的交通条件迅速发展起来的。这也是目前我国最普遍、最成熟的一种乡村旅游类型。

都市远郊型乡村旅游由于远离大都市核心区，区位条件相对不利，交通的通达性相对较弱。但是凭借独具特色的旅游资源，对游客仍有巨大的吸引力。这种旅游类型通常与乡土民俗旅游交织在一起，形成巨大的旅游发展潜力，如云南的丽江风景区、江西的红色景区等是这种旅游类型的代表。

景区边缘型乡村旅游通常在地势平坦、道路通达性相对良好的风景区内，观光旅游可以由旅游景区向周围乡村地域扩散。这种乡村旅游类型是风景区观光旅游的衍生物，是依托著名风景名胜区而发展起来的一种附属旅游产品，是游客在对自然风景观光之余，对周围村庄的田园风光和农家生活的欣赏与体验。

（三）按科技含量分类

按科技含量来划分，乡村旅游包括现代型和传统型。

传统型乡村旅游活动以不为都市人熟悉的农业生产过程为卖点，在城市近郊或风景区附近开辟特色果园、菜园等，让游客入内采摘、观赏，享受田园乐趣。

现代型（都市科技型）乡村旅游活动以高科技为主要特征，在城内或郊区等建立小型的农、林、牧生产基地，既能为城市提供时鲜产品，又能结合农业生产与科普教育。

（四）按旅游产业的功能分类

从游客的角度，结合旅游产业的功能，可以将乡村旅游的类型划分为度假、休闲、疗养、观光、购物、体验、教育七种类型。

度假型的乡村旅游主要是到观光农园或农家"住农家房、吃农家饭、干农家活"的休闲度假旅游形式，露营、乡间散步、爬山、滑雪、骑马、划船、漂流等乡村度假健身、娱乐活动也属于这一类型。度假型的乡村旅游是近几年来新盛行的旅游发展方式，也是潜力比较大的娱乐度假旅游。

休闲型乡村旅游以乡村风景为背景，以宁静的乡村氛围为依托，提供棋牌、歌舞、观光、采风等休闲娱乐活动服务。也有人将乡村居民的生产和生活场景、器皿工具、房屋建筑、屋内陈设、饮食、服饰、礼仪、节庆活动、婚恋习俗，以及民族歌舞和语言等方面的传统特色纳入休闲型乡村旅游中。

疗养型的乡村旅游是随着人们生活水平的不断提高，对养生、保健等方面也越来越重视而产生的一种新的需求形式，是主要以开发浴场、温泉等康体疗养和健身娱乐为主题的旅游活动。

观光型的乡村旅游主要以欣赏和体验农村绿色景观和自然田园风光、现代"三高"（高质、高产、高经济效益的农产品或项目）农业园区、传统民居和民俗节庆活动为主题，以满足游客回归自然，感受大自然的原始美、天然美，并在山清水秀的自然风光和多姿多彩的民族风情中放松自己的需求，从而使他们获得一种心灵上的愉悦感。

购物型的乡村旅游主要是以土特产品、手工艺品、旅游纪念品等为资源而开展的旅游活动。

体验型的乡村旅游主要是开发亲自参与农业生产活动等旅游活动。体验型

模块一 乡村旅游概论

乡村旅游主要与当地的民俗文化、农业生产和农副产品相结合，通过参与民俗活动、种花栽树、修剪花草、除草施肥、挖地种菜、采摘瓜果蔬菜、捕鱼捞虾、放养动物、水磨磨米面、水车灌溉、石臼舂米、学做乡村风味小吃、木机织布、手工刺绣、制作简单农具或陶制品等体验乡村生活的质朴淡雅，体验耕种收获的喜悦，是一种"房归你住，田归你种，牛归你放，鱼归你养，帮你山野安个家"的整体体验方式，还包括野味产品、土特产品的品尝活动。

教育型乡村旅游以拓宽视野和增长见识为主题。一方面以长期生活在城市的人们，特别是少年儿童为对象，向他们普及农业、农科知识，使他们了解乡村的民风与民俗。另一方面，以有特殊兴趣的人为对象，他们考察研究先进农业、特色农业或农业文化，以学习农业技艺为主，通过农村留学、参观考察、教育培训等多种形式，开展农业文化考察、特色农业考察、农业技术培训、花木栽培装饰培训、工艺品制作培训、农业知识学习等研修型乡村旅游活动，从而发挥了乡村农业的教育功能。

三、乡村旅游的特点

乡村旅游是建立在农业生产基础上发展起来的一种旅游产业。乡村旅游的特点既能够充分表现出农业生产领域的特点，还能够反映出旅游产业领域的特点。在发展乡村旅游的过程中，集中体现出以下几点特征。

（一）旅游活动内容的乡村性

我国是一个历史悠久的农业文明古国，广大农村地区保持了原始的自然风貌、风格迥异的风土人情、乡风民俗，使乡村旅游在活动区域和活动的对象上具有乡村性的特点。乡村性是乡村旅游区别于其他形式旅游活动的根本标志。对于城市的旅游者来说，古朴的乡村作坊、原始的建筑风格、真实的民风民俗、土生的农副产品，构成了乡村地域的"古、始、真、土"的独特景观，是游客贴近自然、返璞归真的重要吸引力。

（二）旅游目标市场的特定性

一方面，乡村旅游以农业为载体，为旅游者提供休闲、娱乐、观赏等旅游服务。这就决定了它对居住在具有城乡一体化特征的小城镇的居民难以产生足够的吸引力，它的目标客源市场只能定位在有别于乡村的大中城市。另一方面，我国乡村旅游的目标客源市场主要集中在国内，对境外游客的吸引力相对较小，入境旅游者成为我国乡村旅游的主要客源对象的条件尚未完全具备。

（三）旅游产品的体验性

乡村旅游是复杂的、多侧面的、多功能的复合型旅游活动，除了具备传统旅游项目的共性外，乡村旅游使游客在主体行为上具有很大程度的参与性、娱乐性，它的本质在于体验。乡村旅游的游客主要是以城市平民为主的城市人群，旅游者离开居住地到乡村地区，旅游的最大动力就是城乡之间在自然景观、自然环境、社会经济、生活方式等方面具有的差异性。乡村旅游主体参与性的实质在于让游客通过参加旅游活动来达到体验旅游的目标，使游客在切身体验乡村的民风民俗和农事生产活动之余，购得自己满意的民间工艺品和农副产品。因此，乡村旅游产品具有体验性的特点。

（四）乡村旅游开发的扶贫性

国家精准扶贫政策一再提到乡村旅游的重要意义。乡村旅游是普通百姓和社会底层人员创建的，贫困乡村将乡村旅游资源作为其经济和社会发展的重要途径。他们以当地的旅游资源为依托，借助外部推动力量来扶持当地旅游业的发展，形成独特的乡村旅游产品来最大限度地满足旅游者的需要；同时通过旅游业的关联带动作用，使贫困乡村居民摆脱贫困，促进乡村经济和社会全面发展。我国旅游扶贫实践活动开始于20世纪80年代中期，30多年来，通过发展旅游直接受益的贫困人口占全部贫困人口的1/3左右。旅游扶贫能够给贫困人口带来的不仅仅是温饱，还有外来的文化融合、贫困地区人口素养的提升，促使贫困地区产生社会、生态、经济三重效益和人与社会的和谐发展。

（五）旅游资源的可持续性

乡村旅游是发生在广大乡村地区的经济现象，是大农业和旅游业相结合产生的新型旅游产品。乡村地区的生态、环境、景观、建筑物、生产和生活工具，以及农业知识和乡村的传统都可以成为乡村旅游的重要吸引物，是潜在的乡村旅游资源。可持续发展是现代旅游发展的基本要求，乡村旅游的发展必须贯彻可持续

模块一　乡村旅游概论

发展原则。因此对其资源的开发利用一般以不破坏原有的农业生态景观和人文景观为前提，为子孙后代保留足够的生态环境和原汁原味的乡村人文景观。旅游者参与乡村旅游的主要目的是为了享受自然、回归自然，通过乡村旅游活动使得旅游者更热爱自然，将保护生态、保护自然作为一种自觉行为。

（六）乡村旅游的文化性

作为一个拥有五千年悠久历史的多民族国家，我国拥有着灿烂的历史文化，十里不同风，百里不同俗，各地都有风格迥异的乡村历史文化传统和民俗风情。广大乡村地区在民俗节庆、民间建筑、民间艺术、婚俗禁忌和趣事传说等传统文化方面保存得相对较好，而这些传统文化恰恰又构成了乡村旅游的人文旅游资源，从而使这些乡村地区的旅游产品具有较高的文化品位。游客通过到这些地区旅游，可以对这些地区的传统文化、风俗习惯有更深刻的认识和理解，这也是乡村旅游的吸引力所在。

（七）乡村旅游时空的多变性

乡村旅游具有时间上的季节性特征和空间上的差异性特点。乡村旅游资源受季节变化的影响，不同的节气有不同的自然和人文景观。我国拥有960万平方公里的陆地面积，受地域差异的影响，旅游资源比较丰富，不同地区的乡村形成了各具特色的村居环境。所以乡村旅游呈现出多样性、多变性的特点。

（八）乡村旅游效益的内在统一性

乡村旅游是社区参与型旅游开发的重要形式，它能从根本上增加农民收入，增加就业机会，促进农村产业结构调整。同时通过乡村旅游的开发建设，能够加速乡村非农化进程，增强农民的环境保护意识，最终实现乡村经济、社会的可持续发展。发展乡村旅游，强调了社会、经济、生态效益的内在统一。

四、发展乡村旅游的意义

乡村旅游作为连接城市和乡村的纽带，促进了社会资源和文明成果在城乡之间的共享以及财富重新分配的实现，并为地区间经济发展差异和城乡差别的逐步缩小、产业结构优化等做出很大贡献，推动欠发达、开发不足的乡村地区经济、社会、环境和文化的可持续发展。可以说，乡村旅游对于加快实现社会主义新农村建设及城乡统筹发展具有重要意义。

（一）促进城乡一体化建设

伴随着城市居民越来越快的工作生活节奏以及较差的生活居住环境，乡村旅游基于乡村独特的自然、人文、经济环境，依托乡村自然资源特色和优势，受到了城市居民广泛的欢迎。作为旅游产业发展的新方向，乡村旅游利用城乡差异推出特色旅游产品，满足了广大游客的精神、文化需要。此外，作为全面建成小康社会及加快农村经济产业转型的重要手段，发展乡村旅游对于城乡一体化体系建设、优化农村经济产业布局来讲，具有一定的现实意义。先进的发展理念、资金的引入能够促使乡村农民拓宽投资方向；同时，先进的技术和管理经营模式能够形成城市带动农村和农村服务城市的资源互补局面。通过逐步缩小城乡差距，不断满足城乡居民需求，增进城市与乡村居民的交流互动，有利于加快城乡一体化进程，进而能很好地促进全面建设小康与和谐社会。

（二）就地解决剩余劳动力就业问题

妥善处理好农村地区的剩余劳动力就业问题是实现地区整体现代化的关键所在。随着生产力的不断提高，我国很多农村出现了富余劳动力，他们为了生存和发展大量涌入城市。这种剩余劳动力的转移方式对于城市发展产生一定压力。乡村旅游业属于劳动密集型的产业，它吸纳劳动力的能力较强，不但需要有管理人员，还需大量的服务人员，可以实现农村剩余劳动力的就地解决，在家门口为当地农村居民创造更多的就业机会。

（三）拓宽农村居民的增收渠道

近年来各级政府也都采取了一些包括农业免税、资金支持等措施，不断促进农民增收，但是这些政策所起到的作用更多的是"输血"，而要彻底可持续地实现农民收入的增加，还必须要进行"造血"。发展乡村旅游，是对农村产业结构调整的一大突破，不仅可以促进当地农业转型升级，充分发展农业资源，而且可以调整和优化产业结构，同时带动农村二、三产业，特别是农村服务业的发展。乡村旅游依托农业资源，可以增加农业附加值，促进农业发展方式的根本转变，延长农业产业链，最终促进农民增收。另外，乡村旅游的发展可以带动一系列相关产业的发展，比如商业、建筑业、住宿餐饮业、交通运输业和加工工业等，这些都有助于当地财政收入的增加。

（四）带动农村地区精神文明建设

我国农村根深蒂固的文化传统和农民的文化素质决定了农村文化建设的长期性。发展乡村旅游，引入外来的文化，有助于提高村民的自身文化修养。通过在发展乡村旅游过程中对乡村休闲服务人员进行的教育宣传工作，有助于提升当地农村居民的服务意识。而且在发展乡村休闲观光农业的过程中，乡村农民的农业生产技术和市场营销方面的知识会得到提高，当地干部和管理人员有机会接触现代管理理念和方式。村民们在搞好本村休闲旅游的同时，自身的思想意识与观念也会慢慢发生变化，从而会衍生出农村新文化。

（五）促进新农村基础设施建设

在发展乡村旅游过程中，为了向游客提供优质的服务，必然会加大对乡村道路、农田水利、住宿设施、通信设施等各项基础设施建设的力度。此外，发展乡村旅游，作为旅游吸引物的各种旅游项目或者资源就需要得到保护。既要村容整洁，又要保持古民俗文物遗迹或者古建筑的原真性，这些都有助于保护乡村生态环境的原生态，维护古文物免遭破坏。

项目二　乡村旅游的起源与发展

【项目引入】

现代乡村旅游发源于19世纪中期的欧洲，随着工业化的发展、社会经济的高速发展、人口结构的变化、交通的日益便捷和生活节奏的加快，城市居民向往宁静的田园生活、美好的乡间环境，促使乡村旅游应运而生。但当时乡村旅游者的数量还不多，规模也很小。自19世纪70年代以来，乡村旅游在发达国家农村地区增长迅速，在许多国家乡村旅游被认为是一种阻止农业衰退和增加农民收入的有效手段。到了20世纪80年代以后，人们对生态环境的关注程度不断提高，世界范围的"绿色运动"推动了乡村旅游的发展，许多发达国家的旅游者也把乡村旅游作为重要的选择。进入20世纪90年代生态旅游作为乡村旅游的重要组成部分，得到了世界旅游组织和其他国际组织的大力推动，并开始向发展中国家推广。

我国乡村旅游的研究起步相对于国外要晚一些，并且是随着乡村旅游在我国逐渐开展而展开的。2005年10月在党的十六届五中全会上，"三农"问题被正式提出。随着我国对"三农"问题的日益关注，加之2006年以"中国乡村游"为主题的旅游宣传，国内的学者开始更加重视对于乡村旅游的研究，有关乡村旅游的开发与管理问题的研究价值和意义逐渐突显出来。目前，乡村旅游已经成为现代国际旅游的主要发展方向之一，显示出良好的发展前景。

【学习目标】

知识目标：
- 熟悉国内外乡村旅游的起源与发展；
- 掌握乡村旅游的发展趋势。

模块一　乡村旅游概论

能力目标：

● 能够根据乡村旅游的发展趋势，结合周边乡村旅游资源，设计乡村旅游产品。

【项目任务】

◆ 结合所学知识，以组为单位，设计乡村旅游产品，并以PPT的形式进行汇报。

一、国外乡村旅游的起源与发展

（一）早期形成阶段

国外乡村旅游起源于欧洲，萌芽于19世纪工业革命时期。19世纪40年代，由于工业的发展，城市发展迅速，到城市寻求发展的人不断增多，城市人口开始膨胀，造成环境污染严重、人口集中、交通拥堵，人们的活动空间狭小，城市居民的生活质量下降。闲暇之余，人们有了返璞归真的强烈愿望，希望回到空旷、美丽的大自然中感受新鲜气息，缓解由于工作和生活带来的压力，以达到愉悦身心的目的。同时在欧洲和北美一些国家的道路交通设施相当完善，大城市周边和相对偏僻的风景秀丽的乡村就成了城市居民的旅游目的地。这就构成了早期乡村休闲旅游的形态。

1855年，法国参议员欧贝尔带领一群贵族到巴黎郊外的农村度假。他们品尝野味，乘坐独木舟，学习制作农家食品，欣赏游鱼飞鸟，学习养蜂，与当地农民同吃同住、开展植树活动等。这些活动使他们重新认识了大自然的价值，也进一步加强了他们与当地农民之间的感情和友谊。自此以后，乡村旅游便在欧洲开始逐渐地流行起来，受到了都市居民广泛欢迎，并得到了快速的发展。1865年，意大利成立了农业与旅游全国农业协会，专门介绍城市居民到乡村体验农家生活、品味农家饭、欣赏乡村风景以及参加农事活动等。学术界通常把该协会的成立作为乡村旅游起源的标志。早期乡村旅游具有明显的贵族化特征，乡村旅游者的数量不多、规模很小、普及性不强。

（二）快速发展阶段

20世纪中后期，乡村旅游在国外得到了快速发展。第二次世界大战以后，城市化进程加快，城市人口高度密集。城市生态环境日益恶化，加之人们生活水平得到了很大提高，生活在城市的居民寻求到乡村休闲度假的愿望越来越强烈。

20世纪60年代，旅游大国西班牙凭借着其独特的资源优势，吸引着大批的海外游客前去游玩。它对农场和庄园进行规划建设，将其改造成简单的农舍，而改造的农舍保持了原来的建筑风格，以适应游客的住宿需求。另外，西班牙的乡村休闲旅游项目形式多样，涉及徒步观光、漂流、骑马、滑翔和登山等，并结合市场需求开办形式多样的务农学校、自然学习班以及培训班等，从而开创了世界乡村旅游的先河。

20世纪70年代，以农庄旅游为代表的乡村旅游在法国十分盛行，极大地促进了当地经济的发展。据统计，乡村旅游每年给当地农民带来的收入相当于法国旅游业收入的1/4。同一时期，以日本为代表的"务农"式乡村旅游也得到了快速发展，对增加农村社会收入、促进城乡交流起到了积极的作用。

20世纪70年代后期，伴随着世界经济的快速发展，受到绿色生态、回归自然、体验传统、文化复兴等一系列思潮的影响，乡村旅游在发达国家又迎来了新的发展高潮。乡村休闲旅游成为人们最喜欢的旅游度假方式之一。游人可以住在农家院，吃农家主人自己生产和制作的新鲜食品，欣赏乡村美丽的自然风光，在附近池塘垂钓，了解乡村习俗以增长知识，参加农事活动以体验播种和丰收的喜悦，学习制作农家工艺品等，旅游活动丰富多彩。此时，世界各国的乡村休闲旅游不再局限于观赏美丽的田园风光，而是出现了具有多种功能的观光休闲农业园。此类农业园除了可以进行观光外，还能够满足游客购物、用餐、游玩和住宿等需求，并且这些国家的乡村休闲旅游地区出现了专门从事乡村休闲旅游的从业人员。随着旅游业的发展，乡村休闲旅游逐渐从农业和旅游业中分离出来，并且找到了旅游业和农业相互结合和共同发展的交汇点，标志着一种新型交叉产业的产生。

（三）稳定发展阶段

20世纪80年代，人们对生态环境的关注程度不断提高，世界范围的"绿色运动"推动了乡村旅游的发展，乡村旅游成为一种大规模的旅游形式。随着人们生活水平不断提高，对休闲旅游度假的需求也日益增长。一些乡村旅游发展好的地区将观光农业园建设成为供游客休闲、度假、体验和接受教育的场所，于是就出现了具有生活、生产、生态等多功能的度假农庄、休闲农场、教育农园和市民农园等。

20世纪90年代，随着乡村休闲旅游的发展，其文化内涵、品位和层次得到了进一步提高。比如，一些国家推出了包括民族文化、节庆活动、民俗风情、农舍建筑、农耕文化等的乡村文化旅游。这大大丰富了游客的精神文化生活，有助于游人了解旅游地风土人情，吸引了更多的客户群。另外，乡村旅游在发达国家农村地区增长迅速，对推动经济出现不景气的农村地区的发展起到了非常重要的作用，乡村旅游对当地经济发展的贡献和意义得到了充分证明。在许多国家乡村旅游被认为是一种阻止农业衰退和增加农民收入的有效手段。在美国就有30个州有明确针对农村区域的旅游政策，其中14个州在它们的旅游总体发展规划中包含了乡村旅游。在以色列，乡村旅游开发被作为对农民收入下降的一种有效补充，乡村旅游企业数量逐年增多。包括加拿大、澳大利亚、新西兰、东欧和太平洋地区在内的许多国家，都认为乡村旅游业是农村地区经济发展和经济多样化的动力。

目前，乡村旅游已经成为现代国际旅游的主要发展方向之一，显示出良好的发展前景。特别是在德国、奥地利、英国、法国、西班牙、美国、日本等发达国家，乡村旅游已具有相当规模，走上了规范化发展的道路。根据世界旅游组织的统计，近年来欧洲每年的旅游总收入为2180亿美元，其中乡村旅游收入占到5%~10%。根据《世界旅游经济趋势报告（2018）》，从2016年到2017年，欧洲、美洲和亚太地区的旅游总收入占全球的95.0%。以法国为例，法国是世界第一大旅游入境地，乡村旅游是其旅游四大产品体系之一，其游客量近年来已跃居世界第二位。据统计，法国乡村旅游收入占旅游业总产值的34%，乡村旅游人次是法国总人口的4.5倍。在乡村旅游发展上，法国农会常设委员会开发了"欢迎你到农庄来"的组织网络，在10年间，成员发展至9000名，其中6500位成员是农民。除住宿外，农场直接销售占70%，对于40%的农民来说，直接销售营业额最高可占75%。乡村旅游全球化的趋势正在不断加强，且展示出很强的生命力和越来越大的发展潜力。

二、国内乡村旅游的起源与发展

在我国，到乡村、田野郊游有着较为久远的历史，远古先民就有到郊野农村踏青（春游）的习俗。《管子·小问》记载："桓公放春，三月观于野。"记录了齐桓公到郊野农村娱乐身心、享受明媚春光的情况。这是我国春游一词的最早出处。春游登高是唐朝社会普遍的游乐风气，仕宦游览城郊山水名胜，到郊外游居更是文人时尚和高雅的文化旅游活动，金陵文人"春游牛首秋栖霞"在唐朝时就已盛行。我国古代先民的踏青活动已具有乡村旅游的特性，可视为现代乡村旅游活动的雏形。

（一）台湾地区乡村旅游的发展阶段

我国最早发展乡村旅游的地区是台湾，其乡村休闲农业的发展可追溯至20世纪60年代，台湾开始着手设置森林游乐区，将丰富的自然森林资源与观光游憩活动相结合。

20世纪70年代，台湾的森林游乐区的发展达到最高峰。20世纪70年代末，台湾地区相继出现观光农业的雏形。例如，苗栗大湖的采摘草莓活动，这一活动当时在台湾地区颇为盛行，受到青年人的喜爱。

1980年，台北市农会创办了"木栅观光茶园"，此后台北市近郊的乡村在台北市农会的辅导之下，陆续出现多种多样的观光农园，比如菜园、花园、渔场和牧场等。鉴于台湾地区观光农业颇具发展潜力，而且能够带动乡村发展、提高农民收入，台湾农业委员会于1983年开始通过农林部门实施"发展观光农业示范计划"，积极推动观光农园的发展。20世纪80年代中期，台湾地区各地发展观光农园的局面已经是如火如荼。但是随着台湾大量观光农园的出现，这一休闲旅游的形式对于城市居民来说已不再新鲜，更重要的是由于当时台湾观光农园的发展形态主要以农产品的直接利用为主，仅为游客提供短暂的采摘果蔬和品尝农园果味

模块一 乡村旅游概论

的较单一旅游产品，无法满足游客多样化的休闲需求，从而使台湾地区的休闲农业形态逐渐朝多元化的综合性休闲农场发展。

20世纪90年代，台湾乡村休闲旅游发展遇到瓶颈。为了促使乡村休闲旅游朝着健康方向发展，1996年台湾农业委员会出台《休闲农业辅导办法》，对原来的休闲农业计划进行了调整和改进。同时农政单位委托学术机构编印《休闲农业工作手册》。手册中的内容包括休闲农业的筹建申请、经营活动项目、经营管理以及国内外乡村休闲农业类型及发展实例等，以便于辅导人员与经营管理者进行参考。

2000年7月31日台湾通过农业发展条例修正案，此修正案对发展乡村休闲农业作了一些规定，这使得台湾乡村休闲旅游的活动项目更加丰富，推动了台湾乡村休闲农业经济收益的增加，而且社会、生态效益也逐渐显现。自此，台湾的休闲农业进入了一个蓬勃发展的时期。

（二）大陆地区乡村旅游的发展阶段

1.初创阶段

我国大陆地区乡村旅游萌芽于20世纪50年代，但发展一直很缓慢。新中国成立后，一些地区采用定点接待方式开展了一些具有乡村旅游性质的政治性乡村旅游活动，但不能视为真正意义上的大众化乡村旅游。

20世纪80年代至90年代中期是大陆地区乡村休闲旅游发展的初创阶段，乡村休闲旅游开始逐步兴起：1982年贵州省黄果树附近的石头寨民族风情游得到开发；1984年开放地区的珠海建立了白藤湖农民度假村，当地的农民开始兴办自己的旅游类企业；80年代中后期，在经济发达地区的都市郊区出现了满足都市居民休闲需求的服务点，以成都的"农家乐"为代表；1986年贵州省的雷山郎德寨被该省确定为首批受保护的民族村寨，此后各级政府将其作为民族风情旅游点进行重点开发；1988年的深圳为招商引资举办了荔枝节，随后又开办采摘园，取得了较好的经济效益。各种形式的类似活动在各地相继举办，大陆地区的乡村休闲旅游逐渐兴起。

2.快速发展阶段

20世纪90年代以来，在国外乡村旅游的影响和国内政府脱贫政策的驱动下，乡村旅游如雨后春笋般涌现在神州大地，并得到了快速的发展，乡村旅游作为一种产业开始成形。21世纪我国乡村旅游进入快速发展轨道，究其原因，主要体现在以下两方面。

一是经过近30年的改革发展，农业和农村经济也进入了一个全新的发展阶段，城市在快速发展的过程中出现了环境质量下降等一系列的问题，自然回归的本性、对宁静乡村生活的向往使生活在城市的人们对农业和乡村旅游的需求增加。我国国民经济运行平稳，城镇居民收入持续增长，尤其是可自由支配的收入水平迅速提高，2003年我国城镇居民人均可支配收入达8000元以上，人们的消费结构也在不断改善，为乡村旅游的发展奠定了基础。

二是政府政策性扶持加速了乡村旅游的全面发展。为了更好地推动我国乡村旅游业的快速发展，促进社会主义新农村的建设，国家旅游局（现为文化和旅游部）审时度势地在1998年、1999年、2004年、2006年、2007年和2009年六年分别推出了以华夏城乡游、生态旅游年、中国百姓生活游、中国乡村游、中国城乡和谐游和中国生态旅游年等为主题的旅游年，极大地推动了我国乡村旅游业的发展步伐。

3.全面发展阶段

2004年至今，我国乡村休闲旅游进入了全面发展阶段。随着2004年中央一号文件将"三农"问题提到国家发展战略的高度，乡村旅游作为解决"三农"问题的一种有益尝试，受到各级政府的高度重视，各省区在发展规划中把旅游业作为支柱产业。

2006年，国家旅游局发布《关于促进农村旅游发展的指导意见》，为我国乡村旅游发展提出了宝贵建议，为一些经营乡村旅游的农户破解发展难题找到了出路。2007年，国家旅游局和农业部（现为农业农村部）联合发布《关于大力推进全国乡村旅游发展的通知》，提出充分挖掘"三农"资源，结合自身乡村旅游资源情况，发挥地区比较优势，通过实施"百千万工程"，在全国范围内建成具有乡村旅游示范意义的100个县、1000个乡（镇）、10000个村，进一步推动我国乡村旅游的发展，促进乡村产业结构优化升级，带动乡村经济、社会发展，加快乡村基础设施建设，改善村容风貌，缩小城乡差距，为建设社会主义新农村和全面建设小康社会做出贡献。

近几年，国家加大了对乡村休闲旅游的支持力度，同时各地也高度重视挖掘本地旅游资源潜力，乡村旅游在产品开发、发展模式、管理机制以及在旅游行业的地位都发生了很大的变化。有关乡村旅游发展的高层论坛和活动不断开展，2009年10月24日至26日，在浙江省安吉县召开了由农业部、国家旅游局、民革中央和浙江省人民政府联合举办的"中国（安吉）休闲农业与乡村旅游发展高层论坛"，同期举办的还有"2009首届中国（安吉）休闲农业和乡村旅游节暨中国美丽乡村节"和"中国旅游协会休闲农业与乡村旅游分会成立大会"，旨在通过典型示范，进一步推动我国乡村休闲旅游发展，促进经济欠发达地区、偏远山区和革命老区等落后地区的新农村建设。2010年7月5日，国家旅游局与农业部签署了合作框架协议，共同促进乡村休闲旅游发展。2010年10月，农业部与国家旅游局又联合下发了《关于开展全国休闲农业与乡村旅游示范县和全国休闲农业示范点创建活动的意见》，此文件要求加快乡村休闲旅游发展，促进农业多功能产值提升，调整农村经济结构和促进农民就业增收等。

来自文化和旅游部的数据显示，2014年，乡村旅游的游客数量达12亿人次，已占到全国游客总量的1/3，年度乡村旅游收入3200亿元，带动了3300万农民致富；2015年全国休闲农业和乡村旅游接待游客超过22亿人次，营业收入超过4400亿元，占国内游收入的12.83%；中国社科院舆情实验室发布的2016年《中国乡村旅游发展指数报告》称，2016年是中国"大乡村旅游时代"的元年，年收入超过5700亿元，占比升至14.42%。目前，我国已建成的4万多个旅游景区（点），一半以上分布在广大的农村地区；全国乡村旅游景区（点）每年接待游客超过5亿人次，旅游收入超过2000亿元；"十一"和"春节"两个旅游黄金周，全国城市居民出游选择乡村旅游的约占70%，每个黄金周形成大约1亿人次规模的乡村旅游市场。在乡村旅游较发达地区，很多农民家庭七天旅游纯收入达万元。截至2017年11月15日，全国休闲农业与乡村旅游示范县推荐名单已达60个（表1-1）。

表1-1 全国休闲农业和乡村旅游示范县（市、区）公示名单（2017）

序号	上级行政单位	名称
1	河北省	邢台县
2	河北省	承德市兴承（兴隆县、承德县）休闲农业和乡村旅游示范区
3	山西省	长治市
4	山西省	芮城县
5	内蒙古自治区	伊金霍洛旗
6	辽宁省	东港市
7	辽宁省	营口市鲅鱼圈区
8	吉林省	通化县
9	吉林省	汪清县
10	黑龙江省	海林市
11	黑龙江省	五常市
12	江苏省	徐州市贾汪区
13	江苏省	宿迁市宿豫区
14	江苏省	东台市
15	浙江省	永嘉县
16	浙江省	衢州市柯城区
17	浙江省	丽水市莲都区
18	安徽省	休宁县
19	安徽省	潜山县
20	福建省	寿宁县
21	福建省	尤溪县
22	福建省	福清市
23	江西省	永修县
24	江西省	南丰县
25	江西省	崇义县
26	山东省	五莲县
27	山东省	诸城市
28	河南省	博爱县
29	河南省	卢氏县
30	湖北省	武汉市东西湖区

续表1-1

序号	上级行政单位	名称
31	湖北省	大冶市
32	湖南省	古丈县
33	湖南省	平江县
34	广东省	广州市增城区
35	广东省	珠海市斗门区
36	广西壮族自治区	马山县
37	广西壮族自治区	北流市
38	广西壮族自治区	田东县
39	重庆市	涪陵区
40	重庆市	綦江区
41	四川省	罗江县
42	四川省	高县
43	四川省	遂宁市船山区
44	贵州省	贵定县
45	云南省	建水县
46	云南省	丽江市古城区
47	西藏自治区	八宿县
48	陕西省	石泉县
49	陕西省	华阴市
50	陕西省	太白县
51	甘肃省	天水市秦州区
52	甘肃省	武威市凉州区
53	青海省	湟源县
54	宁夏回族自治区	隆德县
55	宁夏回族自治区	中卫市沙坡头区
56	新疆维吾尔自治区	沙湾县
57	大连市	长海县
58	青岛市	即墨区
59	宁波市	北仑区
60	新疆生产建设兵团	第一师7团

我国的乡村旅游发展规模大、投资大、影响大，已成为人们新的生活方式。目前，正在向着融观赏、休闲、度假、娱乐、疗养、美食、考察、修学、购物等于一体的方向发展，并显示出了巨大的市场潜力和美好的发展前景。

三、我国乡村旅游的发展趋势

我国乡村旅游已超越农家乐形式，向观光、休闲、度假复合型转变。随着个性化休闲时代的到来，乡村旅游产品进入精细化发展新阶段，且出现了以下几大发展趋势。

（一）农业多产化

城市居民休闲形成乡村旅游的核心结构，包括观光采摘农业、大棚生态餐厅、农家乐、农家大院、民俗村、垂钓鲜食等，带动了观赏经济作物种植、蔬菜瓜果消费、家禽家畜消费、餐饮住宿接待、民俗文化消费的全面发展，同时把第三产业引入农村。

（二）农村景区化

乡村风貌成为旅游本底，用景观的概念建设农村，用旅游的理念经营农业，用人才的观念培育农民，将乡村装点成旅游度假腹地；乡村民居成为观光体验产品，乡村民居与本地资源及文化特色相结合，形成产业型、环保型、生态型、文化型、现代型发展思路。

（三）农民多业化

乡村旅游的发展可以使农民以旅游为主业、种植为副业；农民的身份可以从务农转变成农商并举，农户可以独立经营，也可以形成私营企业；吸引农民大力发展观光农业、生态农业、精品农业。

（四）资源产品化

把农村的生产、生活资料转换成具有观光、体验、休闲价值的旅游产品，并且一定区域内要差异化发展。具体有田园农业旅游、民俗风情旅游、农家乐旅游、村落乡镇旅游、休闲度假旅游、科普教育旅游等模式。

（五）乡村旅游全域化

许多地方往往共同规划、协调发展，以全村、全镇、全县范围来做乡村旅游。未来将由景点旅游模式向全域旅游模式转变，以景区理念规划乡村，以景点要求建设村庄，构建处处是景、村村休闲的大景区。

（六）产品功能复合化

当前乡村旅游需求呈现多元化、多样化、特色化的发展趋势，游客对环境旅游与文化旅游紧密结合的多功能、复合型乡村旅游产品的需求日渐旺盛。在推动乡村旅游的过程中，要坚持市场导向，依托农业优势产业资源，立足多样性的自然生态资源，结合乡村历史文化资源，将不同内容和形式的乡村旅游产品因地制宜进行组合，使乡村旅游产品呈现出特色化、复合化的特点。

模块二

乡村旅游项目开发

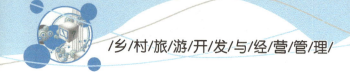

 学习目标

通过本模块的学习，了解乡村旅游资源的概念和特点，以及乡村旅游项目开发的前期准备工作，熟悉乡村旅游资源的分类、评价和乡村旅游项目开发流程，掌握乡村旅游的开发与保护措施、乡村旅游地形象设计和线路规划，并能在实际工作中应用。

【导言】

乡村旅游是旅游精准扶贫的核心，是乡村振兴战略的重要抓手，在解决"三农"问题，拓展农业产业链、价值链，助力脱贫攻坚、城乡统筹建设等方面发挥了巨大的作用。因此，乡村旅游成为既满足人民对美好生活的需求，又促进乡村平衡、充分发展的最好方式。

乡村旅游项目开发，要根据当地特色确定乡村旅游地定位，科学规划和务实行动，避免走弯路；要体现尊重自然、顺应自然、天人合一的理念，依托现有山水脉络等独特风光，让乡村旅游地融入大自然，让居民望得见山、看得见水、记得住乡愁；要注意保留村庄原始风貌，慎砍树、不填湖、少拆房，尽可能在原有村庄形态上改善居民生活条件；要融入"乡土"元素，更要保护和弘扬优秀传统文化，延续乡村历史文脉；要融入让群众生活更舒适的理念，并体现在每一个细节中。

模块二　乡村旅游项目开发

项目一　乡村旅游资源

【项目引入】

　　乡村旅游是21世纪旅游业发展的热点。随着城市化进程的加快、人们生活水平的提高、生活压力的加大、环境的严重污染，城市居民生活变得压抑，希望逃离这种生活状态，到优美、安静的环境中感受自然、放松心情。乡村旅游作为人们回归自然的一种主要生态旅游形式便应运而生。而乡村旅游资源是乡村旅游业发展的基础和前提，因此认识乡村旅游资源并进行深度开发，便成为乡村旅游业发展的重要环节。

【学习目标】

知识目标：
- 掌握乡村旅游资源的概念、特点、开发与保护建议；
- 了解乡村旅游资源的分类、评价及开发过程中存在的问题。

能力目标：
- 能对家乡的乡村旅游资源开发提供意见和建议。

【项目任务】

　　◆ 以小组为单位，查阅资料，分类整理乡村旅游资源的概念、特点、分类和评价。如果要成为一名乡村旅游经营者，分析自身今后努力的方向。

29

任务一　认识乡村旅游资源

一、乡村旅游资源的概念

目前国内学者对乡村旅游资源概念的研究较多，从不同的角度对乡村旅游资源的内涵进行阐述。但到目前为止，对乡村旅游资源的概念还未形成统一的认识。以下是比较有代表性的乡村旅游资源的概念。

刘艳红从地域范围和涵盖内容两个方面对乡村旅游资源进行界定：从地域范围来讲，乡村旅游资源主要是指在乡村地域范围内的旅游活动，不包含范围之外的旅游活动；从涵盖内容来讲，乡村旅游资源主要涵盖了习俗传承、耕种劳作方式和生存理念等内容。

曾天雄等人认为，乡村旅游资源是指能够吸引旅游者前来进行旅游活动，为旅游业所利用，并能产生经济、社会、生态等综合效益的旅游景观客体。

王云才等人认为，乡村旅游资源是指在乡村地域范围内能够被利用的景观及景观资源，是对乡村居民和城市居民都能够产生吸引力，并能满足旅游需求的乡村事物、事件、过程、任务、乡村文化、乡村民俗、口头传说、民间艺术、乡土教育等资源。

邹红霞等人提出，乡村旅游资源是指存在于乡村地域内的，以乡村自然资源为基础、以人文因素为主导的人类（农业）文化与自然环境高度融合的旅游吸引因素或事物的总称。

李开宇认为乡村旅游资源不能仅仅从存在于某种空间范围内的景观形态来确定，应体现"乡村性"。从旅游者的感知印象看，其构成包括"乡村性"空间中的自然风景、农业生产活动与产品、聚落、村民农事活动与日常活动等表层资源，以及"乡村性"空间的景观美学价值、环境生态价值、历史文化价值和地方文化价值等深层资源。

虽然学者们对于乡村旅游资源的认识还不统一，但是其共同点是认为乡村旅游资源是针对乡村所覆盖的范围和内容提出的，即第一，发生在乡村地区；第

模块二　乡村旅游项目开发

二，核心是具有"乡村性"。因此，我们可以将乡村旅游资源概括为存在于乡村地区，以乡村性为依托，能对旅游者产生吸引力，可以为旅游业开发利用，并能产生经济效益、社会效益和环境效益的乡村景观。

从概念中可以看出，乡村旅游资源是存在于乡村范围内，以乡村性为依托，以吸引力为前提，以旅游业开发利用为手段，以取得经济效益、社会效益和环境效益为目的的乡村景观。因此，不是所有的乡村景观都能成为旅游资源，也不是所有的乡村都可以开展乡村旅游活动。

二、乡村旅游资源的特点

（一）资源特色的乡村性

对于城市的旅游者来说，乡村旅游地所依托的山、水、田、林等自然景观以及人为配置的野趣浓郁的建筑设施和活动项目构成了一幅田园美景，这些田园美景就是村民的日常生活环境。旅游者需要在当地生活、观察和参与才能够感受城市与乡村的不同，发现乡村的本质特征，也就是"乡村性"。传统旅游在追求经济效益时一直把注意力放在旅游景观吸引力的挖掘上，而乡村旅游提供给旅游者的就是一种"完全的乡村的生活"。

（二）资源分布的广泛性、地域性

在世界的各个范围内广泛分布着各种旅游资源。依托这些自然条件，人们通过世代不断的努力，创造了具有各自特色的乡村景观。这些资源分布极其广泛，其中很大一部分可以作为乡村旅游资源加以开发利用。因此，从空间层面看，乡村旅游资源的分布具有广泛性的特点。

乡村旅游资源与自然环境和社会环境都保持着极为密切的关系。环境不同，所形成的景观类型也不同。即使是同一种景观类型，在不同的自然条件下也会表现出不同的特征，不同的环境构成不同的农业带。同时，对于乡村旅游资源而言，其还受到政治、宗教、民族、文化、人口、经济、历史等多种因素的影响，这种社会环境的差异性又往往形成不同的乡村民俗文化。因此，自然环境和社会环境的地域差异性便形成了乡村旅游资源明显的地域性特点。

（三）资源类型的多样性

乡村旅游资源既包括自然旅游资源也包括人文旅游资源；既有农村、林区、牧村、渔村等不同的农业景观，也有集镇、村落等不同特点的聚落景观，还有各地丰富多彩的民风民俗。因此，乡村旅游资源具有多样性的特点。

（四）资源形成的系统性

在人与自然环境长期相互影响、相互作用下形成的乡村旅游资源，是自然环境和社会环境各要素组成的复杂而和谐的统一整体，任何一种要素的变化都会引起周边乡村景观的调整。乡村景观既受自然规律的支配，也受社会规律的影响，形成了一个复杂的系统。因此，乡村旅游资源是一个相对完善的系统性资源。

（五）资源变化的季节性

人们一年内生产、生活的规律性，四季内自然环境、农业生产和社会生活变化的季节性和周期性特点，说明乡村旅游资源变化规律也具有季节性。

（六）资源内涵的民族性

民族文化是乡村旅游资源的内涵和灵魂，也是各民族与其他民族区别的特有标志。由于城市信息交流的频繁性，各民族文化在吸收、借鉴外来文化的基础上，也表现出民族文化的交融性特点。而广大乡村，由于地理位置、交通和信息条件的限制，受外来文化影响较小，本民族传统文化得以保留和传承。这也是乡村旅游资源能够吸引城市旅游者的重要因素之一。

（七）资源发展的时代性

乡村文化景观是一定历史时期的产物，具有深深的时代烙印。随着社会的进步、科学技术的发展和文化的传承，乡村景观也会发生相应的变化。而从乡村景观的发展变化中可以清晰地看到时代发展的轨迹。因此，乡村旅游资源具有时代性的特点。

（八）资源开发的保护性

乡村生态环境是由自然生态系统和社会系统共同组成的一个更为复杂的新系统，且相当脆弱，一旦破坏就很难恢复。而乡村生态环境又是旅游活动的客观环境，也是广大农民赖以生存与发展的基础。因此在对乡村旅游资源开发利用时，必须要遵循生态学的规律，把保护乡村生态环境放在首位，在保护的基础上进行开发。

（九）雅俗共享的文化性

乡村各种民俗节日、工艺美术、民间建筑、音乐舞蹈、婚俗禁忌、趣事杂说等都被赋予浓厚的文化底蕴，再加上民间文化悠久的历史和丰富的内涵，其神秘性与淳朴性更加凸显，这也是吸引城市旅游者的重要因素。

（十）旅游功能的独特性

我国乡村地域辽阔，种类多样，受城市化影响较小，绝大多数地方保持着自然风貌，加上众多风格迥异的乡土人情、乡风民俗，使乡村旅游在活动对象上具有独特性。在特定地域上形成的"古、始、真、土"特点，具有城镇无可比拟的贴近自然的优势，为旅游者返璞归真、重返自然提供了条件。

（十一）参与体验性

乡村旅游是一种集观光、娱乐、康体、疗养、民俗、探险等多功能为一体的复合型旅游活动。旅游者不仅可以品尝乡村土特产品，也可以参与诸如耕地、播种、采摘、垂钓、烧烤等农业生产、生活实践活动，体验乡村生产生活、民风民俗，以获得相关知识和乐趣。

三、乡村旅游资源的分类

（一）乡村旅游资源分类原则

1.同质性原则

同一类型的乡村旅游资源的景观外部特征、景观功能内部结构应保持相对一致性，同时还应与其他类型的旅游资源有较大的差异性。

2.发生、演化一致性原则

同一类型乡村旅游资源的自然环境、社会环境的形成基础应具有相似性的特征，同一类型的旅游资源应具有共同的发展过程和演变规律。此外，同一类型乡村旅游资源今后在社会、经济、文化等方面具有大致一致的发展方向。

3.同时性原则

乡村旅游资源是一个具有季节变化特点的地域综合体，不同的季节出现不同的景观，有时甚至会在较短时段内发生较大的变化。因此，在对乡村旅游资源进行分类或对不同类型的乡村旅游资源进行比较时，必须遵循同时性原则，才能真实地反映出不同类型乡村旅游资源的不同特征。

（二）乡村旅游资源的分类

旅游资源的分类是旅游资源规划、开发的基础和前提，也是学术界研究的重点。常见的分类体系主要包括：按照属性划分的自然旅游资源、人文旅游资源和社会旅游资源；郭来喜等提出的3个景系、10个景类、98个景型体系，以及目前应用最广泛、分类最齐全的《旅游资源分类、调查与评价》（GB/T 18972—2003）体系，它将旅游资源分为8个主类、31个亚类、155个基本类型。

乡村旅游资源的分类通常也参照国家标准，但不同学者在具体分类中又综合运用了多种标准。邹宏霞等结合乡村旅游资源的特性与内容，将其分为自然景观、人文景观2个主类，地质景观、水体景观、气候景观、生物景观、历史遗迹景观、聚落景观、民俗景观、农业景观、农村工业景观9个亚类；胡粉宁等结合陕西省乡村旅游资源的属性、特征和赋存状况，将其分为8个主类、40个亚类；王敏等将乡村旅游资源分为8个主类、23个亚类；李会琴等根据乡村旅游资源的价值和功能，结合资源禀赋状况，将乡村旅游资源分为8个主类、18个亚类、41个基本类型。我们结合李会琴等的分类标准和分类原则将乡村旅游资源分为8个主类、18个亚类、41个基本类型（表2-1）。

表2-1　乡村旅游资源分类表

主类	亚类	基本类型
乡村观光类（A）	农业观光园（AA）	观光花园（AAA）、观光果园（AAB）、观光茶园（AAC）、观光林地（AAD）、农业科技园（AAE）
	动物观光地（AB）	野生动物饲养地（ABA）、乡村牧场（ABB）
	水域观光地（AC）	渔村风光（ACA）、水体观光地（ACB）
	乡村风光（AD）	美丽乡村（ADA）
乡村体验类（B）	林果采摘园（BA）	果蔬采摘园（BAA）、茶叶采摘园（BAB）
	特色农事体验（BB）	传统农耕文化体验地（BBA）、现代农耕文化体验地（BBB）

模块二　乡村旅游项目开发

续表2-1

主类	亚类	基本类型
乡村度假类（C）	休闲娱乐型（CA）	农家乐（CAA）、租赁农场（CAB）、农业庄园（CAC）
	度假娱乐型（CB）	农业度假园（CBA）、露营地（CBB）、农家小院（CBC）、乡村俱乐部（CBD）、避暑度假地（CBE）
乡村养生类（D）	运动健身场地（DA）	水上运动场地（DAA）、陆上运动场地（DAB）
	康体疗养地（DB）	温泉（DBA）、养生疗养院（DBB）
乡村科普类（E）	科普场地（EA）	农业博物馆（EAA）、教育园地（EAB）
	研修场所（EB）	农业科研基地（EBA）、乡村博物馆（EBB）
乡村文化类（F）	乡村聚落（FA）	特色村落民居（FAA）、乡村遗产景观（FAB）
	民俗文化聚集地（FB）	民俗文化村（FBA）、历史文化名镇/村（FBB）
乡村商品类（G）	乡村美食（GA）	特色农家菜肴（GAA）
	乡村特色商品（GB）	纪念品、工艺品（GBA），特色食品（GBB）
乡村节庆类（H）	民俗型节庆（HA）	少数民族节日（HAA）、民俗节庆（HAB）
	创新型节庆（HB）	特色旅游节事（HBA）

资料来源：李会琴，王林，宋慧冰，等.湖北省乡村旅游资源分类与评价研究[J].国土资源科技管理，2016，33（5）：26-31.

四、乡村旅游资源的评价

乡村旅游资源评价是在对乡村旅游资源调查的基础上，对乡村旅游资源的规模、质量、等级、开发前景及开发条件等进行科学的分析和评价，为乡村旅游地制定合理的旅游发展战略和资源开发方案提供科学依据。

（一）乡村旅游资源评价的依据

1.旅游市场需求

旅游资源的开发价值受多种因素的影响，若其中一项因素对开发具有不良影响，则旅游资源开发价值便会受严重影响。旅游资源市场是一个景区发展的基础和前提，如果没有足够的旅游者，那么旅游资源便失去了其自身的旅游价值。因此在评价旅游资源价值时，需要遵循市场原则，根据旅游资源特性对客户群体予以合理定位，针对旅游者的不同爱好及不同需求，实现旅游市场的完善和发展。

2.旅游资源特色

旅游资源特色主要是指乡村旅游中旅游资源本身是否具有一定的特色。旅游资源开发不仅需要突出自然性及乡村性，同时还应凸显当地的文化特色及民俗特色。

3.资源开发条件

资源开发条件主要分为内部和外部条件，内部条件主要是指资源本身的价值，外部条件主要包含区域环境、通达性及基础设施条件等。区域环境主要指旅游资源所处的具体地理环境位置，通常以距市中心的距离为划分主体。通达性主要是指资源周边交通等的便利性。基础设施条件主要是指住宿、餐饮等基础设施的建设情况。

4.资源开发潜力

资源开发潜力主要是指资源开发的条件及资源后期使用所产生的经济效益，主要包含资源质量、旅游资源容量及经济、社会、环境的综合效益。

（二）乡村旅游资源评价的原则

1.客观实际与动态发展相结合的原则

乡村旅游资源的特征以及开发利用的社会经济条件总是在不断地发展、变化。在对乡村旅游资源评价时，要在客观实际的基础上，利用动态发展和变化的眼光进行科学的、实事求是的评价。

2.全面系统的评价原则

乡村旅游资源的类型多样，价值和功能多层次、多方位，开发利用因素复杂。因此，在对乡村旅游资源进行开发评价时，不仅要对乡村旅游资源的数量、质量、特色进行评价，还要对资源所处的区位、交通、环境、经济发展水平以及建设水平等进行全面系统的评价。

3.经济、社会、环境效益相结合的原则

乡村旅游资源的开发目的是为了获得一定的经济、社会和环境效益。因此，在评价乡村旅游资源时，需考虑投入与产出、社会影响力和旅游业的可持续发展。

4.定性与定量评价相结合的原则

乡村旅游资源的定性评价方法抽象、概括，易于操作；但主观性强，评价结果往往因人而异。定量评价方法比较客观、真实，但操作比较困难。因此，在对乡村旅游资源进行评价时需将两者结合。

（三）乡村旅游资源评价的方法

1.定性评价法

定性评价法也叫经验法，是评价者在收集大量乡村旅游资源信息的基础上，凭经验通过人们的感性认识，主观判定旅游资源价值的方法。它主要包括一般体验性评价法、"三三六"价值评价法、美感质量评价法、旅游资源的五星级评价法等多种方法。

（1）一般体验性评价法

一般体验性评价法主要是通过统计大量的旅游者或旅游专家有关旅游资源优劣排序的问卷调查答卷或统计旅游地、旅游资源在报刊、旅游指南、旅游书籍上出现的频率，从而确定一个国家或地区最佳旅游资源的排序，其结果能够表明旅游资源的整体质量和大众知晓度。

（2）"三三六"价值评价法

"三三六"价值评价法是由北京师范大学卢云亭教授提出的，即"三大价值""三大效益""六大条件"。"三大价值"包括历史文化价值、艺术观赏价值和科学考察价值；"三大效益"主要包括经济效益、社会效益和环境效益；"六大条件"主要指的是地理位置及交通条件、景观的地域组合条件、旅游容量条件、客源市场条件、投资能力条件和施工难易条件。

（3）美感质量评价法

美感质量评价法是以旅游者或专家的体验性评价为基础，通过建立规范的评价模型进行深入分析，评价结果具有可比性。

（4）"六字七标准"评价法

从资源本身来评价采用六字标准：美、古、名、特、奇、用；从资源所处环境来评价则有七项标准：季节性、污染状况、资源联系、可进入性、基础结构、社会经济环境、客源市场。

2.定量评价法

定量评价法是指对乡村旅游资源的各项指标进行量化，根据某个计算公式或者划分权重指标加以评分的方法。它包括技术性单因子评价、综合性多因子评价、国家标准评价等。技术性单因子评价是指对特定旅游资源进行旅游适宜度的评价；综合性多因子评价主要是指建立一定的指标体系，运用数理方法，对乡村旅游资源评价得分进行计算排序的方法；国家标准评价法是指根据国家颁布的相关评价标准进行分类评价。

目前，我们主要采用定性与定量相结合的乡村旅游资源评价方法。美国运筹学家萨蒂教授等人将定性与定量方法相结合，研究出一种处理数据更为简便、灵活的准则决策方法，即层次分析法（简称AHP法）。这种方法是将决策者的经验判断定量化，增强其判断依据的准确性，把复杂的问题分解为各个组成因素，将这些因素按支配关系分组形成有序的递阶层次结构。递阶层次结构一般从上到下由目标层、准则层、子准则层、方案层构成，通过两两比较的方式确定层次中诸因素的相对重要性，然后征询专家的意见，综合决定诸因素相对重要性的总排序。

根据乡村旅游资源分类以及乡村旅游资源自身的独特性，借鉴层次分析法和VRM（供应商关系管理）系统，确定乡村旅游资源各评价指标，并运用客观赋值法确定各指标权重，建立可操作性强的乡村旅游资源评价方法，具体建立步骤如下：

①根据乡村旅游资源分类体系和乡村旅游资源影响因素，通过调查旅游及相关行业专家，结合文献研究确定不同亚类乡村旅游资源类型的评价指标；

②通过问卷调查和专家评分对各评价指标的重要程度进行评分，根据所得数据计算其所占权重；

③结合文献研究和实地调查对各评价指标进行定性描述的等级划分，并赋予相对应的分值（百分制）；

④通过计算公式进行旅游资源单体总价值分值的计算；

⑤划分乡村旅游资源等级。

模块二　乡村旅游项目开发

（四）乡村旅游资源的评价

对乡村旅游资源进行开发之前，首先要对其进行评价，确定乡村旅游资源的价值构成和价值水平，从而为决策者提供有意义的开发信息。对乡村旅游资源的评价可概括为以下四点。

1. 美学观赏性

旅游的基本形式是观光，观光是旅游者鉴赏美的活动。乡村旅游也同样如此，优美的自然环境和事物是其开发的首要条件。任何一个旅游者进行旅游的首要目的就是对目的地进行观赏，观赏其自然的美和事物的美。都市人来到乡村旅游首先是体验田园风光的美和事物的纯洁美。

2. 环境质量和容量

要吸引旅游者不仅在于资源，更重要的是环境。远离都市喧嚣的旅游者来到大自然的怀抱，是要体验乡村的悠闲和自在。而贫瘠的土地、污染的河流、肮脏的环境是不会让旅游者产生兴趣的。

3. 地区可进入性

乡村旅游资源的开发地的可进入性问题，是一个值得考虑的主要因素。若此地区由于空间障碍、法律约束或设施供给能力有限而使旅游者无法到达，则其没有可利用的价值。

4. 社会经济环境

乡村旅游资源所在地的经济状况和社会状况也直接影响其发展潜力。当地农业的发展水平影响着各种农副产品的供给情况，当地社会的进化程度决定了当地的居民对外来事物和思想的接受程度，这些都将直接或者间接地影响乡村旅游资源的价值。

【知识链接】

乡村旅游在乡村振兴中有大作为

党的十九大报告提出"实施乡村振兴战略",这是以习近平同志为核心的党中央站在中国特色社会主义进入新时代、社会基本矛盾转化的历史方位,着眼于决胜全面建成小康社会,实现中华民族伟大复兴的中国梦而作出的一项重大战略决策。振兴,"振发兴举,增强活力"也。随着乡村振兴战略的全面实施,在希望的田野上必将谱写农村、农业、农民"三农"问题的崭新诗篇,让农村更加美丽、农业更加兴旺、农民更加富庶、生活更加幸福。多年来的实践证明,发展乡村旅游是实现乡村振兴的重要力量、重要途径、重要引擎。在乡村振兴的新时代,乡村旅游要有新作为、大作为。

在乡村文化振兴上发挥引领作用。乡村美,首先是文化美;乡村振兴,文化引领;乡村旅游,文化为本。目前,在一些地方存在着乡村文化凋敝甚至"消失"的问题,乡村旅游担当着保护和振兴优秀传统文化的重要使命。乡村旅游要更加注重保护、传承和弘扬乡村文化、乡村民俗、乡村非物质遗产,以更加丰富的乡村旅游产品和业态,让人们体验乡村文化;让乡村文化在共兴共享的乡村旅游中发扬光大,再续辉煌。

在生态、生产、生活上发挥促进作用。关注"农村、农业、农民"问题,关键在于保护农村生态、发展农业生产、提升农民生活质量。事实证明,乡村旅游发展真正实现了"农村增美、农业增值、农民增收",在乡村振兴中发挥着积极的促进作用。乡村旅游的发展要在优化乡村生态环境、促进农业生产转型、提高农民生活水平上聚焦,有更多担当。

模块二　乡村旅游项目开发

在乡村旅游扶贫上发挥推进作用。"小康不小康，关键看老乡"。没有农村地区的脱贫，就没有乡村振兴。乡村旅游扶贫是产业扶贫的重要组成部分，在旅游资源禀赋较好的贫困地区，因地制宜发展乡村旅游，将旅游业打造成地区性的支柱产业是加快脱贫致富奔小康的重要途径。要把在贫困地区发展乡村旅游作为脱贫致富的重要战略，精准发展、集聚发展、加快发展；让农民既是乡村旅游的建设者、经营者，又是乡村旅游发展的得益者、乡村美好生活的享受者。同时，贫困地区乡村旅游的发展也将为城市居民和旅游者提供多样化、个性化的旅游产品和乡村生活体验，进而促进和增加乡村旅游生活消费，必将大大推进贫困地区脱贫致富"一起奔小康"的步伐。

在城乡一体发展上发挥融合作用。提升乡村的自身价值，实现"三农"要素的重新定位和组合，促进城乡之间资本、人力、知识、消费等各种要素的相互流动和融合发展，推进城乡一体化，是乡村振兴的必然要求。发展乡村旅游，一方面使得农村资源得以充分利用，城乡之间各种要素融合发展；另一方面，促进农民身份、职业的转换和"就地城镇化"，吸引城市居民融入乡村、参与乡村振兴的幸福事业。同时，在乡村旅游中，农民实现与城市文化、生活的交融，城市居民实现"回归乡村生活"的梦想。乡村旅游在城乡一体化中的重要融合作用将日益显现。

在创造美好生活中发挥主导作用。旅游即生活。今天，旅游已经成为人们的一种生活方式，成为人民日益增长的美好生活需要。乡村旅游，说到底是在创造一种生活方式，是改善"不平衡不充分的发展"，满足人民"美好生活需要"的重要途径。乡村旅游的发展要在优化乡村生活环境、丰富乡村生活产品、拓展乡村生活空间、提升乡村生活品质上更有作为，在创造美好生活中发挥主导作用。

担当起在乡村振兴中的新使命，有新作为、大作为，乡村旅游需要新思维、新举措：

实施集聚发展，创造美丽的乡村生活空间。在乡村振兴的大局中，聚焦"农村、农业、农民"，关注"生态、生产、生活"，在发展路径上要实施集聚战略，把传统村落、美丽乡村、乡村民宿、休闲农庄、特色庄园、田园综合体、旅游风情小镇、乡村旅游度假区等的建设和发展作为重点，整合城乡各种要素集聚发展，创造更多的美好乡村生活空间，让乡村旅游在乡村振兴中进一步发展。

注重产业培育，提升供给和带动双重效应。产业兴，旅游兴，农村兴。把握人们对于美好旅游生活需要的变化和升级，以"乡村+"、"农业+"、一二三产融合发展的思路，促进农业转型和乡村旅游产业升级。在开发乡村民俗、乡村美食、乡村特产、农事体验、农家生活等特色产业的基础上，因地制宜积极发展乡村休闲、乡村度假等产业；通过"+文创""+电商""+养生""+养老""+体育""+健康""+研学""+文艺"等多方面的融合发展，培育多样化、个性化的乡村旅游业态。在增加乡村旅游有效供给的同时，带动传统农业的转型升级，提升乡村旅游发展的生态效益、经济效益和社会效益，在乡村振兴中多作贡献。

激活发展主体，实现乡村旅游的共建共享。乡村振兴，直指人心；乡村旅游，根植于人。多元的发展主体，充满活力的发展主体，是建设"幸福产业"的关键所在。要发挥农民在乡村旅游发展中的主体作用。一些地方的经验告诉我们，所有权、使用权、经营权的重组，建立农民旅游合作社等是引导和组织农民参与乡村旅游发展、发挥主体作用的有效途径。要吸引更多的社会资本和经营主体投入乡村旅游的发展；鼓励和支持更多的政策引导，促进乡村旅游可持续发展。

资料来源：http://www.crttrip.com/showinfo-6-2774-0.html（中国乡村旅游网）

模块二 乡村旅游项目开发

任务二　乡村旅游资源的开发

一、乡村旅游资源开发的基本概念

（一）旅游资源开发

旅游资源的开发是运用适当的资金和技术手段，使尚未被开发、利用的资源能为旅游业所用，从而产生经济效益、社会效益和生态效益；使已被利用的资源在广度和深度上得到加强，从而提高其综合价值。

（二）乡村旅游资源开发

乡村旅游资源开发是根据某地现有的和待开发的旅游资源，进行开发与规划，使其产生经济价值和其他多重价值，目的是提升当地居民的生活水平，改善农村的产业结构。

乡村旅游资源的开发需要与一般旅游资源的开发区别开来，要凸显其核心内涵——乡土味。乡村旅游资源的开发需要遵循一定的原则和规律，不能进行盲目开发。要注重还原当地农民原始的生产和生活状态，向旅游者展现当地特有的农业生产风光和农村景色，在保护当地资源的基础上重点开发特色民俗风情旅游、古建筑、古村落旅游，农业生产、生活旅游等。这也正是吸引旅游者，特别是吸引外国旅游者的重要的地方特色旅游资源。

二、乡村旅游资源开发的原则

从乡村旅游独有的"生态性"和"乡村性"视角，确定乡村旅游资源开发的原则主要有以下几点。

（一）突出当地乡土特色的原则

乡村资源的开发，要以当地特色为依托，凸显其乡土本色，这也是乡村旅游与城市游、出境游等长途旅游以及登山、漂流、探险等快节奏旅游的不同之处。

乡村旅游营造的是让旅游者"回老家"的氛围，让旅游者体验一种短途的、慢节奏农家生活，全身心得到释然和回归，感受到乡村旅游地区别于城市的淳朴、宁静和温馨。

（二）开发与保护相结合的原则

从生态学观点出发，人类活动在一定程度上改变并破坏了区域内的生态平衡。旅游资源的开发伴随着原生资源和文化的包装和变动，对生态系统的可持续发展造成了不可逆影响。资源开发的同时要注重生态保育，保育的概念中包含"保护"和"复育"两种内涵，前者针对原生物种栖息环境的保护、维护，后者强调对已退化生态系统的恢复和改良工程。开发和保育，两者是利害相冲突的概念。尚未开发的旅游村落，生态系统的平衡最为脆弱，一旦遇到生态难以修复的项目，在政策上必须有所退让，决不能为了金山银山放弃绿水青山。

（三）鼓励社区积极参与的原则

在乡村旅游资源开发地，政府、开发商、旅游者和当地居民均是利益相关者，不同的利益相关者在开发过程中要协调合作，为了共同目标减少利益冲突。政府和开发者要重视居民对资源环境开发的意见和看法，其态度和行为直接影响到旅游者的旅游体验和观光质量。在开发过程中，政府的政策、规划和土地征用都牵动当地居民的切身利益，要以居民为中心，让其扮演好经营者、管理者的角色，才能使旅游目的地焕发和谐、健康的发展风貌。

三、乡村旅游资源开发的意义

（一）社会效益

具有较大开发价值的乡村旅游资源大多位于环境优美、民风淳朴之处，这样才能够吸引大量的旅游者，特别是对于那些长时间生活在环境污染、噪声污染、生活节奏快的城市旅游者，更具有极强的吸引力。乡村旅游地能够让他们远离城市的喧嚣，呼吸清新的空气，暂时放飞自我，欣赏各类不同的农村景观，了解地区风情，体会乡村生活的悠闲。有些景区还能够让旅游者亲自参与其中，在享受乡村美景的同时达到增长见闻、愉悦身心的目的，具有极强的社会效益。

（二）经济效益

乡村旅游资源的开发，必然会带动本地其他行业的进步，也能解决大量的农村剩余劳动力，加速地区经济的发展，提升本地居民的经济收入及生活满足感和幸福感，从而提高当地的知名度和美誉度，以吸引外出打工的年轻人回乡发展乡村旅游。乡村旅游资源开发，不仅能够推动当地经济的发展，帮助居民尽快脱贫致富完成"旅游扶贫"，同时也便于居民开展对外交流、学习，利用现代信息化手段将乡村旅游发展壮大。

（三）生态效益

开发乡村旅游资源，能够促使人们保护生态环境，让人和自然的关系更为和谐。伴随旅游资源的开发，人们获得的经济效益不断增长，能够集结更多的资源去开展经济文化建设，能够不断追加对农业的投资。一方面促进地区产业构成的稳定，实现产品结构的优化；另一方面也能够促进自然生态和经济生态的平衡发展。这样不仅可以给地区生态环境的保护提供坚实的物质基础，而且可以为生态环境的维护提供更为强劲的动力支持。

（四）教育意义

开发乡村旅游资源能够深化决策人员、管理者等多方面人员对农业经济的认识，给农业经济一个准确的定位，为生态环境的均衡发展提供一定的保障。

四、乡村旅游资源开发过程中存在的问题

（一）缺乏核心旅游规划，资源形式松散

旅游发展，规划先行。目前乡村旅游面临的首要问题就是旅游开发缺乏系统、标准的规划方案，对片区旅游项目的策划形式松散而杂乱。拥有待开发的乡村旅游资源单体，却尚未形成科学合理的规划。应把这些乡村旅游资源单体系统地串联起来，围绕核心要素进行整体开发。

（二）缺乏统一开发模式，产品档次较低

目前，大部分乡村在开发乡村旅游资源时没有做到整体规划、统一开发，使得经营的规模较小，产品档次低下。商品形式较初级，缺乏深度和内涵，需要农特产品之外的文化旅游纪念品，也需要进行统一开发、统一生产、统一经营，以形成一条乡村特色产品产业链。

（三）经营管理体制落后，思想认识不足

乡村旅游资源的开发，需要敏锐的市场洞察力和领军人，领导团队要作好市场考察和地区旅游资源开发分析，才能唤醒地方政府开发旅游资源、建立旅游区

的意识。因此，相关企业和旅行社，区、镇级政府都需要充当领军人的角色，探寻科学、正确的经营管理方法，提高认识，让企业、政府与农户共同培育出乡村旅游发展雏形，树立长远开发机制和责任意识，以适应现代旅游市场的多样化需求。

（四）产业开发规模较小，号召能力有限

总体来说，当前镇域旅游产业开发尚未形成规模，旅游知名度较低，号召能力有限。当地居民因为看不到乡村旅游发展的有利前景，参与乡村旅游发展的积极性也比较低，这也成为制约地区乡村旅游发展的重要因素。

【思考案例】

龙头村：青山秀水却生意冷清

走进位于陕鄂渝交界处的安康市平利县龙头村，一眼望去，"白壁、青瓦、马头墙、格子窗"的徽派民居建筑群与青山秀水的美景相映成趣。龙头村共有846户3176人，全村面积35平方公里，耕地3900亩。龙头村距县城5公里，距离省会西安五六个小时的车程。

事实上，从三四年前开始，龙头村的发展就有政府主导因素。也正因此，龙头村很快就建起仿古一条街、秦楚农耕文化园、观光茶园等特色景观，基础设施和生活条件改善明显。

然而好景不长，在2012年风光过一阵子之后，从2013年开始龙头村便逐渐冷清。除重要节假日外，这里游客稀少，早先修建的酿酒、豆腐等10个具有当地特色的作坊，已有三四家关门停业，仿古一条街两侧的商铺也基本成为"摆设"。一位村民说，虽然建起了特色民居，但没有太多挣钱的路子，"带动不了经济发展"。

据龙头村当地村民介绍，龙头村核心景区范围约9平方公里，涉及村民550户，其中约90%的农户都将土地流转了，流转土地面积达

模块二　乡村旅游项目开发

2000亩，目前流转费用约为每亩750元。

但是，由于旅游产业尚未做强，同时村上也未形成其他规模产业，农户们在土地流转后很难找到其他致富门路，青壮年劳动力基本在外打工。村民姜宏伟感叹道："政府打造一个好的环境，如果人都出去了，就失去意义了。"

案例背后的思考：

一些地方发展乡村旅游不考虑客观实际，认为"是乡村就能发展乡村旅游"，对投资开发项目不作科学论证和规划，忽视交通、食宿、民俗文化、产业结构、原住民利益等重要因素，最终导致投资项目没有成为财富反而变成包袱。

资料来源：http://www.sohu.com/a/206324621_802624

五、乡村旅游资源开发与保护的建议

针对目前乡村旅游资源开发面临的问题，并结合乡村未来的旅游产业发展，以建设生态和谐、人文历史浓郁的农业旅游小镇为目标，以下从生态规划、经营模式、设施建设、市场营销等方面对乡村旅游发展提出可行建议。

（一）立足乡村生态文化，制定统一发展规划

乡村旅游地的历史和文化是地区发展的灵魂，对旅游产业的发展起重要作用。因此，乡村旅游开发的首要工作就是对地区的历史和文化进行系统的深度挖掘和传承。完整的文化体系能将旅游资源单体串联起来，文化能修复甚至能创造失落的物质文明。

在文化打造方面，要树立传播优秀农耕文化的使命感，在文化交流、融合的同时，注意不要被庸俗、泛泛的文化表象所迷惑，要抓住主要纲领，挖掘共性，保留乡土特色。即使是在经济社会高速发展的今天，乡村旅游开发的"乡村性"特色也是不可或缺的。运用相关历史习俗和民间传说等手法，将乡土味渗透到旅游的吃、住、行、游、购、娱六要素中，让旅游者能够享受到乡村的美景美食，感受具有农家气息的农家院，体验具有强烈乡土味的农家交通、有关农村生产生

活的娱乐活动，带走具有农家特色的土特产品。

在生态保护方面，在开发乡村旅游资源的过程中，必须要将保护放在首位，强化开发人员、策划人员以及资源开发执行人员开发和保护同步的意识，让环保措施真正落到实处。

（二）发挥政府引导作用，统一经营管理模式

目前国内很多乡村旅游资源的开发主要采用政府主导、社区居民参与的模式，具体决策由"企业+政府"共同协商决定，忽视了盘活乡村旅游的真正核心要素——居民参与。政府在乡村旅游开发中的主导作用，的确对景区工商、安全、卫生许可等方面起到了保障作用，方便对农户实施旅游管理知识培训和景点设施评定。但在相关旅游项目的开发上略显被动，一些潜在旅游资源要等企业来联系政府协商开发，农户只能在开发后起到参与、配合作用，这不利于乡村旅游健康有序发展。要有真正稳定的乡村旅游发展模式，政府不仅需要发挥主要带头作用，更要善于发现并激发市场潜力，引导企业以"乡村+"、"农业+"、一二三产融合发展的思路，促进农业转型和乡村旅游产业升级。

（三）合理配置资源空间，改善基础设施建设

旅游资源的空间布局是地区开发的重要考虑因素之一。如何统筹规划好旅游地的景点位置、合理构建出和谐的景区环境是一项纳入长期考核的开发问题，完备的景区建设不会一蹴而就，初期开业经营后，要根据发展实际制定二期及以后的营销方案。所以在最初规划中，也要留有后期扩建的空间和位置。乡村旅游点的选址要根据地区已建或已有的旅游、文化场地决定，资源点集中的可以拓展周边土地，实施聚落型开发。目前大部分乡村旅游点比较分散，这不仅要考虑开放型开发措施，还需设计一条合理的旅游路线，将重点旅游项目串联在一条旅游巴士线或自驾游路线上，沿线还需加强相关设施建设，增加商铺、农家乐等旅游商品补给点，在观光线路上增加看点，也为步行旅游者提供方便。作为重点规划的政府牵头项目，乡村旅游点在塑造历史文化氛围的同时，也要建设具有一定现代化条件的基础设施，如停车场、观光道路和景区公共厕所等。这些设施必备且不可忽视，可对具体空间进行特定的专业设计，使设施环境具有乡村风格。公共场

所的设施维护、止步空间的标语张贴等也要到位。最重要的是，对企业及私人经营的食宿区、农家乐等餐饮场所的设施建设，要格外注重运营考察。对食品卫生的监管、督查，要制定相关的标准，在运营过程中严格按标准执行，确保为来客提供整洁、卫生的用餐环境和安全、健康的特色食品，让旅游者玩得开心、吃得放心。

（四）突破传统开发路径，注重创意信息营销

在概念开发阶段，寻求区别于一般乡村旅游开发模式的突破点是关键，以产品突破带动产业突破，以创意突破带动营销突破，才能独树一帜。乡村旅游产品的初期典型就是农家乐，以草锅饭、绿色菜吸引游客，各地朋友冲着美食而来，吃完没有歇脚地和周边景点驻足的，只能再匆匆而回。要将旅游者留住，用自身的乡村特色和文化将客人再留得久些，就需要有一系列的乡村旅游项目和引人入胜的旅游产品，要根据旅游者的出行偏好和距离进行深入分析，从各个旅游要素逐个突破。

在信息时代，营销已不再停留在"酒香不怕巷子深"的主打产品质量阶段，要找准旅游诉求，进行定位式开发。乡村旅游在营销方式上要深耕旅游者的"休闲"需求，细化到"短途、周末、放松"的体验特征。旅游者想从繁忙疲惫的工作中抽身，长途、登山等旅游形式只能加重假期结束后回归办公室的劳累感，最适合周末的两天一夜"轻"休闲形式，就是回归乡野。以这类信息营销扩大地区旅游的知名度和影响力，加上谋求差异化的创意宣传方法，才能让旅游地从众多乡村旅游同质产品中跳出来，带动旅游量的大幅提升。

（五）重视社区参与，调动居民参与意识

当地居民是乡村旅游资源开发过程中最为活跃的要素，在开发旅游资源时，必须让他们参与其中，大力开发充满地方特征和民族特色的民俗项目，让来本地旅游的旅游者获得更为舒适的享受，感受最为朴实的民俗风情。同时，要对本地居民进行培训，帮助他们形成一定的规范，具备一定的服务意识，将乡村旅游打造为本地的精品，构建一系列具备示范效用的乡村旅游基地，打造地区发展的典范。

【思考案例】

乡村再造不仅是乡愁

位于浙江省德清县的莫干山镇,距上海大约两个小时车程,翠竹山坞间,民宿产业星罗棋布。

来自官方的数据显示,2015年,莫干山镇的精品民宿有近百家,实现直接营业收入3.5亿元。当地民宿动辄千元一晚的价格俨然成了标配,有些甚至达到三四千元一晚,旺季的时候还需要提前一个月预订。

与如今的火热相比,十多年前,莫干山镇却是另一副模样。虽然莫干山风景名胜区在其境内,但当地却没有享受到多少旅游经济带来的好处。作为水源保护地,莫干山地区所有产生污染的产业都被清退,除了小农耕作和零星的农家乐之外,几乎没有其他收入来源。

2004年,南非商人高天成(Grant Horsfield)在游玩时发现,莫干山乡间的宁静非常适合都市人休闲度假,但档次偏低的农家乐无法满足这样的需求。高天成觉得这是一个商机,便在一个村里租下六间破败不堪的老房子,通过精心设计,改造成"洋家乐"。

高天成认为莫干山的农舍与当地自然、人文环境浑然一体,通过旧物利用和空间设计,就能满足中高端人群的休闲度假需求。之后,他又相继租用老屋,打造了"裸心乡"等一批既有设计美感,又保留了乡土元素的精品民宿,吸引了很多旅游者入住。

高天成的试验,为莫干山开启了一个新的产业,许多投资者纷纷效仿,在此打造精品民宿,曾经被空置或遗弃的破败老宅重新焕

模块二 乡村旅游项目开发

发了生机。而近年来在中高端消费群体中兴起的"逆城市化"生活方式，则让越来越多的人涌进莫干山。

在民宿产业的带动下，莫干山农房的租金以每年翻一倍的速度上涨。而当地村民除了房租收入，有的还在民宿做起了服务员。此外，村民栽种的蔬菜和水果，每年都会以略微高出市场的价格供应给民宿。

在整个民宿产业发展中，当地政府也一直扮演着积极的角色。德清县政府认定精品民宿是乡村休闲旅游的发展方向之一，在旧屋改造上给予了相对宽松的政策。2015年5月，德清县发布全国首部县级乡村民宿地方标准规范，有规划地引导民宿差异化发展，并通过成立莫干山民宿学院，为从业者提供专业化的民宿课程培训。

投资者、村民、当地政府，多方要素的有效组合，使莫干山民宿成为乡村创新发展的出色范本。2016年10月，莫干山镇入选首批中国特色小镇名单。

资料来源：http://www.sohu.com/a/206324621_802624

【思考案例】

乡村旅游开发的标杆——乌村

相比中国绝大多数的新农村，乌村的出身，有其无可比拟的基因和血统。作为乌镇旅游下一期工程，乌村位于乌镇西栅历史街区北侧500米，是背靠京杭大运河的古村落，总面积450亩，坐拥中国最优质的客源基地、最具特色的江南水乡风景名胜、游客爆棚的5A级景点。面对这样优质的市场基础，乌村在开发之初，就代表了中国最高水准的乡村旅游开发。

新建区域的建筑和景观总体来说，体现了一个"隐"字。无论是活动中心的海草屋顶、游船码头的木质长廊，还是青墩、乌墩的人工台地，都在试图与乌村固有的乡野自然风貌融合，而不是与之一争高下。

乌村颠覆中国乡村游的传统模式，采用一价全包的套餐式体验模式——集吃、住、行、游、购、娱活动为一体的一站式的乡村休闲度假项目，一键即可打包吃、住、行和30多项免费体验项目，不带钱包也可以轻松畅游乌村，尽情体验采菱角、捉虾、捕鱼、折纸、画画等活动。

这里活动很多，有编草鞋、编结绒线、书画创作、剪纸等。村委会作为一个特殊组团，位于乌村内部两大板块的联结中心，承担游客中心的服务功能，也是穿梭于乌村和西栅的水（即游船码头）、路（即电瓶车）交通连接点。村委会的前台也是退房结算的地方。

编草鞋：别看草鞋很普通，编起来不容易，很繁琐。编草鞋有专门的工具，草料也要专门选购，采用专门的编结方式，这样编出来的草鞋耐穿、舒服。

手工编结：现在的年轻人自己愿意编结的人不多，来这里可以耐心学习和分享。

骑自行车：好像回到20世纪80年代，骑一辆老式自行车，绕行京杭大运河。

射箭：村里还可以射箭，并且有专业的指导。可以扎稳马步，试试自己的实力。

绘画：来这里还可以安安静静地创作绘画，可以用蜡笔也可以用水彩绘画；画好可以带回家，也可以挂在这里。

书吧：阅读也许不能改变命运，却可以改变性格；阅读不能改变人生的起点，但它却可以改变人生的终点。它可以丰富我们的思想，提高我们对生活的认识，丰富自己的精神世界，可使我们更加理性地看待现实问题。

咖啡吧：设在村委会内，白天可以在这里喝咖啡、吃蛋糕，晚上可以学习如何调制鸡尾酒。

乌村是以一价全包的方式服务于游客，"磨坊"既有住宿，也有餐厅，一日三餐都可以在这里享用；另外喝下午茶是在"竹屋"和"桃园"，除了新鲜的美味中餐，还可以享用品类丰富的自助式西餐。

通过路网和水网的相互交织，乌村的住宿和配套设施划分为七个组团，分别是渔家、磨坊、酒巷、竹屋、米仓、桃园及知青年代，目前共计客房186间。组团的概念相当于过去村里的生产小队，组团的名称与主题定位也来源于以前生产小队的生活。例如渔家组团就是以公社化时期乌镇当地渔业生产小队的生活元素为主题而命名的。

作为一个大乌镇范围内的创新景区，乌村在景区运营层面也进行了新的尝试。这种新的尝试主要借鉴国外地中海俱乐部的服务特色。乌村的运营目前采取一价全包和首席礼宾官服务。乌村的一价全包包含了观光、餐饮、住宿、活动四种内容。除住宿和餐饮等传统旅游内容外，活动是其价值的重要载体。从现有活动看，乌村的活动体验主要集中在民俗活动上，内容有待丰富。首席礼宾官的角色定位于为游客提供面对面的近距离综合服务，直接提升游客的旅游体验，集景区导游和活动指导等服务于一身。按照现有活动内容，首席礼宾官的主要特色服务是帮助游客体验民俗活动。

资料来源：http://www.sohu.com/a/202348946_247689

项目二 乡村旅游项目开发

【项目引入】

随着美丽乡村建设的全力推进,政府在政策及资金上的支持,及基础设施和公共服务设施配套完善,基于良好生态基础发展起来的乡村旅游业迎来了崭新的发展机遇,成为旅游发展新亮点。乡村旅游业发展虽然潜力巨大,但开发效益不明显。怎样对乡村旅游项目进行开发,如何准确地对乡村旅游的形象定位、设计,就成了首要任务。

【学习目标】

知识目标:

● 掌握乡村旅游形象的设计;

● 了解乡村旅游资源项目开发的原则,熟悉其工作流程,理解乡村旅游地的形象定位。

能力目标:

● 能够进行乡村旅游形象的设计;

● 能设计乡村旅游项目开发方案。

【项目任务】

◆ 以小组为单位,通过查阅资料、访谈,做好乡村旅游项目开发的前期准备工作,并整理乡村旅游项目开发的原则、工作流程。最后设计一份乡村旅游项目开发方案。

模块二　乡村旅游项目开发

任务一　乡村旅游项目开发的前期准备

一、乡村旅游项目开发的原则

（一）以旅游者的需求为抓手

乡村旅游的目标市场主要包括团队旅游者和散客旅游者，因此，在设计乡村旅游线路时应将团队旅游者和散客旅游者区别开来，针对旅游者的不同需求设计不同的旅游线路，特别是对散客旅游者来说，更需要设计"私人订制"旅游线路。如针对孕妇旅游者，可以考虑给她们提供一条静谧、平缓、舒适的休闲路线，也可随行一名妇产科医生以保证孕妇的安全。

（二）打造一个地区特色

每一个旅游景点都应打造一个能代表景区而又区别于其他景区的特色景观，不仅能强化旅游者对旅游地的印象，而且具有强大的带动作用。如成都五朵金花景区即三圣花乡，主要包括幸福梅林（幸福村）、花乡农居（红砂村）、东篱菊园（驸马村）、江家菜地（江家堰村）、荷塘月色（万福村）等五个景区。这五个乡村各有特色，因此形成了"一村一品一业"的特色旅游景点。

（三）延长旅游者停留时间

目前，我国的乡村旅游大多属于时间较短的"一日游"，这与城市旅游者生活节奏快、时间紧凑有关，同时也是由于乡村旅游的亮点不多、路线单一、参与体验项目较少造成的。因此，要留住客源，延长旅游者的逗留时间，必须要打造乡村旅游亮点、丰富旅游线路和内容，使乡村旅游朝着"多日游"方向发展。

（四）立足实际，循序渐进

乡村旅游的开发是一个循序渐进的过程，是一个需要多方支持的系统工程。在开发旅游线路时，要充分结合旅游资源的丰富度、特色度、组合度、区位条件及自身发展优势等，有区别、有层次、有重点地开发。因此，在乡村旅游线路开发过程中，要克服不切实际地设计线路，结果造成旅游无物、无人旅游的尴尬局面。

二、乡村旅游项目开发前期的工作流程

（一）投资决策

投资决策的过程，最重要的是对旅游资源及旅游项目开发价值的评价。投资商在与旅游资源控制方签订合同前，可以聘请旅游规划机构，通过初步的资源、市场、交通、环境、政策等考察之后，提交一份《旅游项目投资可行性研究报告》或《旅游项目投资价值评价报告》，作为决策依据。

（二）签订合同

旅游项目开发，一般都涉及风景名胜区、自然保护区、重点文物保护单位、森林公园、地质公园，甚至世界自然与文化遗产。对于这些资源，都有完全不适应市场经济发展要求的、非产业化的法律法规，对旅游投资商十分不利。旅游特许经营权是投资商必须合法控制的核心，其中包括门票收益权、旅游项目开发与招商权、核心土地购买权等几个方面。如何签订合同，并要求政府负责配套设施建设（特别是交通、水电等），是非常需要经验的。合同签订的同时，需划定红线，确定项目的开发用地和建设用地。

（三）架构管理

合同签订后，应立即着手组建开发管理团队，并建立开发运作的管理构架与管理制度。旅游项目开发管理，应包括前期工作、建设管理、开业运营三方面。

前期工作部：负责项目开工建设前的准备工作。主要工作内容：委托旅游投资顾问公司进行市场调研；委托旅游产品策划机构进行产品策划；委托旅游规划设计单位对工程项目进行规划设计；编撰文件向政府相关部门报批，向社会招商等。

工程管理部：以项目经理为首的工程管理部，负责建设准备工作和工程施工期间的管理工作，保证工程按设计要求和合同要求完成。

景区管理部：负责景区开业营销策划，办理开业手续，落实景区运营必备的人、财、物，提高景区的经济收益和社会影响力。

（四）旅游产品策划及项目运作策划

项目设计不是旅游规划。旅游项目设计及旅游项目开发运作的策划，主要解

决主题定位、市场定位、游憩方式设计、收入模式、营销模式、运作模式、盈利估算、投资分期等问题。必须聘请专业的旅游项目开发咨询顾问公司，提供《旅游项目总体策划报告》及《旅游项目开发运作计划》。为了与国债申请、政府资金申请、银行融资、战略投资人及子项目投资人招商引资等方面的工作全面配合，应编制《旅游项目建设可行性研究报告》。

（五）旅游规划、设计

产品策划完成后，或与此同时，应该聘请专业旅游规划设计机构，编制《旅游总体发展规划》，或者直接编制控制性详细规划，包含部分需马上动工的区域的修建性详细规划。同时对一期工程，应该进行景观设计及建筑设计。规划、设计的基本程序：勘察—规划—设计方案—初步设计—施工图设计。新建项目要先进行旅游规划，确定规划条件，到规划主管部门办理用地规划许可证，方可委托专业机构进行建筑设计。

（六）政府审批事项办理推进

通过政府的各项审批非常重要。其中，国家发展和改革委员会立项，可行性研究报告审批，规划评审，市级、省级、国家级重点扶持项目立项与申请，国债项目、农业项目、旅游项目等特殊扶持申请；规划委员会批准；土地规划审批；建设土地的招、拍、挂与征用；合同中政府承诺的落实；施工图的审查；建设准备与报建批复等十分繁杂。

（七）资金运作与招商引资

项目建设资金不能全部靠企业自有资金，应积极进行融资和招商引资，用少量种子资金启动项目，利用项目融入建设资金。

（八）建设准备与工程建设

以项目经理为首协调各方，监督、控制工程进度与质量，保证工程按设计要求和合同要求完成。旅游项目中主要有基础设施建设、景观建设、接待设施建设、游乐项目建设四个方面。项目工程结束后，项目法人要组织验收工作。

（九）开业运作

项目完成工程建设，与开业运行还有较大的差距。开业需要人、财、物齐备，并且还要有切实可行的营销方案。景区开业需全面配置大量的服务人员，包括导游（讲解员）、技术维护人员、环卫人员、保安、营销人员等，需建立完整的旅游标识系统、旅游卫生系统（厕所、垃圾箱、排污等）、旅游安全保障系统、游览服务系统、旅游者接待服务系统等。其中许多属于软件建设，必须通过规则、流程、培训等管理工作，才能到位运行。达到一炮打响的目标，是开业营销的重点；建立营销队伍是基础，需要厘清渠道、展开品牌推广、开展活动促销等。旅游景点在开业后的1~3个月进入正式运营阶段。正式开业运营一年以上的旅游景区，可以向当地旅游主管部门申请景区等级评定。

任务二　乡村旅游项目的开发

一、乡村旅游项目产品类型

乡村旅游项目的种类很多，如乡村农业观光旅游、乡村农业生态旅游、乡村休闲旅游、乡村度假旅游等项目。依托林果资源，可以开展赏花、摘果活动；依托花木资源，可以开展观赏、休闲活动；依托海河湖塘资源，可以开展垂钓、游船等水上和岸边的休闲活动；依托传统农耕资源，可以开展农事体验活动；依托现代科技农业资源，可以开展科普观光活动等；乡村环境、田园风光、农家生活与生产过程等的综合利用，可以开发滞留性的乡村休闲、度假旅游。目前比较流行的乡村旅游项目产品类型主要包括以下几种。

（一）观光型

观光型产品是最早的一代旅游产品，大致可以包括蔬果田园、花卉苗木、古建新居、历史遗迹、农业生产设施、乡村文化展览馆、农业生产生活技艺以及自然风光等。这些产品主要是为了满足旅游者回归自然、回归乡村，感受大自然的原始美和迥异于城市的环境的心理需求（表2-2）。

模块二　乡村旅游项目开发

表2-2　观光型乡村旅游项目

主类	具体项目
田园风光	花海、稻田、梯田、果园、丰收田园、稻田画等
水上观光	荷塘、观鸟、水上农田等
建筑观光	特色民居、生态建筑、仿生建筑等
遗址观光	早期人类活动遗址、名人旧居、旧工厂、旧作坊等
农业生产观光	传统农业生产观光、畜牧养殖场观光等
设施农业观光	立体种植、容器种植、无土栽培、拇指西瓜、温室花卉、未来农业、基因工厂等
乡村博物馆	农耕文化博物馆、民俗博物馆、家谱馆、民居馆、民间工艺馆、乡村艺术馆、民间艺术公社等
手工企业	养蚕、刺绣、织布、制陶、糕点制作、干菜制作、腌菜制作、草编、竹编等

（二）度假型

度假型产品主要是结合乡村的自然、人文环境，为旅游者提供舒适的住宿、旅游环境，使其感受到人与自然的和谐美。除住宿外，这类产品还包括滑雪、骑马、划船、登山、漂流等户外活动，为旅游者提供舒心、愉悦的餐饮、住宿、游玩环境（表2-3）。

表2-3　度假型乡村旅游项目

主类	具体项目
特色住宿	农家院子、渔庄、酒庄、果庄、窑洞、树屋、船屋、木屋、竹屋、石屋、土屋、帐篷等
健康饮食	农家小饭桌等
养生	呼吸乡间清新空气、温泉SPA、中医理疗馆、药膳、长寿茶、园艺疗法、健康课堂等
健身	生态运动馆等

（三）体验型

以当地的民间技艺、民俗文化为基础，结合市场需求，让旅游者参与到民俗活动、农业生产过程中，感受别样的民俗风情以及农业生产的乐趣。旅游者可以参与捏面人、剪纸、刺绣、吹糖人、口技等民间技艺，感受不同民族的节日文化、装饰文化、饮食文化等民俗文化，体验挖地种菜、采摘蔬果、放养动物、捕鱼捞虾等农业生产活动。通过这种情景带入、角色扮演的方式，游客可以参与体验当一天农民的别样生活方式。

（四）休闲型

旅游者外出旅游的目的除了观景、赏花以外，还希望能放松身心、增长知识、开阔眼界等。因此，在开发休闲型旅游产品时，将当地的饮食、服饰、礼仪、建筑等融入其中，可以形成独具特色的乡村旅游产品（表2-4）。

表2-4 休闲型乡村旅游项目

主类	具体项目
水上休闲	垂钓、游泳、泛舟、漂流、冲浪、乘快艇、湿地游等
田园休闲	放风筝、露天电影、星空营地等
乡村休闲	农家乐、麻将馆、棋牌室、围棋室等
休闲运动	观察野生动植物、写生、摄影、赏景等

（五）购物型

乡村无污染的蔬菜瓜果、土鸡蛋、花卉，以及风味独特的土特产、精美的手工艺品等对旅游者具有独特的吸引力。因此，可以将农村的农产品、工艺品、生产用具等包装成旅游商品，或者通过创意开发，将其融入乡村旅游产品中，吸引旅游者购物，促进农村经济的发展。

（六）科普型

长期在城市中生活的人们，特别是从小在城市中长大的儿童和青少年，对农业和农村知识的认识度是很低的。到乡村游玩，可以让他们更加了解乡村的民风、民俗。在乡村开发农业科技园、建设科普长廊或开展农业技术培训、民间技艺制作培训等，打造农业与自然科普基地以吸引考察、学习型旅游者，可以发挥乡村农业的教育功能。

二、乡村旅游地形象定位

旅游形象是乡村旅游地的生命，也是不同乡村旅游地之间形成竞争的有力工具。精准、有特色的旅游形象定位能提高乡村旅游地的知名度和美誉度，有利于乡村旅游的持续、健康、快速发展。

（一）乡村旅游地形象定位的原则

乡村旅游地旅游形象定位在遵循整体性和差异性总体原则的基础上，还必须反映市场需求，体现乡村特色，坚持以人为本，同时应与乡村旅游产品的策划相结合。

1.反映市场需求原则

旅游地形象是影响目标市场购买决策的主要驱动因素，作为旅游企业运营的一个环节，其本质是一种旅游市场营销活动，而旅游开发一般是以旅游地整体形象作为旅游吸引因素推动旅游市场，因此旅游地整体形象的塑造也必须紧扣旅游市场的发展趋势和需求。此外，乡村旅游地形象定位除了把握目标市场外，还必须作进一步的市场细分，目的是与共享相同目标市场的乡村旅游地在市场方面实行差异化策略，以分流竞争力。

2.突出乡村特色原则

旅游形象战略的根本目的就是营造旅游形象的特色化、差异性，这也是旅游地脱颖而出、迅速传播的关键。因此，在进行乡村旅游形象定位时就需要从当地自身的条件出发，充分考虑市场需求，突出乡村资源的独特性与创造性，塑造个性化的旅游形象，从竞争对手中脱颖而出。

3.体现以人为本原则

乡村旅游地是以人的需求为基础而建设的，因此，乡村旅游地形象定位应体现"以人为本"的原则，即在尊重自然的前提下，以政府、旅游企业、旅游者、当地居民等利益相关者的需求为出发点和归宿点。乡村旅游地的形象定位要符合区域的整体发展规划，要与旅游企业的预期发展目标相吻合，要使旅游者认可，要让当地居民积极参与。同时，还要注重保护和挖掘当地的人文景观和风土人情，将人的活动融入主题形象定位中，塑造舒适、愉悦、充满乡土味和人情味的乡村旅游地形象。

4.与乡村旅游产品的策划相结合原则

旅游产品策划在总体上反映了旅游地形象，它是旅游区策划的重要部分。一个区域旅游策划的成功与否，除了市场开拓、成功的定位外，很大一部分因素取决于产品策划。另外，由于旅游产品的不可运动性决定了其需要通过旅游形象的传播为潜在旅游者所认知，并引导旅游者要获得某种旅游经历而进行消费。旅游地的旅游吸引物也是一种旅游产品形式，各种吸引物形象的叠加形成旅游地的基本形象。在构建乡村旅游地形象时必须与旅游产品策划相结合。

（二）乡村旅游地形象定位的过程

区域旅游形象的建立一般包括前期的基础性研究和后期的显示性研究。基础性研究包括地方性研究、受众调查和分析、形象替代性分析等；显示性研究主要是讨论、创建旅游形象的具体表达，如理念识别、视觉符号以及传播口号等。乡村旅游地旅游形象定位过程中，地方文脉分析占重要地位。

地方文脉分析主要是对乡村旅游地的资源特色和传统的民俗文化或后期形成的乡村社区文化等进行分析，试图寻找出能代表旅游地本质又能区别于其他地区乡村环境特性的核心要素。因此，地方文脉分析对旅游地形象定位具有重要的基础性作用。同时，地方文化是旅游形象的灵魂，应将其渗透在乡村旅游形象定位中。

旅游地形象传播的对象是旅游者。因此，市场调查与分析是通过对旅游者关于目的地的认识与感知来确定他们对旅游目的地的总体印象的，它是选择旅游地形象宣传口号的基础和前提。

旅游地难免存在竞争，旅游地竞争分析的目的是为了体现旅游地的个性化与差异化。同时，旅游者在对旅游目的地的认知过程中，存在"先入为主"的效应。因此，策划定位旅游地形象时必须进行竞争性分析，以免处在其他同类旅游地的形象遮蔽中。

旅游地形象定位的过程如图2-1所示。

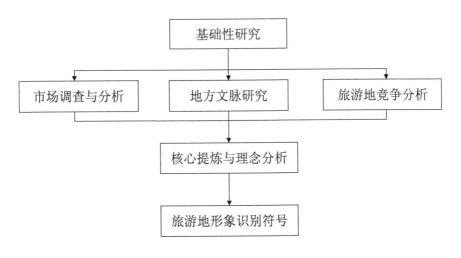

图2-1　旅游地形象定位的过程

乡村旅游的迅猛发展，也意味着各乡村旅游地的竞争趋势更为激烈。面对众多而陌生的乡村旅游地，旅游消费者在搜寻旅游目的地信息时，往往是根据其心目中的预期旅游品牌形象次序寻找满足他们需要的不同旅游产品的（图2-2），不同的旅游产品构成了旅游产品形象，并反映旅游地的旅游形象。乡村旅游地在进行旅游形象定位时必须力图使旅游地的定位进入旅游者的形象排序中，以得到旅游消费者的心理认可。乡村旅游地形象定位的客体是乡村区域，而主体包括规划设计师和旅游者。设计师完成旅游地形象的基础信息分析、核心理念的提炼以及形象包装，而旅游者则完成对旅游地形象的评价。因此，旅游地形象是由开发者和旅游者共同决定的。规划设计师和旅游者决定旅游地的形象定位，地方文脉制约旅游地形象定位的方向与个性差异，旅游地的自然地理特征和历史文化信息在总体上可以反映其地方性。民俗文化在乡村旅游地形象定位中占重要位置，它往往可以构成乡村旅游地形象富有号召力和生命力的丰富内涵。许多专家都一致认为，旅游地的持久魅力表现于其文化底蕴。乡村民俗文化包括了地方风俗、民族特色、居民生产生活等，这也是旅游地区别于其他区域的特质。

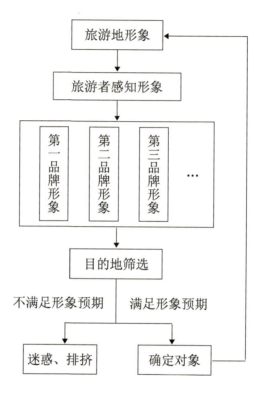

图2-2 旅游者旅游消费选择的过程

【知识链接】

乡村旅游地形象塑造的过程

旅游目的地的形象塑造过程复杂，工作的开展也有一定困难。主要包括以下几个步骤。

1.对乡村旅游目的地的调研

乡村旅游目的地的调研包括对地脉、文脉、旅游目的地发展现状的了解，旅游者的感知印象调研以及对乡村旅游目的地景观质量和服务质量的了解和评价，找出乡村旅游目的地的特点和竞争优势，为后续工作的开展奠定基础，是进行旅游目的地形象定位的前提。

2.对乡村旅游目的地的形象定位

旅游目的地形象定位是乡村旅游形象塑造的核心和灵魂。在前期调研乡村旅游目的地的基础上，利用收集、整理的数据总结乡村旅游目的地的突出特点，并根据特点进行形象定位。主要依据的定位原则有领先定位、比附定位、逆向定位、空隙定位、多头定位、组合定位等。

3.对旅游目的地形象进行设计

旅游目的地形象设计是整个乡村旅游目的地形象塑造的关键，主要包括主题口号、宣传画、主题字的设计。它是对前期工作的具体化和直观化，以实物的形式表现出来，给旅游者更加直接的感官刺激，让旅游者在感官刺激下形成深刻的印象。

4.旅游目的地形象的传播和营销

旅游目的地形象的传播和营销是乡村旅游目的地形象塑造的重点，也是最终目的。主要是将前期工作成果以直观、有效、迅速、广泛的方式传递给旅游者或潜在旅游者，激发旅游者的旅游动机。

5.旅游目的地形象的管理、维护和发展

旅游目的地形象并不是一成不变，而是需要与时俱进的，需要随着旅游大环境和旅游目的地的发展进行相应小范围调整。在形象塑造完成实际应用之后，需要对旅游目的地形象进行管理、维护和升级改造。因此，旅游目的地形象的管理既可以作为形象塑造系统的结束，也更应该看作是新的形象塑造系统的开端。

【思考案例】

巧妙形象定位　成就醉美乡村
——山合水易解析婺源乡村旅游发展之路

中国最美丽的乡村——婺源，是一个成功的乡村旅游案例。北京山合水易规划设计院是专业的乡村旅游规划设计公司，专家们认为婺源的成功在于对自身特色的挖掘和形象的准确定位。

黄山市与婺源曾同属古徽州府，山水相连、民俗相近、文脉相通。与黄山市一样，婺源拥有丰富的生态资源和厚重的徽文化积淀，这为发展乡村旅游提供了难得的条件。但是，黄山是世界自然和文化遗产地，旅游起步早、名声大；无论是自然风光还是文物遗存，单纯以景点类比而言，婺源都无法与黄山相提并论。避免与黄山旅游同质化、实现差异性发展，是婺源乡村旅游快速起跳的奥秘。

妙用文化打"整体牌"

"古树高低屋，斜阳远近山，林梢烟似带，村外水如环。"走进江西婺源，犹如来到如诗如画的世外桃源：清晨，薄雾笼罩着山峰，傍晚，炊烟缭绕着村庄；村头，古树苍翠如盖，村尾，木桥悠然独卧；小溪边，棒槌声声，小巷里，欢笑阵阵。

婺源没有黄山、太平湖这样的名山名水，也没有西递、宏村这样的世界文化遗产地和歙县、屯溪老街这样的全国历史文化名城（街区），但婺源有12个中国民俗文化村、1个中国历史文化名村和10个江西省历史文化名村。该县在乡村旅游起步伊始，就紧紧扣住"村"字做文章，通过景区式、博物馆式、分区保护式、原始生态式和原生态景区式等模式，保护乡村文化，发展乡村旅游。有人

模块二 乡村旅游项目开发

评价两地的旅游特色：黄山是以"大""名"见长；婺源则是以"小""特"取胜，两者殊途同归。

然而，婺源的"小"并不是散沙一盘。该县按照4A级景区标准，高起点规划、高标准建设，开辟了东、西、北3条旅游精品线路27个风景区（点），以点串线、以线带面，打"整体牌"，统一宣传促销，致力于把全县建设成一个以"发达的生态经济、优美的生态环境、繁荣的生态文化、和谐的生态家园"为内涵的"中国最美的乡村"，巧妙避开了与黄山市同打"徽文化牌"的劣势。

为进一步加大对古村落的保护力度，婺源县成立了历史文化名村（古村落）建设管理领导小组，甚至专门制订详细的农村建房审批流程，从源头遏制农村乱拆滥建现象。该县还启动"千村调查"，建立县、乡、村三级文物保护体制，对分散的古建筑和流散在民间的文物摸底登记，新发现古建筑、古桥等文物古迹500多处，投资637万元改造437幢非徽派建筑，许多地方的村民也自发成立了古村落保护协会，自觉保护历史文化。

巧调结构打"生态牌"

婺源境内四季分明，气候温暖湿润，森林覆盖率达82%。近年来，当地坚持开发与保护并举，建立了191个自然保护小区，面积近5万公顷；先后关闭了100余家有污染、高耗材的企业，搬迁了主要公路沿线的4000余座坟墓。

油菜花成了早春婺源最亮丽的一道风景线。县里将乡村旅游业与油菜种植业相结合，把油菜生产作为项目来实施，把项目的效益、前景、潜力分析给农民听，为农民算清账，使农民明白乡村旅游的光明前景和油菜生产的良好效益，激发了农民种植油菜的积极性。这不仅促进了两种产业的发展，也催生了餐饮、住宿、旅游商品销售等行业的兴旺。

该县以茶为媒，大力发展茶事体验、茶文化考察等乡村旅游项

目。他们还围绕旅游调整农业生产结构,围绕生态发展乡村旅游,使乡村旅游从边缘化地带逐渐成为热点地区。如今,该县数万名农民从事以旅游为主的第三产业,却又不脱离农业生产。这种模式实现了商农融合、旅农结合、城乡互助,成为"以旅促农、以城带乡"的重要延伸,极大地促进了社会主义新农村的建设。

善借传媒打"特色牌"

因一幅国际获奖摄影作品而声名鹊起,婺源人深深体会到了大众传媒的力量。

婺源是书乡、茶乡、山乡、水乡;婺源是朱熹和詹天佑的故里;婺源是歙砚砚石的正宗产地;婺源以古文化、古建筑、古树群、古洞群为主的"四古风韵"著称;婺源是亚洲最大的鸳鸯越冬栖息地……近年来,婺源利用各种活动、借助各种媒体,不遗余力为乡村旅游推波助澜,使"中国最美的乡村"成了婺源最亮丽的名片。

在婺源,所有记者和导游均可凭有效证件免收门票,甚至持A照驾驶证的司机也门票全免。婺源人知道,或许他们能影响或直接带来更多的游客。"五一"黄金周,婺源推出"诚信旅游消费安全先行赔付制",新开发的旅游景点实行"无门票制",县内其他门票景点不准涨价,这一切都成了人们津津乐道的话题。

资料来源:https://wenku.baidu.com/view/ec34591014791711cc791728.html

三、乡村旅游线路设计

乡村旅游产品线路的开发是乡村旅游项目开发的主要内容之一,因此,明确乡村旅游线路设计的原则以及如何进行乡村旅游线路设计至关重要。

(一)乡村旅游线路设计的独特性

乡村是乡村旅游活动的主要场所,当地村民的日常生产生活是乡村旅游景观中不可缺少的一部分。旅游者参加乡村旅游活动时，不仅可以参观游览，还可以参与体验村民的生产和生活方式，但前提是不能干扰村民的正常生产生活。因此，旅游线路的设计应顺应农村生产生活方式。

1.保持一定的旅游环境容量

旅游环境容量是指在保证旅游资源质量不下降和生态环境不退化的前提下满足游客舒适、安全、卫生、方便等需求，一定时间和空间范围内允许容纳游客的最大承载力。因此，在设计乡村旅游线路时，要充分考虑旅游者的数量、舒适度和满意度等因素。

2.考虑基础设施容量

设计乡村旅游线路时，要充分考虑基础设施的容量，包括住房、道路交通系统、饮用水供应系统、排水系统等，不能因为众多游客的到来使这些基础设施难以承受，或者失去其独特性。

3.尊重当地风俗习惯

要向游客讲解清楚当地村民的风俗习惯，特别是各种各样的禁忌，提醒游客尊重村民，尊重当地风俗习惯。

总之，在设计乡村旅游线路时要做到既满足了游客的要求，又不能影响乡村的正常生活秩序。

（二）乡村旅游线路设计的原则

乡村旅游线路的设计是一个不断变化和不断完善的过程。随着乡村旅游资源的深度开发和旅游者需求体现出的时代变化，乡村旅游线路的设计必须依据这些变化而不断完善，这样乡村旅游才能快速发展，才能更好地实现城乡和谐发展。只有对各方面因素进行综合考虑，才能设计安排出比较理想的、具有最佳旅游效果和产品竞争力的游览路线，才能使旅游地的所有景观和各种旅游资源发挥出最大的综合效益。

1.体现以人为本的体验原则

要以旅游者的实际需要为出发点，时刻关注旅游者需求的变化，以开发设计出适合的乡村旅游线路。只有在关注细节的基础上，开发出游客真正需要的旅游线路，才能使游客有好的体验，做到让游客满意。因此，以人为本的体验设计必将成为乡村旅游重要的开发原则。

体验原生态美。无论是自然的田园风光、古朴的旧式建筑，还是民俗（如乡村特色食物、乡村歌舞、婚俗等），其魅力在于它的原生态、艺术性和独特性，蕴藏着很多体验的元素和内涵，能给旅游者带来强烈的视觉冲击和体验联想。

体验历史文化美。根据发生在某些乡村的特定历史事件，让旅游者参与到相关的项目中进行体验，会获得比观赏更好的效果。

体验生产生活美。通过对乡村特色生产生活用具、服饰、美食等的整合，让旅游者产生新奇、怀旧等情感方面的体验，从而引发游客的情感共鸣，体验回归自然的乡村生活。

2.赋予乡村旅游线路文化内涵的原则

乡村旅游者旅游的目的不仅是获得短暂的休憩，还包括感受不同于自身日常生活所在地的独特的文化氛围，是一种满足精神需求的文化审美活动。因此，乡村旅游线路设计要具有特色性和文化性。只要乡村旅游线路的设计能够充分挖掘民族文化中丰富的营养，赋予乡村旅游线路一定的文化内涵，就能为旅游者带来高层次的精神方面的享受，同时提升乡村旅游的档次，提升旅游产品竞争力，进而缩短"生命周期"的停滞、衰弱阶段。

3.突出主题、打造精品的原则

各地旅游资源的丰富度、特色度、组合度及区位条件不同，乡村旅游线路设计的主题也就会不同。主题旅游本身就是对景区内涵的浓缩和升华，不仅字里行间凸显景区魅力，而且能使同一旅游地的不同主题多次组合进入旅游线路，大大提高旅游地的重游率。在主题旅游的基础上，借助高质量的个性化服务、先进的信息化宣传手段、有效的管理等方式塑造乡村旅游品牌，打造精品线路。

模块二　乡村旅游项目开发

（三）乡村旅游线路设计

1.旅游点结构合理

设计乡村旅游线路时，要尽量避免重复经过同一旅游点；线路的各旅游点间距离要适中，避免大量时间浪费在旅途中；乡村旅游主要以放松身心、回归自然为目的，旅游线路的顺序需科学，注意"劳逸结合"，同时择点适量，不一味追求景点"多多益善"。

2.交通安排合理

交通的合理安排主要体现在两点：一是司机和导游要尽可能提前熟悉行车线路，尽量避免走回头路，更不要出现迷路或不认识路的情形；二是注意交通工具的选择与线路主题合理结合，能够体现主题特色的"海陆空"交通工具都可以酌情使用。

3.保障服务设施

服务设施的保障程度直接影响旅游质量。目前乡村旅游的服务接待设施相对不足，在线路编排时尤其要考虑旅游地的住宿、餐饮、临时休息场所等主要服务设施的保障程度。

4.把握旅游速度

根据旅游线路安排、旅游者年龄、性别、文化程度、游览目的等的不同，游览的速度也会不同。在乡村旅游线路设计时应根据具体情况合理安排旅行和游览的时间。

【知识链接】

乡村旅游线路设计的注意事项

为了尽量减少乡村旅游活动开展以后出现问题，矫正因为一些失误而多走的弯路，在乡村旅游线路设计中除了遵循应有的设计原则外，还需要注意以下几个方面的问题。

1.提高规划设计水平，线路设计要尽量保持乡村整体风貌

实践证明，一般游客对乡村旅游景观及其原生态文化的要求具有两面性：一方面，游客希望体验真实的乡村文化和景观；另一方面，游客无法忍受基础设施、卫生状态、舒适程度等方面的落后。也就是说，游客追求的反向性是有限度的、相对的，甚至是表面的，是在居住环境、生活习俗、文明传承等方面的反向性，而不是维持落后面貌的反向性。应通过科学规划和设计，尽可能使乡村旅游线路保持乡村整体风貌和浓郁的乡村性。

2.利用价格机制调节游客流量，减少设施闲置

旅游地设施使用的时间波动性是提高投资效率面临的重大障碍。这个问题在乡村旅游领域表现得尤为突出。单纯依靠增加投资来满足旺季需求是无效的，因为设施投入越多，淡季闲置越多。为了尽量克服设施使用时间波动性的影响，提高乡村旅游设施的利用效率和投资效益，在进行旅游线路设计时，要充分利用价格机制。具体来说，就是要细化定价方式，实行分季节定价、分时段定价，以有效引导客流，最大限度地平抑客流量的波动，从而提高旅游设施的利用率。

模块二　乡村旅游项目开发

3.增加活动内容，丰富线路内涵，提高线路重游率

目前我国乡村旅游活动内容单一，"农家乐"提出的"吃在农家，住在农家，参与农家活动"也未能完全做到。"乐"的内容不外乎是把城里的扑克、麻将拿到农家里来玩，大部分游客无所事事，吃一餐饭就离开了。单调重复的活动，没有达到有效交流、消费的目的，反而导致许多市民产生了失望甚至厌恶感，参加一次就不再来了，乡村旅游的重游率迅速下降。在乡村旅游线路设计中，具体活动应该围绕当地的资源基础和游客的需要展开，着重体现"三亲"。即亲知，让旅游者了解农（副）业科技知识、当地的历史文化、民风民俗、社会变革、家庭变迁等；亲行，组织和引导旅游者参与农事活动、民俗节庆、乡村体育、乡村游艺等，其中参与自做农家美食尤其受女性游客的欢迎；亲情，将旅游者作为家庭一员，与其结对子、拉家常、共同娱乐等。这样就可以增加内容、丰富内涵，提高线路的吸引力和重游率，进而延长了旅游生命周期。

4.线路设计时应注意生态问题

乡村旅游虽然有别于生态旅游，但生态问题却是乡村旅游线路设计时必须认真考虑、严肃对待的重要问题。乡村旅游特有的历史文化资源和自然生态资源具有不可再生性，是不可逆的。旅游地生态环境的保护状况直接影响到旅游地的生命周期，传承和保护独特的自然与文化资源，是乡村旅游发展的重要内容。在线路设计时，要按照"保护为主、合理利用、加强管理"的方针，坚持合理利用与严格保护并重的原则，正确处理利用与保护、长远利益与眼前利益、整体利益与局部利益的关系，依法管理，建立保护与开发机制，防止对生态环境及历史文化资源造成破坏，实现生态资源的永续利用。在设计线路时应强调当地群众的参与性和收益性，照顾当地农民福利，充分考虑当地社区发展。群众参与存在着直接性，因

为他们本身就是利益主体,确定了利益主体,资源的开发保护就比较容易进行。只有当地群众参与,才能把破坏生态资源的力量转变为保护生态资源的建设性的力量。

资料来源:纪明源.乡村旅游线路设计的理论与实证研究[D].福州:福建农林大学,2011.

【知识链接】

乡村旅游项目开发的十大误区

乡村生活的闲适性,正是当下休闲旅游市场所追求的,具有无穷的吸引力。但是在打造乡村旅游项目的过程中,仍然存在一些误区,需要引起重视。

1.太高大上

乡村旅游的落脚点是乡村,如果把乡村开发得太过豪华、太过高大上,反而失去了乡村旅游的意义。开发乡村旅游,万万不能摒弃了乡村的质朴与自然。

2.太整齐划一

现在去一些乡村,总能看到整齐划一、色彩样式相同的房子,平整笔直的路面。看起来似乎整洁漂亮,其实与大自然不协调,与农村本味不协调。对于看惯了城市整齐划一的市民来说,再来农村看同样的复制品,又有什么意义呢?

3.主题、内容雷同

我国大部分的乡村旅游或休闲农业都呈现同质化的问题。比如关于花海,除了规模不一样外,其他可能大抵相同。再比如农家乐，几乎除了简单的餐饮，再加上棋牌、钓鱼，就没有其他的内容了。观光、体验方面也几乎是雷同的，不能体现一个地方的特色农业和文化。

4.传统文化挖掘不够

现在的乡村旅游，都开始注重文化的打造，特别注意挖掘本地古老的历史传说、名人、文物等，试图以文化的魅力来吸引旅游者。然而在文化挖掘方面，却又存在浅显、雷同的现象，使得一些文化缺乏生命力，激不起人们的兴趣。

5.没有招纳人才

乡村文化的提升，一定有赖于文化环境、氛围的打造，既要招纳本土人才，还要吸引外地人才。乡村旅游要想从文化入手，就得营造吸引文化人才的环境，吸引那些对乡村充满激情的人才来游玩、来生活、来休闲、来创作，让他们有找到家的感觉。

6.忽略了现代文化的培育与开发

一提到打造旅游文化，一般就注重传统文化挖掘，试图寻找历史的内涵。实际上，如果能够在现代文化娱乐体系方面下功夫，也能产生巨大的吸引力。在这个方面，就要充分挖掘利用本地的各种文化人才，比如诗、书、画、唱、舞、文等各个方面。

7.整个开发与村民无关

群众才是最有思想的，因为他们最爱自己的家乡，要激发他们的积极性、主动性和创造性。现在许多乡村旅游是外来投资打造，就是建了几个农庄，或者打造一些娱乐设施，与老百姓似乎没有多大关系。村民与乡村旅游融合不到一起去，也就无法形成统一的乡村内涵。只有真正让农民融入景区、参与景区，他们才会有主人翁的意识，这样才能形成最美的风景。

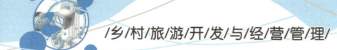

8. 乡村"原味"不够

乡村的"原味"不只是自然风光，更要融入乡村的生产、生活，乡村的淳朴风俗，尤其是传统的社会治理方式，如宗族、家族，包括今天的村民自治、村规民约等。这些"原味"要结合乡村的现实，不要刻意去打造，从而形成一幅原汁原味的乡村图画。

9. 不懂传播乡愁

乡村旅游，怎么进行传播？传播什么东西？当今时代，传统媒体、新型媒体都有着不同的优势，尤其是新型媒体更为快捷、直接，鲜明的构图、视频，很能引发旅游者的冲动。但是这里主要传播的是宏大的美景，以及好玩好吃的东西，往往一闪而过，难以激荡人们内心深处的乡愁。乡愁该如何传播，如何展现？这是开发商需要重视的问题！

10. 忽视软环境治理

地方抓旅游，往往注重硬环境的建设，却忽视软环境的治理。比如宰客、服务差，这些在大景区的通病，也在本应淳朴的乡村旅游中出现，这就大煞风景了，从而失去了乡村旅游的独特价值。

资料来源：http://www.sohu.com/a/231121327_100127742

【思考案例】

成都五朵金花休闲观光农业区

成都五朵金花景区是指三圣花乡，离成都市区二环路5公里，是以观光休闲农业为主题的休闲度假胜地，主要包括幸福梅林（幸福村）、花乡农居（红砂村）、东篱菊园（驸马村）、江家菜地（江家堰村）、荷塘月色（万福村）等五个景区。这五个乡村各有特色，因此形成了"一村一品一业"的特色旅游景点。

幸福梅林：围绕梅花文化和梅花产业链，发展旅游观光产业。

花乡农居：主要发展鲜切花、小盆景和旅游产业。

东篱菊园：3000余亩的菊花成群，突出了菊花的多种类，并形成环境、人文、菊韵、花海的交融。

江家菜地：主要是城乡互动，以认种的方式让城里人种植土地，把传统种植业变为体验式休闲产业。

荷塘月色：以花卉和莲藕种植为主，以生态荷塘景观为载体，以绘画、音乐等艺术形态为主题，将湿地生态、荷花文化与艺术形式统一在一起。万福村优美的田园风光，成了艺术创作的源泉。

资料来源：http://www.sohu.com/a/132057455_640193

模块三

乡村旅游设施建设

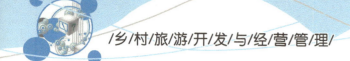

 学习目标

通过本模块的学习，熟悉乡村旅游设施建设的体系内容，掌握乡村旅游交通设施、乡村接待服务设施、乡村环卫设施、乡村信息服务设施建设的基本要求和内容，会根据乡村旅游资源特色进行乡村旅游设施的规划与建设。

【导言】

乡村旅游设施与游客基本需求息息相关，主要包括旅游交通设施、接待服务设施、环卫设施、信息服务设施等，是乡村旅游品质的重要载体。功能性强及个性独特的乡村旅游设施，展现乡村旅游的高端品质。乡村旅游设施遍布乡村旅游的各个角落，展现着乡村旅游的整体形象和细节特色，是乡土味的重要体现。乡村旅游设施与乡土特色的结合，对于展现乡村旅游风貌具有重要作用。

在国家经济形势和旅游供给侧改革的大环境下，重新审视近年来乡村旅游的发展，普遍存在一些问题。由于基础设施不完善所带来的安全、供水、卫生、通信等方面的问题，导致许多乡村旅游景点游客重游率降低、入住率下降、旅游收入减少。由于发展时间相对较短，一些乡村旅游点在交通、食宿、卫生等方面也存在较大的差距。由于生活习惯、设施设备、卫生意识等方面的原因，一些农家旅馆厨房设备简陋，基本消毒设施缺乏；排污、排水通道不畅，各种生活废水随意排放；生食、熟食混放，从业人员也缺乏必要的健康证明等，整体卫生状况不容乐观；一些乡村旅游从业人员由于缺乏必要培训，服务程序不规范。另外，小农思想严重，缺乏全局和长远观念，对外来游客肆意漫天要价，欺客、宰客现象时有出现。所有这些都严重制约着乡村旅游经济的进一步发展，成为乡村旅游发展的瓶颈。

模块三　乡村旅游设施建设

项目一　乡村旅游交通设施建设

"要致富、先修路"充分说明了便利的交通在地方经济发展中的重要作用。在乡村旅游开发与经营中，便利的交通具有举足轻重的作用，是乡村旅游设施建设的重要一环。乡村旅游交通设施包括村落外部交通、村庄内部道路、停车场、服务驿站、特色风景道、指引系统等。在所有的乡村旅游设施中，配套方便快捷的旅游交通设施是前提，交通关系着乡村旅游各个景点的通达性，决定着乡村旅游吸引的游客量。在乡村旅游交通设施建设过程中，要加强乡村旅游交通基础设施的统筹规划，统筹考虑交通、游憩、娱乐、购物等旅游要素和旅游资源开发，积极将观景台、旅游标志标牌等设施与交通基础设施进行统一规划设计，使旅游交通标志规范、清晰、明确和易快速识别。

知识目标：

● 掌握乡村道路建设、道路沿线景观建设及旅游配套设施建设的内容；
● 了解乡村旅游道路建设考虑的因素、沿线景观规划的原则。

能力目标：

● 能够进行道路沿线景观规划与设计；
● 能够根据乡村旅游地的整体规划进行旅游配套设施的设计与建设。

【项目任务】

◆ 实地考察或通过互联网收集2～3家国家级乡村旅游示范点的资料、图片。以小组为单位，制作PPT展示乡村旅游示范点关于交通设施建设的情况，主要包含乡村旅游地道路交通、沿线景观、停车场、服务驿站等。

任务一　乡村道路建设

乡村旅游交通以绿道理念进行建设，强化乡村交通功能性的同时，注重保护乡村生态平衡，展现乡村的特色风貌。乡村旅游交通建设既要体现交通运输功能，又要具有观景休闲功能，应是乡村风情的串联通道。因此，乡村旅游道路建设应注重民风民俗等乡村文化的展现，通过乡村文化主题小品、特色标识牌、特色文化展示等方式，构建融山水画卷、田园风光、历史文化、民俗风情等于一体的乡村旅游靓丽风景线。

一、乡村旅游道路建设考虑的因素

乡村旅游道路是旅游与交通功能相结合的道路。加强对乡村旅游道路进行科学合理的规划设计，整合沿线乡村旅游资源，串联沿线旅游景区景点，协调沿线建筑景观风貌、村落环境、道路交通组织、标识系统等元素，对促进乡村旅游道路沿线及周边景观品质的提升，营造乡村旅游目的地整体风貌具有重要意义。乡村旅游交通应充分利用现有道路和田埂道，在不破坏现有农田生态系统的前提下，解决好乡村游览体验的合理路线，以及乡村范围内村民生产、生活和对外交通问题，要精心设计线路。道路的规划设计要充分考虑原有设施和地形，因地制宜，合理选用道路铺面材料，既要节省投资，又要创造游憩景观。

（一）道路功能

乡村旅游区内所规划建设的车道首先应考虑是采用人车隔离还是人车共存。前者是基于保护行人安全，避免人与汽车使用同一空间，从而确保汽车能够顺畅行驶；后者是在不威胁到行人步行及沿街居民生活的原则下，允许汽车通行，但尽量不要让"穿过性"交通入内，并将汽车流量限制在最低，路面采用车子进入必须慢行的设计构造。

（二）秩序清晰

规划乡村旅游道路时，应建立清晰的秩序，让人们感受到一种愉快的空间和景观意象，规划者应考虑以下问题：①行人和车辆出入后与基地周围动线系统的

模块三 乡村旅游设施建设

联结；②汽车与行人尽量避免冲突；③与基地停车场或服务区相配合；④对基地与周围景观造景产生的冲突最小。

二、乡村旅游道路建设的内容

（一）车行道路

乡村旅游的车行道路系统主要是为了满足乡村的对外交通和农业生产需求，分为主要道路和次要道路。路面的材料要根据道路的级别选择，一般选用水泥路面、沥青路面。

主要道路作为村落的对外交通道路，车流量比较大，要与城市道路相衔接，同时要兼顾一定的休闲和景观性，路面的宽度也不宜过宽，一般为6~8米，采用一板两带式的绿化模式，可辟有人行道。次要道路主要是为了满足乡村居民的生产、生活需要，一般为4~6米。

同时为了充分考虑司机和行人的安全，在村落内主次道路交叉口的视距三角范围内，不能设置建筑物、构筑物或者其他设施阻碍司机的行车视线。在行道树的选择上，要充分考虑树种的生态特性，同时与当地的立地条件相一致，尽量选用乡土树种，考虑树种的搭配和色彩季相变化，合理配置乔木、灌木、花卉和地被，营造一个美观、层次分明的线形道路游憩景观空间。

（二）街巷道路

街巷道路是乡村历史文化的产物，是村落内居民和游客在日常生活中使用最频繁的交流场所和交通道路。规划时要从整体考虑，完善村落的街道交通系统，从而形成完整的街道游憩空间形式。在街道两边增加游憩点，扩展游憩空间，还要注意街道的曲折性，增加空间的生动活泼感。例如在街道的转折处设置一个游憩点，一个具有乡村特色的景观雕塑或者花坛，以引导景观视线。同时还要组织好街巷空间的人文景观路线，以及街道两边的建筑细节，创造尺度宜人的街道游憩景观序列空间。

路面材料不仅要考虑其强度、耐磨性、防滑性，还要兼顾当地的地方文化特色。可以选用具有地方特色的自然片石、石板、方砖、石材等，其色彩和样式既要引导和限定街道空间，还要与两侧的建筑相协调和统一。街巷转弯处不能种植高大的乔木，以免阻挡行车路线。靠近建筑的空间，要考虑到住宅的采光和通风。路灯本身就具有一定的观赏性，是乡村街巷空间景观的一部分，其造型、色彩和质感要与当地的文化特色相协调，在满足照明需要的同时应给人一种亲切感。

（三）游览道路

游览道路主要是乡村旅游各个游憩点相互联系的道路，游览功能大于交通功能，具有组织空间、构成景观、引导游览、集散人流等多种功能。游览道路的规划设计具有很强的灵活性，以便于展示乡村旅游游憩景观的空间层次和人文内涵。导游线路应以曲折取胜，能够在游客游览各个景点时体现步移景异、曲径通幽的妙处。同时应该有多种选择性，并且能形成环状，避免游客走回头路，以增加游览路线的多样性和趣味性。

在道路的交叉口或者转折处，要考虑与游憩设施相结合，增加游憩点，设置一些休闲座椅、健身设施、景观小品等。游览步道一般采用自然片石、石板、卵石、砖铺面或者其他的装饰材料。同时要考虑在道路交叉口或者转折处采用特殊的铺装形式或者景观节点，以引导旅游者的游览路线或者提示旅游者休息、赏景等。

三、游览步道设计与铺面建设

（一）步道设计

游览步道在乡村旅游交通道路建设中不可或缺，包括穿越特定户外空间的林荫道、广场和绿地。步道建设首先要考虑安全因素，既要有足够的宽度、适当的斜度和耐久性与防滑性较好的标砖装饰材料，还要设置适宜的景观台、供行人休息的座椅等。步道周边的植物、铺面、水池、喷泉等景致也需精心考虑，以增强各要素间动线的美感体验。

（二）铺面建设

步道的铺面应纹理平滑、坚固耐磨，并具有止滑的功能，其材料可分为柔软的、坚硬的和多样的三类，每类材料各有其优缺点。

1.铺面柔软的材料

铺面柔软的材料有碎石、草皮、卵石、三合土等，适用于公园和自然保护区内供行人穿越的小径。但是后期维护费较高，且不易做到无障碍化，表面容易磨损，因此较多用于行人流量不多的区域。

2.铺面坚硬的材料

铺面坚硬的材料主要有沥青、混凝土、预制板等，其建造费用较高，但维护费相对较低，同时提供了平滑、坚实和规则的表面，可供车辆通过，主要用于车流量大的区域，不太适合乡村旅游区的铺面。

3.铺面多样化的材料

在乡村旅游区核心地带，可考虑多样化的铺面设计和材料，既满足农业生产需要，也满足旅游观光、景观美化等方面的需要。

任务二　乡村旅游道路沿线景观建设

乡村旅游道路景观是乡村旅游地的门户形象，形成了游客对乡村旅游地的第一印象。因此，乡村道路景观的打造非常重要。乡村特有的动物或植物，作为乡村的典型特征应用到乡村道路景观营造中，可以更好地展现乡村风情。

一、乡村旅游道路沿线景观规划的重要性

风景道是旅游与交通功能相结合的特殊景观道路。乡村旅游道路实际上属于风景道的一种，其主要空间特质体现乡村景观，沿线的资源与环境在开发建设过程中同样需要很好的保护与控制。应对乡村旅游道路进行科学合理的规划和控制引导，整合沿线的乡村旅游资源，串联沿线旅游景点，协调沿线的建筑景观风貌、村落环境、道路交通组织、标识系统、慢行系统等景观元素，促进乡村旅游道路沿线景观品质的提升和有序发展。

二、乡村旅游道路沿线景观空间的特性

（一）连续性

乡村旅游道路沿线分布着各种自然景观和人工景观，这些景观资源和景观元

素具有空间的连续性。乡村旅游道路是一种线性空间，通过不同的道路形式和道路线型，将沿线丰富的景观资源整合成连续的空间景观。

（二）动态性

在乡村旅游道路上驾车、步行或者骑行是一个动态的过程，移动的速度决定了沿线风景的变化。随着游人欣赏的角度不同，展现出来的景观特征也各异。因此沿线的景观是动态的四维景观，而不是静止的三维景观。

（三）地域性

乡村旅游应体现当地的地域文化特征，体现乡土性；乡村旅游道路兼有旅游功能和道路交通功能，乡村旅游道路沿线的景观空间同样需要体现地域文化，体现乡土气息。

（四）多样性

乡村旅游道路沿线景观丰富多样，包括自然景观、人文景观等。多样性的景观可满足多种审美和旅游体验的需求。

三、乡村旅游道路沿线景观规划的原则

（一）全局性原则

乡村旅游道路两侧建设项目的规划布局应当符合绿色通道规定的要求，尤其是道路两侧的新建项目，必须按照道路绿线控制规定建设，符合全局性的控制要求。

（二）协调性原则

注重与总体规划、土地利用规划、沿线村庄布局及美好乡村建设规划等相关规划的协调。

（三）实用、美观、经济的原则

乡村旅游道路首先应满足乡村人居空间环境的需求，以实用为主，主干道两侧的建筑既要能满足农民的生活需要，也要满足农民的生产需要。

（四）特色性原则

依托道路沿线景观资源的优势，在规划乡村旅游道路沿线景观时，应充分体现自然资源特色，尽可能将道路打造成当地有特色的旅游景观大道。

四、乡村旅游道路沿线景观规划的内容

（一）沿线建筑风貌整治规划

通过对现有建筑特征以及存在问题的分析，结合整体风貌控制的要求以及沿线分类控制的措施，对沿线建筑的屋顶、墙面、门窗、地面、附属设施等进行整治和更新。

1.清晰可见的建筑

针对清晰可见的建筑，主要采取以下措施：①修补屋顶，统一屋顶色调；②修复、粉刷墙面，增加墙线、窗线、墙裙等；③拆除乱搭乱建、乱堆乱放；④清理场地、河道垃圾；⑤补植绿化，整治水系驳岸。

2.一般可见的建筑

针对一般可见的建筑，主要采取以下措施：①统一屋顶色调；②修复、粉刷墙面；③拆除乱搭乱建、乱堆乱放；④清理垃圾；⑤补植绿化。

3.轮廓可见的建筑

针对轮廓可见的建筑，主要采取以下措施：①统一屋顶色调；②粉刷墙面；③拆除乱搭乱建；④补植绿化。

（二）沿线村庄环境整治

对沿线村庄环境进行分类型梳理，杂物应按照规划指引堆放，不应堆放在主要道路及景观视线区域。堆放形式应按照规划进行安排，可利用杂物应尽量就地利用。对影响景观风貌的广告、招牌、露天粪坑等应进行整治。

（三）沿线植物景观建设

在乡村旅游快速发展的今天，乡村植物景观正以更加多元的形式进入旅游者的视线。乡村旅游中的植物景观是区别于城市的景观形式，是城市景观绿化的一种外延。乡村植物景观可以是漫山遍野开满的花，可以是一望无际的稻田、大片的草地，还可以是蜿蜒崎岖山路旁的自然花溪等。乡村植物景观是毫无人工修饰的植物群落，是自然、田园式的景观。乡村植物景观建设应突出以下特征。

1."野味"十足，充分发挥乡村植物的野趣

乡村植物景观利用植物质感粗犷这一特点，可以营造不同场景和富有野趣的

自然景观。选用刺猬草、须芒草、芒、狼尾草、发草等植物时，着重凸显野趣风格；也可以选择不同野花相互搭配，结合山、石、水、茅草屋等元素，打造出精致的野趣植物景观，如咸丰草、昭和草、藿香蓟、黄花酢浆草等。

2.趣意盎然，无处不在的趣味性

乡村旅游中植物景观的营造不仅起到保护生态、美化环境的作用，也可以具有多样的趣味性，这在某种程度上超越了其自身的生态价值，成为吸引游客的一种重要方式。在乡村，大面积土地可以用大地景观的方式呈现，如大片的油菜花田、大地图案，以极具视觉冲击力的形式出现在游客面前；而小体量则可以是一条花溪、一个组团，也可以是一个绿色雕塑，甚至是一个盆栽。

3.富有浓郁的乡土气息

乡村旅游植物景观最好选择乡土植物，只有乡土植物才最自然、最能保留纯粹的乡土气息，形成自己的独特性，这是城市中的植物景观所没有的特质。乡村植物景观需要抓住乡村植物的特性，保持乡村旅游的原生风味。

（四）沿线标识系统建设

沿线标识系统分为车行导向系统和人行导向系统。

1.车行导向系统

车行导向系统的整体设计及安放位置要醒目；可作为独立标识牌，也可以依附在灯柱和建筑物上，效果更佳。

2.人行导向系统

人行导向系统的标识应布置于主要目的地及公共景观处，标识设计应从行人方便使用的角度考虑。标识应为行人提供各类相关的服务、活动及公共通告信息。

总而言之，乡村旅游道路沿线景观有连续性、动态性、地域性和多样性的特征，沿线的景观风貌塑造既要符合乡村特征、体现乡村特色，又要在统一中求变化、在变化中追求统一。

模块三　乡村旅游设施建设

任务三　乡村旅游交通配套设施建设

乡村旅游交通的配套设施包括停车场、服务驿站、道路交通标识系统等，数量应满足游客接待需要，在建筑理念上应以生态环保为首要考虑因素。

一、停车场的建设

随着乡村旅游的快速发展，交通问题及停车问题成为不得不面对的一大难题。乡村道路一般较窄，基本能满足双向通行要求，但是乡村旅游景点普遍缺少停车场地，导致车辆只能停在道路上，引发拥堵。而乡村旅游吸引的多是自驾游游客，当大量的汽车涌入乡村时，乡村道路能否容纳如此大的车流？这么多车又停在哪里？因此，停车场建设是发展乡村旅游过程中必须要高度重视的问题。

乡村旅游的停车场可以按集中和分散两种方式进行配置，村庄主入口或游客接待中心附近区域应设置大型生态停车场（可供旅游大巴车停放），村庄内可根据需要设置小型生态停车场。各类停车场的选址应合理，规模适中，与周边环境相协调。

（一）生态停车场的概念

"生态停车场"是指在露天停车场应用透气、透水的绿化草坪砖等铺设地面，以灌木为隔离线，并间隔栽植一定量的高大乔木等绿化植物和藤蔓植物遮阴，形成绿荫覆盖，将停车空间与绿化空间有机结合。其主要有树阵式、乔灌式、棚架式三种类型。

生态停车场上有大树，为车遮阴，降低车内温度，减少能源消耗，增加了人的舒适感；下能透水，让雨水回归地下，调节地面温度。绿树环抱，不仅吸尘减噪，提升景观品质，还能缓解炎炎夏日下人们的烦躁心情，提升景区环境质量。生态停车场的布局、运转合理，用地经济，是景区良好交通秩序的重要保障。

生态停车场宜采用组团式、分散式的布局。景区的停车场应成为景观，避免采用使大面积车辆暴晒的硬化停车场。国外有景区采用太阳能电池板或太阳能集热器作为停车场的车棚，既可防止车辆暴晒，又可以为景区提供绿色电源。

（二）停车场类型

按照停车所处的空间位置来分，停车场可以分为路边停车场及路外停车场。

1.路边停车场

路边停车场指在道路的一侧边缘或者两侧边缘划出一定的范围作为车辆停放的空间。在交通量大的区域，路边停车场一般不会成为优先考虑的对象。

2.路外停车场

路外停车场指在道路之外，不占用道路的停车空间。一般在景区中的停车场常采取平面式和立体式。

（三）车辆停置形式

车辆停置形式指车辆停放时车位的布置形式，有垂直式、平行式、斜角式三种，或混合采用此三种停车方式。

1.垂直式

垂直式即车辆垂直于通道停放。采用这种形式，一定长度道路内停放的车辆数最多，用地较省。但停车带较宽（以最大型车的车身长度为准），车辆进出车位要倒车一次，须留较宽的通道。

2.平行式

平行式即车辆平行于通道停放。采用这种形式，停车带较窄，车辆驶出方便，适宜停放不同类型、不同车身长度的车辆。但一定长度道路内停放车辆数最少。

3.斜角式

斜角式即车辆与通道成斜交角度停放。一般按30°、45°、60°三种角度停放。采用这种形式，停车带宽度随车身长度和停放角度而异。斜角式适用于场地宽度受限制的停车场，车辆停放比较灵活，车辆驶入和驶出方便，可迅速停置和疏散。

（四）停车场区位选择

停车场可以与广场相结合，其规划布局要以少占农业用地、毗邻主要道路、方便游客停车为宜。同时为了避免夏日阳光的暴晒，可以在停车场内种植高大的乔木，并搭配低矮的灌木。停车场可以采用复古青砖、广场砖、植草砖铺装等进

模块三 乡村旅游设施建设

行规划建设。

二、服务驿站建设

全域旅游时代,作为加强旅游公共服务体系建设的重要一环,各地围绕旅游路网建设,因地制宜建设一批集观景栈道、餐饮服务、特产销售、旅游厕所、停车场等服务功能为一体的旅游服务驿站,既改善了旅游接待设施,也提升了旅游接待能力。乡村旅游地也应因地制宜地建设服务驿站,以满足游客的旅游需求。

(一)服务驿站的概念、功能及分类

服务驿站是绿道使用者途中休憩、补给、换乘的场所,为绿道配套设施的集中设置区,是绿道休闲的重要节点。服务驿站可以分为三个等级。其中,一级服务驿站是综合配置服务驿站;二级服务驿站是一般配置服务驿站;三级服务驿站是简单配置服务驿站,包括观景平台、休息点及露营点。

(二)服务驿站的规划建设原则

充分利用现有的相对成熟的乡镇、景区旅游服务中心和农家乐等服务设施,原则上不鼓励新建,宜在原有基础上进行改造完善。新增设施应充分利用具有优良性价比、反映健康绿色生活的新技术、新材料、新设备。

1.空间布局原则

按照相对集中与适当分散相结合的原则,合理确定服务驿站系统的布局,确保方便游客的使用。同时应便于经营管理与减少干扰,充分发挥设施效益。

2.选址原则

各项服务系统设施应靠近交通便捷的地区,尽量结合已有的服务设施进行建设,例如尽量靠近景区或景点服务区、农家乐、乡镇等。但应避免在有碍景观和影响环境质量的地段设置。

3.建设原则

建设服务系统应有利于保护景观,方便旅游观光,为游客提供畅通、便捷、安全、舒适、经济的服务条件。建设服务系统应满足不同文化层次、职业类型、年龄结构和消费层次游客的需要,使游客各得其所。服务设施的建筑层数一般以不超过林木高度为宜;兼顾观览和景点作用的建筑物高度和层数应服

从景观需要。

（三）服务驿站建设的要求和服务范围

绿道驿站的设置既要保障其基本服务功能，又要防止建筑规模过大造成对生态环境的破坏，落实对驿站规模的控制。驿站建设应优先利用现有设施，严格控制新建服务设施的数量和规模；自行车租赁点可包含户外运动用品等设施的租赁；在观鸟点、古树古木及珍稀植物观赏点应设置科普及环境保护宣传设施，在历史文化遗迹、纪念地、古村落等处应设置相应的解说设施和非物质文化遗产展示设施；主要景点应设置观景平台等设施；垃圾收集应纳入绿道附近城区、镇、乡村的垃圾收集系统。

绿道驿站往往设置在绿道沿线的景观节点，因此其建筑形象和功能设置显得同等重要。驿站采用的建筑风格、造型、元素符号、装饰灯等，应符合当地传统建筑的视觉意向及风貌特征，使得驿站建筑具有地域特色，注重与周边环境相融合。驿站建筑本身构成绿道环境中的一处景点。

（四）服务驿站等级

根据驿站的规模和服务范围，可将其分为三个等级：

一级驿站是根据绿道网整体规划确定的区域级服务区，主要承担绿道管理、综合服务、交通换乘等方面的功能，是绿道的管理和服务中心；

二级驿站是绿道沿线城市级服务区，主要承担综合服务、交通换乘等方面的功能，是绿道的服务次中心；

三级驿站是绿道沿线社区级服务站，主要提供售卖、休憩、自行车租赁等基础服务。

各级驿站均具备交通换乘的功能，换乘的自行车和游览车可尽量停放在庭院、围廊边等户外空间，搭建雨棚等构筑物遮风挡雨，减少对建筑室内空间的占用。参照相关经验，一级驿站人流量大，考虑旅游需求和居民绿色换乘出行，租赁规模较大，大致估算需配置150个非机动车和50个机动车停车位；二级驿站作为次要的人流汇合点，停车规模适当，大致估算需配置60个非机动车和25个机动车停车位；三级驿站作为社区级服务站，规模不大，主要配置自行车租赁点，提供自行车停放和归还场所，估算需配置30个非机动车停车位。

三、标识系统

（一）道路交通标识

道路交通标识即路标，是社会发展和城镇化建设的基础建设项目。道路交通标识是绝大多数国家在道路设置的标识，以警告、禁止、限制、指示道路使用者。

在制作材料方面，交通标识通常选用不锈钢镜面或拉丝板、钛金板、玻璃、亚克力板、铜板、铝板、冷轧板、大理石、不锈钢管、实木等作为表面材料，内部结构采用不锈钢管。发光源用LED、等离子灯、霓虹灯、导光板等相关材料。

在制作工艺方面，金属采用焊接、折弯、洗槽、车床、水切割、线切割、打磨、抛光、拉丝、电镀、氧化、蚀刻、烤漆等工艺。亚克力和玻璃表面采用丝印、贴即时贴、雕刻、喷砂等工艺根据设计图纸来综合加工。标识的完美关键在设计理念和制作工艺的合理性。标识系统设计是整个项目的前期工作，而后期制作中材料和工艺的选择也非常重要。

（二）景区标识系统

景区标识系统是景区为方便游客有秩序游玩及进行内部管理的导向标识系统。良好的景区标识系统能为景区带来丰厚的经济效益，同时也为景区的后续发展奠定了基础。乡村旅游景区标识系统的建设，在设计和制作方面要凸显乡土气息和绿色理念，与周围的环境相协调。

1.分类

景区标识系统主要包括以下六种类型。

①园区入口处形象标识牌：景区大门入口处展示景区自身独特形象的标识牌。

②简介、知识类标识牌：景区内部名胜古迹的介绍类标识牌。

③交通道路指示牌：景区内部帮助游客在道路上顺利前进的交通指示牌。

④提示、警示牌：在园区应遵守园区的特定规范及规则，如禁止攀爬、禁止践踏等，这类标识即提示、警示牌。

⑤平面图标识：在景区内部最重要的就是平面图，它能让游客随时随地知道

自己所在的位置，从而继续前行至目的地。

⑥公共服务标识牌：如服务台、超市、洗手间的标识牌。

2.设计

在设计景区标识系统时，要亲临现场实地体验环境设施，以便确定景区标识系统的风格是否展现出景区自身的外在形象和内在文化。其次要规划设计，确定各标识牌所放置的位置和数量、尺寸等。同时要根据人机工程学和建筑学、美学等知识充分发挥标识牌的功能。

3.制作

景区标识系统大多使用木材，再配以相应工艺，就能够创造出贴近自然的氛围，和景区内的环境相得益彰，这是自然景观所需要的。不过如果是人文景观，就要结合景观风格特色选择恰当的材料，使其协调搭配，而不是硬生生地放在那里。

模块三 乡村旅游设施建设

项目二 乡村旅游景观建设

【项目引入】

　　乡村旅游景观是指在开发乡村旅游的过程中所形成的旅游景观格局，包括自然景观和人文景观的综合表现。乡村丰富的地域文化及乡情民俗构成了乡村旅游景观的主要内容。乡村旅游景观区别于其他旅游景观的关键是，以农业为主的生产景观、粗放的土地利用景观以及乡村特有的田园生活景象。

【学习目标】

知识目标：
- 了解乡村景观建设的层次；
- 掌握乡村景观建设的设计思路和景观建设类型。

能力目标：
- 能够根据乡村旅游地的实际情况选择景观建设的类型。

【项目任务】

　　◆ 以小组为单位，搜集整理乡村聚落景观、乡村农田景观、乡村建筑景观、乡村庭院景观、乡村文化景观的相关资料，制作PPT并展示。

任务一　乡村旅游景观层次

按照乡村的区域范围,可以将乡村旅游景观划分为宏观旅游景观、中观旅游景观、微观旅游景观三个层次。

一、宏观旅游景观

宏观旅游景观的范围是指乡村的村域范围。村域范围内具有可度量性的景观聚落形式分为三种。

(一)团状

圆形或不规则多边形通常是这类聚落的基本平面形态,其南北轴与东西轴基本相等,或大致呈长方形。这是中国最为常见的形态。

(二)带状

此类乡村聚落多位于平原地区,通常在河道、湖岸、道路附近呈条带状延伸,在黄土高原地区多依山谷、冲沟的阶地伸展而建。

(三)环状

这类形式多是位于山区的环山聚落及河、湖、塘畔的环水聚落。在这个范围和层次的旅游景观视角下,主要从自然角度进行考量,涉及地质地貌、水文、气候、动植物,全方面考虑诸多自然保护和建设因素,将功能技术和美学因素相结合进行总体设计。

二、中观旅游景观

中观旅游景观的范围指村落范围。构成村落旅游景观的各个部分包括了街巷、广场、居住区、标志性景观、边沿景观以及村落周边水系等。这是村落旅游景观设计的主体部分。

(一)街巷

村落街巷是连接聚落节点的纽带。传统村落街巷充满了风土人情,体现出"场所感"。它与公共空间相交融,是一种人性的空间,是村落居民交往和沟通的必要场所,是居住环境的扩展和延伸,也是村落居民最依赖的生活场所,具有无限的生机和活力。

（二）广场

广场通常是村落的中心和景观标志，是连接各街巷道路、聚集人流的主要地点，同时也是景观节点。乡村常见的广场类型有宗教性广场、商业性广场和生活性广场。广场通过与道路空间的融合而存在，是村落中居民活动的中心场所，许多村落都是以广场为中心进行布局的。

（三）居住区

传统村落居住区通常具有同一性的构成要素，连续的外形特征或是相同的砖砌材料和色彩形成了具有特色的居住区景观。

（四）标志性景观

标志性景观通常零散地散布在村落的周边。它们的平面规模并不大，但往往因其竖向高耸或横向展开，加之与地形的结合，成为整个村落景观的补充或村落轮廓线的中心。

（五）边沿景观

乡村聚落边沿是指聚落与农田的交接处，特别是靠近村口的边沿，往往是人们重点关注的地区。这是风水观念所决定的，它往往表现出村落的文化氛围和经济基础。

（六）水系

村落的选址大多与水有关，除了利用村落周围的河流、湖泊外，人们还设法引水进村、开池蓄水、设坝调节水位。这些不仅方便日常生活使用和防火，还成为美化和活跃聚落景观的重要元素。

三、微观旅游景观

微观旅游景观一般是指院落等小范围的景观，内容包括了小游园、旅游景观小品、建筑景观、庭院景观等。院落是组成乡村的基本单元。华北地区的院落一般有四合院、三合院，山区院落多依山而筑，没有定式。街门是家庭的门面，一般比较讲究，普通的街门大部分是建在墙面上的独立门体，通常在门楣上方留有匾空，上书"耕读传家""竹雨松风"等字样。乡土院落的乡土气，最有诗意。

农家院落不同于书院花园，农具柴草、鸡狗猪羊、车马套具等都有各自的安排。柴房、炭房、鸡窝、猪圈、牛棚、马厩、羊栏等在一般农家都用极简陋的方法搭建。山区人则多在土崖上掏窑洞作为居住空间。室内陈设尽管简单、俭朴，但都摆放得有条有理，擦拭得一尘不染。乡村的农家院落中，篱笆栅栏里的鲜花、蔬菜姹紫嫣红，招引得蝶飞蜂舞。顺藤而爬的豆角、葫芦、牵牛花早给窗前搭起了凉棚，屋檐下鸽子飞出飞进，春燕落上落下，院子里的老母鸡悠然觅食……作为旅游景观，民居建筑、庭院环境最能体现村落的地域文化和乡风民俗，也是游客体会乡村生活的主要空间。

任务二 乡村旅游景观的设计思路

一、营造乡村性

营造乡村性可以分别从农耕文化、服饰文化、饮食文化等方面做文章。

（一）营造农耕场面

农耕文化是中国文化的本底，更是乡村景观文化的核心。农耕文明与工业文明对比越大，则乡村旅游景观的表现效果越好。农耕文化景观意象主要通过两个方面加以营造：把农耕生活的一些典型景象提炼出来，源于生活而又高于生活地再现，如麦场、水车、石碾等；牛背横笛、鸡鸣犬吠、门前小河、集市等都是农耕生活的点缀。

（二）突出"天籁"氛围

乡村夜景适宜突出明月的清辉、星光的闪烁，这种纯净透明的夜幕，正是时时处于光污染包围中的城市人所追求的新奇感受。

（三）体现服饰与饮食文化

淳朴简单的乡村服饰、鲜美无污染的农家小菜，符合城市人崇尚自然、返璞归真的精神追求。

二、凸显情节性

情节性是指在挖掘当地文化的基础上，按照讲故事的方法组织景观序列。凸显情节性主要有以下几方面。

（一）围绕特色，强化特征

在某些乡村旅游景观设计中，可以围绕着主题内容、景观特色，强化景观的游乐性、参与性、知识性、趣味性、休闲性等综合特征。

（二）多样化和多变性

情节性重在突出该乡村旅游景观与其他地区的差异，要注重内容的多样化和空间环境的多变性。乡村景观的内容、布局应具有一定的灵活性，可以搭建一些临时性的场所，策划设计一些参与性的活动。

（三）高度人情化

一切从游客的心理需求出发是设计中应重点突出的设计原则。游客的喜好不同，希望参与的活动各异，应设置大量可供选择的参与项目、欣赏内容，做到人人皆有其喜欢的项目和内容。

三、增强地域性

为什么我们常惊叹并向往桃花源般的中国乡村布局及美不胜收的民居？实际上这些大多没请专业设计师设计，而是当地百姓在特定场所的长期体验中，在对自然深刻了解的基础上设计的。因此，增强乡村旅游景观的地域性是非常重要的。地域性主要体现在以下几方面。

（一）运用当地材料

各地由于地质特点、气候特点不同，在土石、植物、矿产上形成各自的资源特征，这些特征几乎成为"地域基因"，从根本上影响建筑、景观用材及构筑技术的使用，并因此形成景观特点。传统的具有地域特征的建筑通常是大量经济性要求较高的建筑类型，因此尽量使用当地的材料和资源，是降低造价、节约经费的重要一环，同时也使不同地区的建筑更具个性，风格更加丰富多彩，更能反映出地域特色。

(二)提取并应用当地的"符号"

在乡村旅游景观设计中,风土人情、哲理文脉等可以通过象征性符号来表达,设计手段以抽象为主。这样既能有效地增添环境体系的浪漫韵味,又不至于过于繁琐。在进行设计时,首先需要整理当地的文献资料并实地考察,取得建筑和环境的样本,归纳总结出代表当地文化景观特色的符号,包括形态、比例、色彩及组合方式等。其次,在乡村景观符号的创新与构成的过程中,可以多元组合,使用多个符号,使环境意境丰富多彩;也可以打散重构,即将符号通过分解、重组、材料重构等手法,形成新的组合。

四、体现过程感

乡村旅游并不是如"华东七日游"之类的赶场式的自然观光游,而是一种休闲度假旅游。因此,乡村旅游园林景观的设计必须留有思考的余地,能够让游客细细品味。人们到乡村去不是只为了看一看,而是感受乡村的气息。对应于这种较长时间、较慢节奏的旅游形式,乡村旅游景观的设计需要有"过程感"。过程感强调旅游景观不能在一点集中展现,而是按照一定的安排逐步深入,通过旅游者自己的探索发现最美的风景。

任务三 乡村旅游景观建设

乡村旅游景观在宏观方面展现乡村的整体形象,在微观方面展现村落的极致特色。乡村景观的构成元素可分为乡村聚落景观、乡村田园景观、乡村建筑景观、乡村庭院景观、乡村文化景观五类。乡村景观建设要以展现"乡愁"为核心,对每类乡村景观元素进行最大程度的乡土风情展现。

一、乡村聚落景观

(一)生态乡村聚落景观

生态乡村聚落景观指以生态景观为主的乡村聚落景观,整体呈现出建筑与自然、农田与村落的天人合一、和谐共荣的景观。

模块三　乡村旅游设施建设

1.维护自然生态的村落环境

生态乡村聚落,以村落与自然的生态和谐为首要条件。因此,维护村落的外围生态环境,才能展现乡村聚落的特色生态。在村落新建、扩建、改建的过程中,应以维护生态环境为主旨,展现生态聚落顺应自然、与自然和谐共处的营建思想。

2.展现天人合一的和谐布局

生态村落各个要素的布局,要求从生态观出发,直接把田园山水"剪裁"到聚落景观空间中,顺应自然、因地制宜,充分发挥立地潜力和自然景观优势,结合生产生活需求,引水修塘、随坡开田、依山就势、筑宅建院,形成天人合一的聚落景观总体布局。

3.注重乡土树种的生态栽植

乡土树种的合理栽植,对于展现乡村风貌具有重要作用。乡村聚落的营建常栽适宜树种以弥补原自然环境的不足,改善小环境,防止水土流失。

(二)文化乡村聚落景观

1.打造整体村落为文化标识景观

对于具有文化底蕴的村落,可从整体聚落景观上进行展现。如浙江省兰溪市西部的诸葛八卦村,按"八阵图"样式布列建筑;浙江省武义县俞源太极星象村则是按天体星象排列设计建造。村落整体的特殊布局形式,形成了聚落的景观标识。

2.构建以文化场所为核心的村落布局

有些村落具有核心文化活动场所——祠堂,乡村聚落则围绕祠堂向四周延伸。以祠堂为代表的宗法家族制,主宰着传统聚落的发展和演变,强有力地维系着中国古代的社会秩序。因此,以文化核心场所为中心的村落布局模式,展现了乡村聚落的文化景观。

二、乡村田园景观

(一)种植景观

种植景观是指脱离规模化种植而通过多种种植方式,形成不断变化的景观。通过感受多角度的观赏乐趣,对游客产生持续的吸引力。

1.植物种植方式

（1）多作物种植

多作物种植指按照作物的景观效果、观赏季节等进行拼接化种植，让拼色之美的震撼效应和可变效应构成强大的吸引力，解决单一作物田园景观的观赏季节短和景观单调等问题。如日本北海道美瑛的"拼布之路"，由各种农作物形成的多彩田园景观宛如彩色拼布，不断变化的色彩组合再配合缓慢的地形变化，大大降低了单一植物所带来的观赏疲惫感。

（2）艺术图案种植

艺术图案种植指以农作物为元素，按照艺术图案布局，种植不同颜色的作物，形成艺术图案。这种形式起源于20世纪90年代初的日本青森县田舍馆村，当地人用11种不同颜色的稻米种植出室外艺术，包括卡通人物、历史人物等，每年吸引的参观者超过20多万，形成了稻田里种出的"旅游业"。甚至还有大企业找上门，希望能利用农民们的稻田画来"种植广告"。

（3）园林种植

园林种植指将农作物作为景观植物，进行园林化的精致景观构建。这种种植形式改变了人们对于农作物的传统印象，从而对农作物的美进行更深刻的挖掘。如沈阳建筑大学将农作物引入校园，形成别致的校园景观，白茅、稻田、野草与建筑长廊、充满历史记忆的老校门相互辉映，实现"一片稻田、一片蛙鸣，让自然走进生活"。袁隆平老先生题词"稻香飘校园，育米如育人"。这个项目也获得美国景观设计师协会颁发的设计荣誉奖专业大奖，一块稻田的文化意味得到了世界上不同种族的一致认可。

2.植物景观观赏方式

通过不同的观赏方式，可以感受乡村田园景观不同角度的美。只有为游客提供视野更广、更生动的观赏方式，才能使美景获得更多认同。可借助地势构建不同高度的观赏平台，还可以借助热气球、小型飞机等观景。如荷兰的花卉种植区在举行鲜花节期间，游客会乘坐小型飞机，于天际鸟瞰花田。深度融入景观可通过步行、骑行等方式近距离观赏，还可结合传统的农业生产工具，如拖拉机、马

模块三　乡村旅游设施建设

车等，或乘坐老式交通工具观景，这更加符合乡村旅游的意境，让人印象深刻。

（二）体验景观

体验景观是指既有观赏价值，又有体验功能的田园景观。它既弥补了传统乡村体验缺乏优美环境的缺陷，也弥补了乡村田园景观静态观赏的不足。

1.农业乐园

农业乐园指利用农田中的各种元素，包括作物秸秆、轮胎、马车、农具等，结合农业生产构建的特殊游乐场所。除了麦秆卷、稻草人等经典景观外，还可形成多样的卡通造型。如日本的香川县和新潟县，每年都会举办水稻秸秆艺术造型雕塑展览，把收割后的水稻秸秆制作成可爱的猛犸象、乌龟等形状的雕塑，可供游客欣赏和攀爬玩耍，融艺术性与趣味性于一体。

2.动物体验景观

将乡村的特色动物作为田园体验景观的一部分，可以增添田园的动态景观，加强田园体验功能。可以在农田里抓一把青草，喂给小羊、小兔，或者看小鸡下蛋，跟小马散步，形成一幅美丽的田园画卷。

（三）科技景观

科技景观是指利用现代科技手段，构建出完全不同于传统农田景观的创意乡村田园景观。

1.田园创意景观

田园创意景观是指以田园作物为元素，借助科技手段及现代设施，构建出的与传统平面种植景观截然不同的景观形式，展现了农业种植形式的突破进展。

田园创意景观包括垂直种植景观、廊架种植景观，以及农业花果等展现的创意景观。山东寿光的蔬菜博览园用瓜果蔬菜营造出的极有创意的景观，科技大棚中的垂直农业景观等，都是科技景观的展现。

2.农业低碳景观

农业低碳景观是指减少能源的消耗，提高能效，降低二氧化碳排放量的农业景观。最突出的代表是垂直农业。垂直农业的概念最早由美国哥伦比亚大学教授迪克逊·德斯帕米尔提出。德斯帕米尔希望在由玻璃和钢筋组成的光线充足的建筑物里能够种植本地食物，所有的水都被循环利用，植物不使用化肥，甲烷被收集起来变成热量，猪圈排泄的废料成为能源的来源等。垂直农业是一种获取食物、处理废弃物的全新概念。许多国家的设计师都在推动垂直农业应用，如美国的"推进达拉斯"项目、丹麦罗多弗雷市的"空中村庄"等。

三、乡村建筑景观

（一）原生式乡村建筑景观

原生式乡村建筑景观是指注重对乡村建筑的保护和传承，较少加入人为的改造，展现乡村建筑与天空、山、水、植物等形成的乡土生态景观。如日本的合掌村，以干草堆叠覆盖屋顶，意大利的阿尔贝罗贝洛则以圆锥石屋顶闻名，这些特色的乡村建筑成为标志性景观，而在多年的修葺中，也是以保留原生式建筑景观为原则，较少融入新建筑景观。

（二）借鉴式乡土建筑景观

借鉴式乡土建筑景观是指在景观设计中，将当地传统建造技法与先进技术、工艺恰当结合，再现乡土生活形态下的乡土建筑景观。建造借鉴式乡土建筑景观需要对当地的乡土建筑特色、地域文化、环境、气候、地形地貌、植被、民风民俗等因素充分了解，从中提炼出乡土建筑及其与环境融合的精华，才能进行景观提升。

四、乡村庭院景观

（一）乡土观赏庭院

乡土观赏庭院景观以保护和发展乡村传统文化、人文历史为主题，充分挖掘乡村的环境肌理、文化蕴藏、产业特色，将历史素材、人文典故融入美丽乡村庭院景观规划设计中，利用乡土元素和乡土景观材料提升庭院整体面貌和观赏性，烘托乡村闲适安逸的生活氛围和古色古香、源远流长的历史积淀。它适用于远离城市、自然环境和生态环境未受到干扰破坏或破坏程度轻微的乡村。这些乡村乡土文化特色鲜明、地方风情浓郁、村民生活朴素。

（二）现代休闲庭院

现代休闲庭院的景观要素以围合度较高的围栏、现代风格形式的铺装、规则的水体、现代的景观小品、舒适美观的休憩设施以及生态科学的植物群落为主。

它适用于靠近城区、县城、经济重镇，且乡村文化不明显的区域。这些乡村交通便捷，人口稠密，经济发展迅速，城镇化程度较高，土地需求紧张，村民注重建筑更新。

（三）乡村体验景观

农家乐体验庭院景观是结合庭院景观与农业生产的景观形式，可在面积较大的庭院中种植经济果林，比如樱桃、枇杷、杨梅、葡萄等，采用趣味采摘、农务劳动等体验方式向游人讲述农家韵味，让游人体验美丽乡村；还可以塑池理水，在池塘内放养鱼苗，在池塘周边堆叠自然式生态驳岸，设置垂钓平台，为游人提供体验垂钓乐趣的场所。它适用于距离城市不远，拥有优质自然资源和景观基底的郊野乡村。

五、乡村文化景观

（一）乡村文化符号景观

乡村文化符号景观是指从乡村的信仰、宗教、语言、生产、建筑中提炼出的具有乡村特色的文化符号，通过标识牌、雕塑、装饰品等形式进行展现，从而构建文化标识景观。乡村文化符号景观的承载体包括建筑、景墙、影壁、景观小品、装饰贴面、围墙、广场、坐凳、道路等多种形式。乡村文化符号景观的构建，可通过引借、易位、重合、材质、减舍、虚幻等六种方式来实现。

（二）乡村文化活动景观

乡村文化活动景观是指由乡村节庆、祭祀、传统习俗、集市等乡村文化活动形成的景观，是动态乡村景观的展现。乡村文化活动景观的升级，要以展现乡村文化活动所传承的美好寓意为前提，主要注重以下三个方面。

1.精神引领

乡村传统文化活动的出现，多是由于人们在对自然无力反抗的情况下形成精神寄托，存在着一些落后的观念。在新时代中，首先要摒弃乡村文化活动中的糟粕思想，以和谐、生态、祈福、友善为核心精神，挖掘乡村文化活动的积极功能。

2.文化传承

越是历史悠久的乡村文化活动景观，越具有时光的厚重感和吸引力，包括活动的仪式程序、活动的道具形式以及参与活动的人群等。应避免出现新型业态的强势介入，打破传统活动的整体氛围。

3.科学管理

很多乡村的传统习俗，或处于村落自发传承阶段，没有起到极强的带动乡村经济的作用，或属于极度商业化的形式，冲淡了传统的韵味。这些都需要用科学的管理手段将村民、政府以及专业策划公司进行整合，将商业部分留给专业公司策划，治安归于政府管理，文化则发挥民间智慧，形成三位一体的管理结构，实现乡村文化活动景观的升级。如北京怀柔区琉璃庙镇杨树底下村的敛巧饭，通过镇政府、村民及企业的联合管理，实现了文化升级。2014年，敛巧饭从杨树底下村扩展到琉璃庙全镇，仅正月十六当天，就接待游客1万多人。

（三）乡村文化传人景观

乡村文化传承人是文化遗产的体现者，离开了传承人就等于乡村非物质文化遗产的消亡。因此，传承人本身就是一种景观。提升乡村文化传人景观，要从以下三方面着手。

1.精湛手艺展现景观

将乡村文化传人的精湛手艺展现在大众面前，可以将观看传统手工艺作为一项旅游景观，配备完善的观看设施，形成乡村旅游的特色景观。

2.传承仪式活动景观

对于具有悠久传承历史的手工艺，可将其传承仪式开发成特色文化活动景观，增强传统文化的时光厚重感。

3.工艺作坊体验景观

帮助传承人建立工艺作坊，让游客亲身体验传统手工产品的制作、感受乡村传统手工艺的魅力。

模块三　乡村旅游设施建设

项目三　乡村旅游接待服务设施

【项目导入】

乡村旅游接待服务设施包括住宿、餐饮、娱乐、购物、解说系统等，这些设施是游客使用量最大、也最能够带给游客旅游体验的设施，并且这类设施的安全直接关乎游客的人身、财产安全。要想加深乡村游客的旅游感知，延长游客的逗留时间，接待服务设施的保障性功能和延伸性功能是必不可少的因素。

【学习目标】

知识目标：

● 掌握乡村住宿设施、餐饮设施、游憩设施、购物设施、解说系统等接待服务设施建设的要求和设计原则；

● 熟悉乡村旅游接待服务设施的主要内容，并能结合特色进行接待设施建设；

● 掌握乡村旅游游憩设施的配置内容。

能力目标：

● 根据乡村旅游住宿设施的建设要求，会进行乡村住宿产品的设计；

● 能进行乡村餐饮厨房的配置与管理；

● 能结合乡村游憩资源类型进行游憩活动的开发；

● 能进行乡村旅游购物环境的优化；

● 能结合乡村特色进行户外解说设施建设。

【项目任务】

◆ 以小组为单位，通过实地调研或从互联网搜集和整理省内外2~3个乡村旅游示范点的住宿、餐饮、娱乐、购物、解说系统等接待服务设施的建设情况和特色，撰写一份调研报告，并将相关资料整理制作成PPT进行展示。

任务一　乡村住宿设施建设

住宿设施不足常常成为限制乡村旅游业发展的主要因素，尤其是游客高峰期经常一床难求。乡村旅游地在满足游客对住宿设施数量要求的同时，也要满足其对质量的要求。"住"作为不可忽视的一部分，影响着游客对乡村旅游的满意度。

一、乡村住宿设施建设的要求

（一）增加住宿设施类型，满足多样化需求

乡村可开发建设多种多样不同类型的住宿设施，如度假型乡村酒店、乡村客栈、休闲农庄、乡村会所、乡村度假公寓、民宿、原生态乡村民居以及森林小木屋等，形成功能齐全、布局合理的乡村旅游住宿体系，避免雷同，以满足不同类型游客的需求。

（二）以环保为主要理念，注重设施与外围环境的和谐，打造特色

乡村生态环境相对敏感和脆弱，乡村住宿设施的设计既要考虑经济效益，更要强调生态效益，以减少对生态系统的干扰和对自然环境的破坏，使乡村环境具有良好的生态循环再生能力。乡村住宿设施设计应坚持地域性的原则，体现乡土性和独特性。以"地域基因"决定乡村住宿设施的布局、建构和经营主题，并由此形成乡村住宿设施的地域特色，避免同一地区的同质化竞争。

建筑及景观设计首先要以环境状况为基础，选择合理朝向，顺应地形地貌，保护农田肌理、溪流水景等自然元素，力求规模恰当、形制适宜，使人工构筑物与生态环境和谐共存。其次，采用环保型建筑材料及建筑技术，利用太阳能、沼气等清洁能源，争取自然通风采光，注重节能节水，并对废弃物进行适当处理，减少污染。

（三）突出地方特色和乡土特色

从乡村住宿（旅舍）设施的建筑材料、类型设计到旅舍内部的细部装饰和色彩等，都要突出当地的地方特色和乡土特色。例如选择何种装饰材料，要根据当地的风土人情和风俗习惯决定。这不仅符合景观一致性的要求，也为外来旅游

者提供了了解当地民俗风情和特征的一种体验渠道。如在陕北地区,乡村旅舍最好建设成具有陕北风情的窑洞;而在青藏一带,乡村旅舍可以造成石木结构的碉房;在云南一带,则可选择具有民族特色的竹楼或吊脚楼等。房间内的装饰设计也以体现乡土特色为主,例如可利用窗花、葡萄藤等小物件对房间进行具有乡土气息的细部装饰等。

乡村住宿首先要保证卫生、安全、舒适,这是最基本的要求,做不到这一点,其他方面再好也没用。其次要有特色,这里的特色是根据景区情况决定的。如偏远地区的乡村,应该结合自己的实际情况,开发具有浓厚乡村特色的"乡村大院"或者特色村寨。凭什么游客选择在这里住,因为这里有吸引他的东西。最后,要打造能让游客再来的吸引点,将当地特色农产品精品化包装,形成品牌,发展后备厢经济。游客住了一晚,带点特产回家,吃完了还想来,这样就能形成二次旅游,获得持续发展。

二、乡村住宿产品的设计原则

与所有城市住宿产品不同,乡村旅游的住宿产品讲究的是外部环境的营造和内部设施的装饰设计,它要求突出乡风"土"韵,能给人一种干净、简约、朴实、舒适的感觉。

(一)乡村旅馆民居化

乡村旅馆的设计应结合所处的地理环境,因地制宜,就地取材。如在树林繁茂的地方建小木屋,在竹林密集的地方建竹楼,在蒙古草原上搭帐篷等。这些个性十足、乡土气息浓郁的住宿设施对游客有着强烈的吸引力。如陕西的秦巴山区,就利用岩洞、窝棚、土吊楼等建立了许多特色旅馆,深得城里人青睐。

(二)装饰民俗化

乡村旅馆的装饰应与当地民俗文化紧密结合,突出乡村情趣。如旅馆的进门处贴上对联、门画;旅馆的窗户、顶棚、箱柜贴以剪纸;窗户、门帘、帐帘、枕头、枕巾、床单、桌布等采用地方刺绣、挑花绣或扎染、印花布、土织花条布等工艺;屋内房间可适度陈列油纸伞、土陶茶壶、桐油灯、铜镜,或旧时的花轿、草鞋、蓑衣、斗笠等。此外院落应充分体现乡村生活的自然化,饲养鸡、鸭、鹅、牛、羊、兔、狗、鱼等，是一个"天然大课堂"，别致独特，让游客耳目一新，感受农舍的自然美。总之，挂几串红辣椒、几个斗笠，贴几副春联、特色剪纸，使客房内的摆设亲切温馨，房间装修显得简朴大方，都会让游客游兴勃发、兴趣盎然。

（三）内部设施简洁化

乡村旅馆的内部装潢以简约、朴素为主，无需富丽堂皇，有游客需要的基本设施设备，让游客感到舒适即可。一般来说，客房之间不直接连通，应具备有效的隔音措施，房间应有良好的自然采光和通风设备，客房每日全面清理一次，以保持清洁、整齐。客房卧室应安装遮光窗帘，配有电风扇或空调、彩色电视机，提供毛巾、牙刷、香皂等日常用品，床单、枕套、被套等卧具应干燥、整洁，一客一换或1~3天一换。尽量给所有的客房配备卫生间，内设坐便器、淋浴器、晾衣绳、换气扇等，所有卫生间24小时供应冷水，每天至少供应18小时淋浴热水。

（四）外部环境幽静化

乡间的夜晚静谧而富有诗意，许多城里人来乡下住宿，就是为了体验乡村夜晚的魅力。因此，在建设乡村旅馆的时候，需要考虑到它的外部环境，尽量选择安静且环境幽美的地方，使居所被绿色环抱。"苔痕上阶绿，草色入帘青"，"开轩面场圃，把酒话桑麻"，使旅游者充分体验到自然之乐。这样，游客躺在镶嵌于山水林木之间的旅馆内，听着窗外虫儿的低吟浅唱，嗅着窗外浓郁的花果醇香，睡着后梦都是甜的。早上醒来，阳光洒满了整个床铺，鸟儿在窗外叽叽喳喳地嬉戏打闹，放牛娃的牧笛此起彼伏，这样超凡而脱俗的意境，定能让城里人如痴如醉、流连忘返。

三、提升乡村住宿环境

（一）建筑环境协调

乡村建筑的总体风格和氛围是给人的第一印象，游客先入为主的感官感受将会直接影响其消费欲望。浓厚的主题氛围、个性化的风格表现最具有传播力和感染力，精心设计过的住宿环境能吸引游客的注意力，使游客产生深刻的记忆和强

模块三　乡村旅游设施建设

烈的体验欲望。从"古"字出发，打造乡土气息浓郁的"世外桃源"，将让人们自然地融入保存完好的古村落中。

（二）居住环境宜人

乡村建筑最重要的外在特征和表现就是"土"，即具有浓厚的乡土气息。在建筑的内部环境上要与时俱进，还需要满足不同年龄段游客的需求，避免游客在行走时跌倒受伤以致影响整个旅游行程和游玩的好心情。

1.乡村建筑的外部环境设计

建筑外观及装饰设计中应融入大量的纯天然元素，与农村的总体色彩相匹配。颜色和谐搭配，彰显厚重、大气的风格，与乡村悠久的历史一脉相承。

2.乡村建筑的内部环境设计

客房是游客缓解一天疲劳、休息养神的最佳场所。可以借鉴乌镇的民宿经营管理经验，将古朴与现代相互融合。床铺选用老式的架子床，使用传统印花被子；窗户用手工剪纸装饰，将客房打造得古色古香。在设备上与时俱进，提供电视、移动Wi-Fi、电脑、空调、卫浴、饮水机等配套设施，给游客提供现代生活的便利，将现代化的设施与乡村古朴的元素相结合，让游客在享受乡村静谧生活的同时，又能感受现代化带来的生活便利。

（三）服务热情周到

服务人员接待游客时要微笑服务、说普通话、用文明语，穿着得体、大方、整洁，展现民风淳朴、热情好客的乡土风情。另外，在房间里可以播放具有当地特色的乡土音乐，让游客更好地熟悉当地文化。旅游者被乡民们浓浓的热情所感染，热情的服务必定会带来意想不到的效果。

四．乡村旅游民宿

民宿作为人们放松身心、体验乡村生活、感受自然魅力的主要载体，日益受到各界的关注。乡村民宿作为民宿的重要形式之一，兼顾民宿特点与乡村特色，是以特有的乡村人居环境、乡村民俗文化、乡村田园风光以及乡村农业生产为基础，为游客提供乡村观光、文化体验、生活服务的旅游服务设施。近年来，民宿表现出从低端单一产品、同质化开发、个体经营、分散布点向高级且有特色的休闲产品、差异化发展、企业操作和集群布局转变的发展趋势。作为乡村旅游的一种新兴形态，民宿完成了体验休闲与旅游住宿的结合，形成了与都市酒店不同的差异化发展模式，能够满足游客对于乡村生活、自然观光、文化体验的多样需求。作为乡村旅游的主要接待空间，民宿对于促进乡村旅游健康、快速发展起着至关重要的作用。

（一）民宿的定义

民宿一词源自日语"Minshuku"，是多数以闲置乡村房屋作为主要设施，提供家一样氛围的体验，强调主客情感互动，分布于风景优美的乡间的住宿形态。随着近年来乡村旅游和民宿产业的快速发展，当下的国内精品民宿已不仅局限于住宿，主题文创活动的举办、特色乡村文化氛围的营造逐渐发展成为民宿吸引游客的核心竞争力。与此同时，民宿作为乡愁记忆的重要载体，其将乡村资源禀赋转化为产业优势的特点也越来越受到关注。民宿不同于传统的饭店旅馆，也许没有高级奢华的设施，但它能让人体验当地风情、感受民宿主人的热情与服务，并体验有别于以往的生活，因此颇为流行。

（二）民宿建设的核心要素

1. 建筑设计

民宿的建筑设计主要分为老房改造民宿和新建民宿两种。

（1）老房改造民宿

老房子是活着的历史和文化，民宿设计应让其焕发新的生命光彩，并更好地传承文化。改造策略是最大限度地保留建筑原有的文化记忆，就地取材对建筑做必要的修缮：

①加建木质的入口雨棚，遮风挡雨的同时突出民宿入口；

②对原有的破旧窗户进行修缮；

③以木材和茅草为材料建造凉亭，设计民宿的灰空间，凸显民宿的乡居主题；

④就地取材，以当地石材铺设人行道路和建造路边景观小品；

⑤以天然石块和绿色植物做景观围墙。

模块三　乡村旅游设施建设

（2）新建民宿

新建并不代表摒弃当地的历史和人文，而是为了更好地提炼出历史、人文中的建筑语言；创新是为了更好地传承和发展，建筑虽是新建，但它的根却深深地扎在历史文化之中。新建策略应注重体现当地文化，多选用当地的建筑材料来丰富建筑造型：

①民宿多选用与自然融合度高的材料，凸显生态性和文化性；

②室内和室外的过渡空间是民宿的一个重点设计，阳台、露台等空间可以很好地把人的活动范围从室内延伸到室外，甚至在某些区域可以结合场地现有的地形或植被作巧妙设计，从而和环境更好地融合在一起。

2. 细节与环境设计

（1）关注细部设计，细节成就完美

①萌宠。走进一家民宿，迎接你的不是穿着制服的礼宾员，而是热情亲切的房主以及房主家的萌宠——一只骄傲的猫、一只帅气的狗或是其它萌物，会让房客的内心变得柔软起来。

②Wi-Fi密码卡。不管是酒店还是民宿，Wi-Fi都是标配。这时候，一张别致的密码卡就是取胜的关键。民宿内一张有设计感的Wi-Fi密码卡不仅能够俘获人心，放在屋子里也是一件与众不同的装饰品。

③充电线。对于外出旅行的人来说，保持电子产品的充足电量是一大关键。书桌上的一根随时可以充电的数据线，可备游客的不时之需。

④留言墙。民宿内都会有一面游客留言的故事墙，客人们可以在上面写下他们的入住感想，留下他们的旅行印记，后来的住客也可以驻足观看。

⑤书籍。书籍是民宿中不可缺少的一种元素，它和民宿一样充满了情怀的味道。

（2）舒适宜人的庭院设计，兼具私密性、趣味性、故事性

对于游客而言，乡村庭院基本承担着景观观赏和休闲小憩两大功能。乡村庭院景观的构成元素应来源于乡村生活和自然，朴实无华，与当地的地域特征密切相关，并蕴含一定的文化意义和地方精神，从而展现地方乡愁。

①水车、石磨、古井、古树、棚架等，经过简单的艺术加工，比如摆放形式、摆放位置等的改变，就可以体现出浓郁的乡土气息。

②植物、石材、木、砖、陶等乡土自然材料，通过造景手法的处理即可以营造出独一无二的乡土庭院景观。

③蔬菜也能成为一种乡土景观。在庭院里栽植一些既能饱眼福、又能饱口福的蔬菜是乡村庭院景观绿化的新趋势，可采用小型花坛式栽培、篱棚式栽培，也可以用容器进行可移动式栽培，从而营造一种休闲农业的环境氛围。

④粗糙的原木或者柳条桌椅，乡村风格的面料制成的桌布和抱枕，以及烛台、灯笼、复古风的陈旧的碎片、自然风的树桩桌面，共同营造了与整体庭院乡土景观相协调的乡村休闲设施。或饮茶而座，或休闲小憩，游客可远离城市喧嚣，静享那不可多得的舒适轻松的乡村生活。

此外，道路铺装应更注重人的体验感，标识系统要与主题特色、环境氛围相结合。

3. 起名

对于民宿来说，名字即是营销的一部分。民宿的定位就是从一个名字开始的。好的名字能够传达该民宿的主题、定位、环境、场景、卖点，反映该地的资源与环境。

（1）起名有原则

诗情画意的名字吸引人气，凸显主题的名字更容易被感知，富有底蕴的名字更具分享特质，朗朗上口的名字有利于传播和记忆。

（2）起名要定位主题

民宿的选址决定了其可依托的资源，也一定程度上决定了民宿的主题特色。对文化及自然资源的极致表现与利用，是设计一种生活形态的根本。如果民宿依托花海，可借力花卉温馨浪漫的氛围进行设计；如果依托乡野田园，则着力挖掘农家慢生活体验；如果依托古镇、古村落，则要充分尊重历史、民俗文化；如果在山间林野，那就重在与环境相融，重在体验。

总之，乡村民宿的设计能够展现乡村的韵味，让人安闲自得、悠然地亲近乡村，回归到原始生态的质朴、本真，就是成功的。

（三）民宿装修设计的基本准则

1. 追求精致与个性

一般民宿的房间数并不多，都会在15间以下。也就是说民宿的设计不是追求规模与奢华，小而美才是民宿经营的基本理念，精致而有特色是民宿生存的不二法门。

2. 选对合适的客人

民宿因其独特的设计风格与设计理念，面对的多为小众市场，而非大众群体。因此，民宿规划设计时必须明确服务对象，要明白"我的民宿要提供给什么样的客人"。只有突出自身的特色与风格，选对合适的客人，才更能体现民宿本身的魅力与价值。

3. 所在地文化的展示

一幢民宿最吸引人的地方，一定是激发了游客对当地文化生活的好奇。民宿如果能不断地吸引回头客，那一定是成功地让游客对当地文化生活方式产生了认可。民宿是一个地区文化展示的窗口，是最适合表现当地特色风情的地方，能够让游客体验与自己所在地文化不同的新奇感。由此可见，民宿的设计规划必须充分挖掘和突出当地文化元素，以保留并凸显当地元素为前提，并在这一过程中不断创新。

4. "风过无痕"的环保理念

民宿的规划设计从来不可能与当地环境脱离，它自始至终将尊重地域自然生态作为一个基本的出发点。在民宿的规划设计中，一方面是力图对生活环境产生的破坏最小；另一方面是使人与自然相适应。无论是建筑还是设施，都应该以环保为出发点，尽量就地取材、低碳节能，营造"风过不留痕"的和谐氛围。

5. "慢生活"的规划态度

"慢生活"是一种生活态度，是一种健康的心态。这是一种回归自然、轻松和谐的意境，民宿所要营造的正是一种"慢生活"。民宿的规划与其他设计规划的不同在于，相比规划的方法与技术，更注重一种规划的态度。

6. 规划中不可缺少的新概念

任何产业都不可能一成不变，要想长期发展必须与时俱进。民宿虽然追求的是一种返璞归真、自然而然的发展理念，在发展中也要根据市场需求，结合产业新理念不断地升级。目前，乡村旅游中逐渐出现了"自然农法""众筹农业"的新概念，作为乡村旅游中重要的组成部分，民宿的规划设计一定不能脱离这些新的发展理念，应将其充分地融入民宿的发展中，让民宿迸发出新的活力。

（四）如何做好民宿

很多人都想开民宿，纷纷去参观、试睡、体验、感受。好的民宿需要关注以下几点。

1. 带动乡村经济发展

了解当地资源优势、农产品特色，并且把当地文化、美食、手作等融入民宿当中，寻求本土化。致力于文化传播，注重口碑，带动当地经济发展，与村民融为一体，共生共荣。要更好地体现出民宿的实质，不是酒店，而是与当地民俗风情结合在一起的一种生活方式，努力发掘文化背后的商机。

2. 不破坏乡村风貌

民宿应符合乡村整体风格，同时有自己的特色，达到统一而不单一，修旧如旧，旧中取新意。乡村中的民宿应尽量增加农耕主题。

3. 寻求差异化，而不是异类

乡村需要创造力，在统一标准下寻求差异化。而民宿在乡村规划中应做到别致、小而美、小而精、实用性强，同时实现定价差异、服务差异、体验差异。

4. 服务于人心，回归淳朴，回归自然

酒店的服务是标准化的，而在乡村民宿中体现的不仅仅是标准化的服务，更要服务人的内心需要。来到乡下的旅客，一定是寻找城市中缺乏的情感依托。民宿应提供个性的服务，从情感、人文关怀等方面进行产品定位。客人即是亲人，要让客人感受到温暖、被尊重、被包容、被关注、被关心。乡村建设中真正好的民宿不是独立的个体，只有融入乡村文化才会更持久。

模块三　乡村旅游设施建设

任务二　乡村餐饮设施建设

一、乡村餐厅硬件配置

在科学规划的指导下，在乡村商业街、主要道路和节点、景点的接待服务区应重点设置、合理布局餐饮设施，总体规模与乡村接待能力匹配。乡村餐厅在硬件设施的配置上，要严格贯彻卫生防疫部门的卫生要求，讲究干净、安全、卫生，厨房内部公开透明、干净无味，实现生熟分离、餐具消毒、餐桌整洁。应结合农家餐饮的特点以及餐厅的规模大小，设立储存区、加工区、烹调区、就餐区。储存区放置餐具消毒柜、保洁柜、冷藏冷冻设施、存有食材的瓶罐箱等。加工区配备洗菜池、切配台及切配工具。烹调区配备烹调设备和排油烟设备。条件允许的话，为保持乡土风情，以农家土灶为佳。就餐区除了要有具乡土气息的桌凳之外，还要保证干净卫生。

二、环境营造

在餐饮环境的营造上一方面应以农家生活为主题，设施内部的布置尽量运用农业及乡村文化特性来营造气氛，桌椅餐具显示地方特色；另一方面美食应以地方特色和传统农家菜为主，加强特色菜、农家菜、山野菜等菜品的开发，重点突出当地生态特色、文化特色、民俗特色，将乡村美食打造成具有特色的旅游吸引物。

农家餐厅要吸引客人，用餐环境必须干净整洁，最好有专门的餐厅。条件不好的也可以将自家庭院开辟出来，但庭院用作餐厅需要做好灭蝇、灭蚊、防尘、防风沙等工作。

三、厨房管理

（一）器具统一化

农家餐厅需要根据接待能力配备相应数量的餐具和器皿，保持器具的统一，使用有地方特色的厨具及餐具。要区别于城市饭店的精致，追求"粗"与"土"，使游客用餐时感到舒适与协调。

（二）食物储存完善，保持新鲜度

农家餐厅的食品保存要注意卫生、营养，不可有过期变质、腐坏的现象。

（三）厨房设施和器具应当定期清洁以保证卫生

厨房常用器具使用后要进行清洗、消毒，并放置在专用位置。废弃物应及时处理，当天的垃圾当天处理。

任务三 乡村游憩（娱乐）设施建设

乡村游憩设施建设要建立在乡村发展的生态平衡、文化平衡、经济平衡、代际公平、空间公平原则的基础上，其终极目标是挖掘中国传统文化遗产真、善、美的要素，通过创意设计构建健康和谐的现代文化，凝聚民族文化认同的精神价值，并通过游憩活动展示出来，有效影响游憩者，实现传统文化的传承和消费理念的健康转向。

一、不同年龄段的游憩活动规律

（一）儿童的游憩活动规律

不同年龄的儿童有不同的行为特征。由于受到学习压力的影响，游憩活动相对较少，对观光类的游憩活动喜好一般，但是比较喜欢娱乐休闲类的游憩活动（表3-1）。

表3-1 不同年龄儿童的行为特征

年龄	活动喜好	活动范围	活动种类
3~6周岁的幼儿	游戏是幼儿的主导活动，他们比较喜爱有创造性、活动型的游戏	一般在居住地的周围	跷跷板、秋千、沙坑以及变化多样的器械
7~12周岁的儿童	儿童的游戏兴趣被体育运动代替，竞赛意识增强，更喜欢智力活动	活动范围扩大，一般与同伴在一起自主选择活动场地及类型	女孩喜欢跳皮筋、跳方格等，男孩喜欢攀登架等运动性强的活动

（二）青年人的游憩活动规律

青年人的特征主要有：活泼好动，有一定的好奇心和冒险精神；体力好，精力充沛；求知欲比较强。这些特征影响了青年人的游憩活动规律，他们一般会选择体育运动型、冒险型的游憩活动。

（三）中年人的游憩活动规律

一般来说，中年人的心理具有一定的成熟性，他们处于智力的巅峰期，情绪趋于稳定；兴趣取向个性化；一般有稳定的工作，具备一定的经济基础，对价格不是很敏感。这样的特征决定了中年人选择游憩活动更注重实用性。

（四）老年人的游憩活动规律

老年人的闲暇时间一般较多，以修身养性为目的，比较喜欢自然观光型和人文观光型游憩活动。

二、乡村游憩活动类型

游憩活动的目的不同，游憩活动类型也就不同。游憩活动按照不同标准可以分为不同的类型。

（一）根据游憩的目的分

1.日常休闲型

休闲型游憩活动的主体主要是当地的居民，活动内容主要是喝茶、散步、下棋、看电视、聊天等，这是当地居民日常生活的一部分。

2.游览体验型

游览型游憩活动主要是游憩者对乡村的自然景观、人文景观游览的过程，它是一种美的感受过程，例如体验民俗风情，参观乡村建筑聚落、遗址古迹、山林野趣、田园风光，采摘果实、蔬菜，品尝美食，体验农事（如踩水车、打水井、推石磨）等。

3.度假型

度假型游憩活动主要是游憩者来到乡村以度假为目的的休闲，游憩时间一般要超过一天。他们居住在乡村公寓、乡村度假小屋、乡村别墅、乡村酒店、乡村俱乐部等场所，并享用各种游憩设施。

（二）根据游憩活动的性质分

1.自然型

自然型游憩活动包括摄影、野餐、垂钓、赏花赏景及感受山林野趣、田园风光等。

2.娱乐型

娱乐型游憩活动包括跳舞、打牌、唱歌、游戏、烧烤、踩水车、打水井、坐牛车、坐竹筏、采菱角及观看娱乐表演、参加篝火晚会等。

3.文化型

文化型游憩活动包括参观各类乡村建筑与聚落、遗址古迹，观看当地戏曲、乡土文物展、民俗风情表演等。

4.居住型

居住型游憩活动包括体验乡村公寓、乡村度假小屋、乡村别墅、乡村酒店、乡村俱乐部等。

5.体育型

体育型游憩活动包括各类非比赛性的体育活动，如篮球、排球、网球、足球、乒乓球等不同类型的球类运动，以及骑马、射箭、跑步、登山、骑自行车等。

6.社交型

社交型游憩活动包括喝茶聊天、聚会交友等。

（三）根据游憩活动的状态分

1.静态和动态型

静态游憩活动如吃农家饭、打麻将、喝茶聊天、下棋、射箭等，身体相对静止；动态游憩活动如打球、跑步、登山、骑马、挖竹笋、采菱角等，具有身体移动性。

2.非参与型和参与型

非参与型游憩活动如观赏田园风光、参观遗址古迹、看各类比赛等；参与型游憩活动如打球、唱歌、跳舞、参加竞技活动、打麻将等。现代游憩活动的发展趋势之一就是从非参与型（被动）游憩活动转向参与型（主动）游憩活动，人们的参与意识日益强烈。例如，从观看表演到参与表演，从观看体育比赛到参与体育活动等，都是这种趋势的体现。

（四）根据游憩人数的多少分

1. 个人游憩活动

个人游憩活动如观光、摄影、垂钓、看书等。

2. 群体游憩活动

群体游憩活动如观看或参加民俗表演、野营、野餐、户外拓展、球类运动、竞技活动等。

（五）根据游憩活动发生的场所分

1. 室内游憩活动

室内游憩活动如看电视、看书、唱歌、打麻将、下棋等。

2. 户外游憩活动

户外游憩活动如摄影、赏风景、垂钓、登山、挖竹笋、踩水车、骑水牛、坐竹筏、采菱角等。

（六）按游憩活动与自然环境的关系分

1. 滨水游憩活动

滨水游憩活动一般包括滨水休闲、垂钓、划船、踩水车、坐竹筏、采菱角等，以及其他水上民俗活动。

2. 山地森林游憩活动

山地森林游憩活动一般包括挖竹笋、登山、野营、摄影等。

三、乡村游憩活动的开发

（一）以溪流渔业为资源的游憩活动开发

以溪流渔业为资源的游憩活动形式可以包括辨别鱼类，了解鱼类生长环境、捕鱼的方法（网、钓、捞、抓）、各种渔具的使用，制作渔具，听流水声，烹鱼、抓虾、捕蟹，制作贝雕和水产纪念品等。

（二）以野菜为资源的游憩活动开发

以野菜为资源的游憩活动形式可以包括辨识野菜（哪些野生植物可食用），采集与处理野菜，了解野菜的烹煮方法、生长环境及繁殖方法等。

（三）以牛车及牛为资源的游憩活动开发

以牛车及牛为资源的游憩活动形式可以包括了解牛车的种类与构造、牛的种类、牛车及牛的关系、牛车的用途，乘坐、驾驶牛车，牵牛、喂牛吃草、放牛、画牛、骑牛、挤牛奶、与牛合影等。

乡村游憩活动资源类型与游憩活动开发示例如表3-2所示。

表3-2　乡村游憩活动资源类型与游憩活动开发示例

资源类型	游憩活动
农业生产资源	农耕劳作，采摘瓜果，垂钓，观赏与使用农具，体验农业生产风俗，制作农家饭菜，参与农耕节庆活动，哺喂农村生物，参观农业示范园、农业科技教育馆、农业博物馆展览，购买农产品等
农民生活资源	游览民俗生活博物馆，体验特色民居，享用农家乐、渔家乐美食，体验民间婚嫁习俗，参与民俗节庆活动，欣赏民间服饰歌舞，欣赏民间手工艺，制作手工艺品等
农村生态资源	观赏梯田景观、欣赏乡村夕照景观、品山林野趣、听鸟语蝉鸣、观家禽家畜生活片段、体验乡土环境与风情等

四、游憩活动与环境、设施的关系

游憩体验与满足是游憩者的最终需求，把游憩活动与游憩设施和环境联系起来，这些设施和环境可以不同程度地满足游憩者的需求，同时每种活动对支持它的设施和环境也有相应的要求。不同的游憩活动存在于不同的游憩空间之中，游憩活动所带来的游憩体验也不同。

环境、设施与游憩活动的关系主要有一对一和一对多两种关系。例如高尔夫球场专为打高尔夫球之用，此为一对一的关系；在水面上可以开展垂钓、游泳、

模块三　乡村旅游设施建设

划船等各项游憩活动，此为一对多的关系。根据环境及设施的有无和多少，可以确定可以开展的活动（表3-3）。某些游憩活动的开展需要依托特殊的自然环境，如垂钓、划船、游泳等需要有水的自然环境。乡村游憩设施的建设要与乡村游憩活动的设计和游憩环境的打造相联系，传递返璞归真的乡村文化气息和淳朴的乡村民风，即游憩设施的建设应突出原生态的特点。

表3-3　乡村旅游游憩环境、设施与活动的关系

活动	自然环境	村落公共空间	庭院空间	室内空间
攀岩、锻炼	特殊自然条件	练习场地、设施	设施	专门设施
露营	荒野	茅草棚	无	无
赏花	花草种植地	专门设施	庭院种植地	室内盆栽
体育活动	特殊场地	专门设施	专门设施	专门设施
骑自行车	道路	有良好路面	无	无

五、乡村旅游游憩设施配置内容

乡村旅游游憩设施主要是满足游憩者游览、休闲、运动、娱乐、社交、购物等需求的各种场所，包括休闲亭、运动场、棋牌室、活动中心等。设施的类型、数量和位置，要根据乡村旅游游憩空间的整体功能布局情况来配置，同时应充分利用乡村的自然条件和环境资源。

（一）建筑景观小品

建筑景观小品主要是为游憩者提供休息、观景的小型服务建筑，例如乡村旅游中常见的休息亭、廊架等。在规划设计时要根据当地的地域特色，运用木材、竹子等乡土材料合理布置，展示乡村的自然古朴气息。廊架上种植一些藤本植物，不仅可以丰富造景效果，也可以起到遮阴的作用。

（二）休闲座椅

休闲座椅是乡村旅游游憩空间规划设计要考虑的重要设施，其为游憩者在自然环境中的游憩休闲提供了方便。在布置休闲座椅时，要考虑不同游憩者的心

理和生理活动规律。一般情况下，应设置在有背靠实体的地方，给游憩者以心理安全的感觉，例如背靠在花坛、植物、建筑物或其他构筑物前。还要考虑游憩休息的秘密性，以供游憩者较长时间停留。同时休闲座椅可以与一些景观小品结合，形成独具特色的休闲空间点。座椅的制作材料要以防腐蚀、不易损坏为基本条件，材料选择上应尽量配合乡村旅游区内自然环境的特征，采用木材构件的座椅。因为木材除了在材质上与自然环境较能相互融合外，还具有不易受气候影响发烫或冰冷的优点，且在下雨后表面能迅速沥干，不至于让游客在游憩过程中产生不舒服的感觉。

（三）娱乐活动设施

不同年龄的游憩群体对游憩活动的需求不尽相同。娱乐活动设施要考虑到不同游憩者的需求，主要包括儿童活动设施、青年人活动设施、中年人活动设施以及老年人活动设施。

儿童喜欢热闹，可以设置一些滑梯、蹦床、秋千等形式多样的游憩器械，一般设置在平整的沙地或者橡胶地面上，以保证儿童玩耍时的安全。还要设置一些座椅、花架等供家长看护时临时休息。

青年人较喜欢探险和一些体育运动，中年人一般喜欢实用型的游憩活动，所以可设置一些室外活动的场所，比如射击运动场、拓展训练场、篮球场、羽毛球场等，场所周围配置相应的服务设施。

老年人一般喜欢安静，根据其生活习惯和兴趣爱好，可以布置一些健身的器械或读书、看报、喝茶的休闲设施。

任务四　乡村购物设施建设

旅游购物是旅游六大基本要素的重要内容之一，对旅游业发展具有不容忽视的作用。建设完善的旅游购物场所的各项设施，提高旅游购物服务水平，规范旅游购物市场秩序，合理引导旅游消费，可以有效增加购物收入在旅游总收益中的比重。我国绝大部分景区的旅游购物设施相当简陋，缺少购物环境的营

模块三　乡村旅游设施建设

造，更缺少符合现代消费者消费需求的设施。旅游企业只把旅游购物设施看作购物所需要的物质条件，忽视购物设施的文化性，购物环境千篇一律，很难吸引旅游者。

专门面向游客的旅游商品购物店可以极大地提高游客的购物体验。旅游购物场所的基本要求可概括为设施齐备、服务规范、安全有序、卫生良好、特色鲜明。乡村旅游购物要在游客需求的基础上拓展购物空间、增加购物方式，给游客更多便利；购物商店的标识应醒目，在路口等交通节点应设置指引标识，让游客容易找到。在设施建设过程中，采用乡土元素的建筑装饰风格。在购物设施建设方面，做到接待设施齐备，交通设施完善、便捷、高效，安全设施齐全有效，收银设备安全齐备，配套设施完善。

一、乡村购物设施建设的要求

（一）按照乡村旅游发展目标建设旅游购物设施

要美化旅游购物环境，充分考虑游客的复合性需求，通过餐饮设施、娱乐设施、导购系统和便利系统（包括洗手间、休息室、停车场、邮局、银行等）的配套，完善和丰富购物场所的功能。

（二）按功能整合要求建设旅游购物设施

建设各类旅游购物场所与设施，必须将各种旅游功能、各类旅游产品尽量整合起来，最大限度地创造购物的吸引力，引导和激发游客的复合性需求。通常情况下应做到以下五个方面的整合，即购物与餐饮的整合、购物与住宿的整合、购物与交通的整合、购物与游览的整合、购物与娱乐的整合，最大程度地发挥旅游购物和购物旅游的综合效益。

二、空间布局

旅游购物设施的空间布局必须以旅游客流的分散模式为基础，考虑购物设施的空间距离和交通条件，坚持"三就近"原则，即旅游商店就近（或位于）景区、景点，就近（或位于）旅游饭店，就近（或位于）离景区、景点较近的车站、码头等，与游客的旅游活动密切结合。

三、优化购物环境

（一）外部环境

外部环境方面，乡村旅游购物店应体现地方特色和乡土气息，其建筑形式、体量、色彩与周围景观及其氛围相协调，购物点周边应有适当的绿化面积，环境优美；各种指示标志规范、醒目、美观；交通可进入性好，交通设施完善，进出便捷，道路等级要与景区、景点档次相匹配。

（二）内部环境

内部环境方面，应确保旅游购物店内部通道舒适、畅通、整洁；陈设方式、室内布局体现人性化的原则，且能体现地方特色；从视觉、触觉、嗅觉等方面营造良好的购物氛围；要不断完善旅游购物场所的各种辅助设施，在旅游购物场所周围按需要设置餐饮、娱乐等辅助设施。

购物环境、购物设施的特色化、现代化和人性化，是每个消费者所追求的。所以，发展旅游购物时必须配套相关的购物设施，提高人员素质，从而营造一个有特色、人性化的购物环境，给消费者物质上和精神上的享受，让他们能够购得放心、购得开心。

四、旅游购物设施建设的关键要素

（一）安全

1.购物街足够亮

当地居民对购物街了如指掌，即使街上灯光较暗，也行走自如。而外地旅游者初到该街，若晚间街上灯光昏暗，旅游者便望而却步。街上无照明死角，会给外地旅游者以安全感。

2.绿植数量适当

有些旅游购物街布置了花坛、灌木、大树等绿植。大树易挡住店铺的牌匾，不方便外地旅游者寻找购物店。晚间花坛、灌木的背阴面给一些旅游者，尤其是一些单独购物的女性带来不安全的感觉，因此绿植的数量要适当。

3.减少过深的墙垛

在仿古旅游购物街经常出现数不清的墙垛。有些墙垛探出较浅，有些则很

模块三 乡村旅游设施建设

深。在晚间，即使街上灯光较亮，过深的墙垛还是会投下很重的阴影，给旅游者带来不安全的感觉。

4.街上尽量不放车、物

一些旅游购物街上经常出现街边堆物，或停放汽车、自行车、电动车的现象。本地居民对此可能已经习惯，对于外地旅游者而言则是一种不安全的因素。

（二）卫生

旅游购物街道及商店内一定要保持干净、整洁，避免在街道上泼水、倒垃圾等。

（三）便捷

外地旅游者逛完购物街后，如果临时居住的地方不在购物街附近，就需要搭乘交通工具。因此，购物街应尽可能靠近停车场、公交站、出租车停靠点，以方便旅游者。同时，在购物收银处应有方便结算的电子结算App二维码等。

（四）舒适

很多仿古旅游购物店铺修建了进深很深的前廊，白天时，街上越亮店铺里显得越暗。有的店铺临街部分还修建了很有文化气息的小窗、矮墙、小门。文化是有了，但旅游者购物的兴趣没了。结果是很多旅游者只在店外拍照，并不进店购物。有人将这种令旅游者不舒服的购物街称之为摄影外景地。更有许多地方要求购物店牌匾统一规格、质地、字体、颜色，这让购物街的店面完全同质化。庄严、肃穆、呆板的旅游购物街很难让旅游者有舒适的感觉，更没有了购物的欲望。

任务五 乡村旅游解说系统的建设

解说系统是旅游地建设诸要素中的重要组成部分，是旅游地的教育功能、服务功能得以发挥的必要基础，是管理者管理游客的重要工具。就目前而言，乡村旅游基本是游客自行观光、游览、拍照，他们不能很好地理解每个乡村独特的韵味和文化内涵。从长期来看，这势必影响到乡村旅游市场的可持续发展。因此，在乡村旅游快速发展的今天,构建优质有效的解说体系是一件刻不容缓的重要事宜。

一、乡村旅游解说系统的内涵

乡村旅游解说系统是指乡村旅游景区向旅游者传递田园风光、村落景观与乡土文化信息的各种媒介,并通过社区参与管理,营造乡村氛围,实现乡村可持续发展。乡村旅游、城市旅游和自然景区解说系统的区别如表3-4所示。

表3-4 乡村旅游、城市旅游和自然景区解说系统的区别

类型	项目	乡村旅游解说系统	城市旅游解说系统	自然景区解说系统
解说内涵	解说内容	乡村景观(田园风光、村落景观与乡土文化)、自然与人文景观并重	以人造景观为主,通过一定主题打造城市景区	具有优美的自然生态环境,以自然环境为基础
	解说媒介	社区居民是重要的解说媒介,并通过传统手段解说	传统与科技手段相结合,解说设施多样化,解说方式全方位	传统和科技手段相结合
	解说功能	以乡村资源为载体,具有科普、历史文化和环境教育意义	侧重引导与指示功能,兼具教育功能	侧重引导与指示功能,兼具教育功能
	解说受众	被乡村景观吸引的城市游客	被城市景观吸引的大众游客	被自然风光吸引的大众游客
解说外延	人员素质	景区内以社区居民为主要解说员,虽然解说技能和专业性不高,但对当地乡土风情和自然景观具有较多的了解	解说员有专业技能和素质,能向游客传达景区的基本信息	解说员有专业技能和素质,能向游客传达景区的基本信息
	解说管理	以小规模的个性化解说为主,管理粗放,不统一	拥有专业的管理团队	拥有专业的管理团队

模块三　乡村旅游设施建设

二、乡村旅游解说系统的构建

构建乡村旅游解说系统，具体包括解说组织、解说对象、解说设计、解说受众和解说反馈五个方面。在乡村旅游解说系统中，解说组织是解说系统的保障，解说对象是解说系统的基础，解说设计是解说系统的核心，解说受众是解说系统的服务对象，解说反馈是解说系统的完善标准。首先，乡村旅游解说系统通过社区参与，组建以乡村社区为主体的解说系统管理团队（解说组织），负责解说系统的建设和管理；其次，通过对解说对象和解说受众的调查，编写解说信息，并选择解说媒介，向解说受众传达信息；再次，通过收集解说受众的意见和建议，对解说组织进行改进。

（一）解说组织

乡村旅游解说系统的正常运行需要一个解说组织来负责组织、策划、控制，它是乡村旅游解说系统的上层建筑。在解说组织上，突出乡村性就是要以社区居民为主体，强调社区参与，同时通过加强培训和聘请专业管理人员来实现管理的专业性。具体包括成立乡村解说系统管理委员会，使社区居民参与该系统的组织与建设，同时培训较专业的导游等相关服务人员和管理人员。

（二）解说对象

乡村旅游的解说对象即乡村性的载体，主要有三类：田园风光、村落景观与乡土文化。田园风光主要是指农田和自然风光等；村落景观主要是指农村聚落、农民生活等；乡土文化是指乡村历史文化和乡村氛围。其中乡土文化是最重要的解说对象，是乡村性的根本依托，也是游客在乡村旅游过程中最难体验到的，是维系乡村旅游可持续发展的前提。

（三）解说设计

解说设计包括解说信息的设计和解说媒介的选择。它是在资源分析、受众分析的基础上，通过信息和媒介实现游客与景区的互动。其本身就是一个小系统，不可分割。解说信息的主题是解说设计的灵魂，因此，解说信息要具备科学性和教育性，同时也要做到真实性和创造性相结合，既要对乡村景观真实再现，又要具有一定的创意。其评价标准就是能否被游客与社区居民所接受。解说媒介的设计要与乡村特性相统一，解说设施采用与当地建筑、文化或生态相关的材料、风格、颜色等。针对资源的特点，多层次、多角度、多手法进行解说，可把解说内容分为如下三个方面。

1. 浅层次知识传播型解说

这类解说内容主要是乡村动植物生态资源，包括资源的种类、特征、生长环境、用途等，让旅游者更好地了解乡村的生态系统，增加生态知识。该项解说主要针对18岁以下的游客。相关调查显示，18岁以下的青少年游客对农作物及家禽，诸如蔬菜、果树和鸡鸭等具有一定的兴趣，家长也希望乡村旅游能带给孩子实景知识。

2. 中层次技能传授型解说

这类解说内容主要是乡村传统手工艺、农村生产生活等技能知识，以加强旅游者的旅游体验和参与度，使乡村旅游更好地从一般观光游向体验游转变。如法国乡村旅游中的学习制作肥鹅酱馅饼和学习养蜂，以及我国目前开发的乡村农产品采摘游、开心农场等。

3. 高层次情感价值型解说

这类解说内容主要针对乡村农业文化、节约意识和环保意识，如乡村节庆祭拜节日、农耕文明的发展、农村生态的保护等，让游客在乡村旅游过程中体验并理解乡村文化和农村民俗，消除城乡二元结构给人们带来的城市与乡村文化的冲突，同时也在乡村旅游中学会如何保护环境。

（四）解说受众

乡村游客大多数是向往体验乡村性的城市游客。由于旅游者在年龄、价值观、文化背景、职业背景、心理质素等方面差异性很大，因此对解说的要求也千差万别，构成了多样化、多层次的解说受众。这就使得不同的解说受众对同一种解说过程有不同的信息接受程度，即产生不同的解说效果。要使景区解说系统具有良好的解说效果，就必须对解说受众进行研究和分类，策划出多个有针对性的解说方案。

（五）解说反馈

解说系统是否合理完善、能否满足游客的需要，有赖于解说系统反馈机制的检验。解说反馈要注重全面性、及时性和持续性。社区居民和外来导游要及时向本村的旅游解说组织传达游客的建议，还要在不同时期通过各种媒介收集和分析市场需求。

三、乡村旅游解说系统的类型

解说除了提供资讯的目的外，重要的是引导并激发旅游者的兴趣。解说根据性质可分为静态解说与动态解说两种。

（一）静态解说

静态解说主要是以文字、图片、模型及标本等解说设施来传达资讯。如乡村旅游区制作精美别致的解说设施介绍果树（例如茶树、樱桃树、苹果树等）的品种、学名、俗名、原产地、适合种植的气温、适合生长的土壤特质及采收期等相关资讯，悬挂在果树种植体验区，使游客在参观果园的过程中，对照对现场果树的实际观察与触摸果树的体验，了解它的生长状态与环境，进而产生对果实及衍生产品的兴趣，最终激发购买欲望。

（二）动态解说

动态解说主要是以解说员讲解或多媒体、录像带的播放作为传递信息的渠道，包括色彩、声音、影像及解说员的肢体动作，从而吸引游客的兴趣。如将果树、果实及衍生品的生长状态与环境拍摄成多媒体资料，通过声音、色彩及影像的组合来传递信息。若配合解说员的解说，则更能呈现完美的动态解说效果。动态解说可分为定点式解说与带队解说两种。

1.定点式解说

定点式解说又叫驻站解说，如游客服务中心安排的解说展示、多媒体简介及解说员解说等。

2.带队解说

带队解说是由组织安排解说员，接受游客的预约，定时或不定时地带领游客依体验路线进行参观并提供解说服务。

四、户外解说设施建设

解说设施多使用文字、图画、相片、模型及实物等做成解说牌或展览品,以达到说明、指示的目的。解说设施分室内和室外两种类型,乡村旅游区的解说设施主要为室外设施。户外解说设施的内容主要有两类。

(一)解说牌

解说牌可使用各种不同特性的材料来制作,如金属、石材、陶土、木质和塑胶等。材料的选择要综合考虑位置、气候、环境、图示内容,以及可能遭受到的破坏等因素。此外,解说牌的设置地点要易于看见且不破坏景观,大小适中,内容简明,能吸引游客的注意。

(二)指示牌

指示牌在制作设计上多以符号为主,较易被认知;选材时应选可耐久保存、保养费用低的材料;在色彩选择上尽量以暗色为底,符号或文字用鲜艳的颜色。

模块三　乡村旅游设施建设

项目四　乡村环卫设施建设

【项目导入】

　　乡村环卫设施包括村落内部的污水垃圾处理、旅游厕所、供水、供电、通信网络、救护系统等设施。这些设施是乡村旅游便利性的保证，每一环节的缺失都会导致游客的满意度下降。乡村厕所、垃圾桶等环卫设施数量缺乏，是乡村旅游一直以来面临的基本问题。随着乡村旅游发展产生了越来越多的生活垃圾和污水，引起环境、水质的污染，增加了生态环境的压力。因此，乡村旅游必须加强乡村厕所、垃圾处理设施、污水处理设施的建设。

【学习目标】

知识目标：
- 了解乡村环卫设施的类型和建设要求；
- 掌握乡村厕所、垃圾桶等设施的建设要素和管理理念。

能力目标：
- 能根据乡村旅游发展的要求进行乡村旅游环卫设施的配置。

【项目任务】

　　◆　实地调研当地乡村旅游发展区，搜集、整理该区域乡村旅游发展在环卫设施建设方面的特色和存在的问题，并提出解决方案。

任务一　乡村厕所建设

旅游厕所是衡量一个地区文明程度的重要标志。习总书记指出，厕所问题不是小事情，是城乡文明建设的重要方面，不但景区、城市要抓，农村也要抓，要把它作为乡村振兴战略的一项具体工作来推进，努力补齐这块影响群众生活品质的短板。开展农村"厕所革命"已成为当前新农村建设和全面建设小康社会越来越紧迫的任务。它对彻底治理农村环境卫生状况、改善村民生活条件、提升幸福指数、缩短城乡生活差距具有重要意义。

一、设计原则

乡村旅游厕所看似平常，却是一个应该高度重视的设施要素。乡村旅游厕所的选择应位于人流集中的地方，可以与乡村公园绿地、广场等相结合设置生态厕所、流动厕所等，但是要与周围的建筑或者环境相协调，不能完全显露在旅游者的视线中。

在乡村旅游厕所建设过程中遵循以下原则：设置于旅游景点下风处，以避免异味散布；设置于非主要景观的眺望范围内，以免影响游客的视觉感受；应有指示标志引导；尽量附设于主要建筑物内，以避免独立式厕所零星散布破坏景观，同时要有通风设施，解决气味问题；尽量远离水源，避免化粪池破裂、渗漏污染水源。

二、考虑要素

（一）地点的选择

在游客旅游活动的重要区域内，如游客休息点、定点解说处以及较长步道的途中，为方便游客使用并防止环境污染，可适当设置公共厕所设施。

（二）建筑风格

乡村厕所建筑风格要与当地的民居建筑、村庄环境相融合，采用乡土材质进行建设，内部装饰体现地域文化元素。精心设计的厕所必然是乡村一景。

（三）新技术的应用

在乡村旅游厕所建设中要广泛应用新材料、新技术，大力建设绿色环保生态旅游厕所。例如安徽省当涂县黄池镇西河村按照"改厕入户、截污纳管、生态处理、达标排放"的要求，采用"水冲式厕所改造→装备式三格化粪池过滤→管网收集生活污水→污水处理设施集中处理→达标排放"的改厕污水一体化治理模式。由于改得彻底，受到村民欢迎。西河村改厕污水一体化治理模式成为农村"厕所革命"的一个样本。河北省衡水市岳良村皇家小镇采用真空技术改造整村厕所，440户全部用上真空厕所。承德市引进"节水娃"自吸式全自动节水新技术改造避暑山庄及外八庙景区厕所，高效节水50%，节能减排达到70%，荣获全国厕所革命"技术创新奖"。廊坊市开发了乡村旅游厕所开放联盟电子地图，实现智慧如厕。新材料、新技术得到广泛应用，厕所革命市场化、专业化、科技化水平不断提高。

三、数量安排

乡村旅游厕所需要满足"数量充足、卫生方便"的最基本要求，以旺季的最大需求量为标准进行配备，同时注重营造舒适性，提升游客体验。在满足游客最基本需求的同时，对乡村厕所外观建筑进行改造升级，提升乡土格调，形成自己的特色。

四、"以商养厕"便于管理

旅游景区一般有固定收入来源，旅游厕所管理有稳定的经费和人员保障。但乡村旅游大部分没有门票收入，村集体收益少，厕所管理缺乏经费和人员保障。为此，可探索实践"公厕+驿站""公厕+停车场"的"以商养厕、以商管厕"模式，待乡村旅游发展较为成熟时，通过收取驿站店铺租金、停车费用来提高村集体收入，保障旅游厕所管理经费，把旅游厕所纳入驿站或停车场管理范围。或者实行厕所、垃圾桶等的公益广告和"企业赞助冠名"相结合的办法，对厕所有关醒目位置的广告位进行出租转让，以广告收入作为管理者的收益和公共设施维护的投入。

任务二 乡村垃圾处理设施建设

垃圾的回收与处置是乡村旅游发展中应该重视的内容，这不仅可以保护乡村的生态环境，一个干净卫生的乡村旅游环境也能增加对旅游者的吸引力。

一、垃圾桶

垃圾的回收主要通过设置垃圾桶来完成，应结合乡村旅游游憩空间的规划设计，合理设置垃圾桶。要充分考虑其造型、色彩等与当地乡村旅游的环境相协调，一般间隔30～50米设置一个，可以单独设置，或者与建筑小品、娱乐活动设施、标识设施等统一设置。

（一）公共垃圾桶的作用

公共垃圾桶的作用主要在于收集游客在旅行活动过程中产生的垃圾，方便清洁工对垃圾的清理工作，维护乡村的卫生质量，避免环境遭受污染，确保生态良性循环。由于乡村环境的特殊性，在保障垃圾桶功能性、实用性的同时，还要兼顾艺术性、文化性及科技性。要考虑垃圾桶的造型、色彩、材质等，以及与乡村环境的匹配性，使二者相得益彰。

（二）设置垃圾桶应注意的问题

垃圾桶要展现环保理念，必须标明可回收、不可回收。要渲染文化气息，环卫设施与周围环境相适应，与乡村文化主题相匹配。要方便保洁员清理垃圾，因此设置双桶，分内置桶和外置桶。内置桶采用环保的不锈钢材料，经久耐用；外置桶必须要确保设计美观、新颖独特，彰显艺术特色，还可防撞、防锈、防盗。要根据乡村面积合理安排垃圾桶的数量，以保障游客便利。

垃圾桶的摆放位置应接近走道、马路，且有服务车道，以便于收集；须远离地下水源使用区，且以植物阻隔，以免破坏景观及水源卫生。还须加盖、分类，以便于清理。

二、废弃物的处理

废弃物要集中处理，应予加盖，并维护周围环境卫生。废弃物处理地点应隐蔽，以不影响游憩品质与饮用水品质为前提，避免破坏环境景观。废弃物储存容器应保持完好，材质与废弃物具相容性，容器外标示所盛装的废弃物类别。废弃物在清除或存储期间，不得发生飞扬、逸散、渗出、污染地面或散发恶臭等情形。废弃物储存设施地面应坚固，四周可防止地表水流入，有防止产生的废水、废气、恶臭等污染地表水、空气等的措施。在村庄内设置废弃物及生活垃圾收集点，居民点均实行垃圾袋装化及垃圾分类回收利用。所有的垃圾均要集中回收，统一外运垃圾处理厂处理，不得在乡村景区内处理、焚烧、填埋。

任务三　给水和污水处理设施建设

一、给水系统

乡村旅游地用水主要包括旅游接待用水、景观绿化用水和生活用水三种形式，其中景观绿化用水根据植物配置、种植规模及灌溉方式计算水量，旅游接待用水按照乡村旅游区内日高峰期游客数量估算，到访游客数中又可分为住宿游客及非住宿游客。

给水系统的规划原则主要有：根据高峰期游客的需求与地形条件，设置自来水储水池或配水站；给水管线的配置要考虑所需供给的水压强度与瞬间最大给水量；给水管线埋藏于地下，如暴露于主要公共路线时，应作美化处理；给水干管沿道路及绿化带布设，于适当地点配置入孔，以便于日后维修等。

二、污水下水道系统

乡村旅游区所产生的污水主要为生活污水，产生量受游客人数的影响，平日与节假日差异较大，一般生活污水量可按自来水用水量的80%来估算。乡村旅游区的污水来源有两种：一种为乡村旅游区开发期间所产生的浑浊污水；另一种则为乡村旅游区营运期间所产生的一般污水与厕所废水。

（一）污水下水道系统的规划原则

应设置污水处理设施或简易污水处理设备，并防范对河流及海洋等水源的污染；根据旅游发展规模及休闲游憩功能确定污水处理设施的规模与性质；污水与雨水分开排放，避开供水管线，以免造成饮用水污染；污水处理厂位置的选择应以使整个区内水流以重力方式送达为原则，尽可能缩短集水管路。

（二）雨洪排放

建筑密集的乡村旅游区可设雨水暗沟，将雨水收集后以重力自流为原则排放，作为景观绿化用水。建筑稀疏地区可利用建筑物散水和道路边沟排放，尽量保证雨水管道线路最短，以较小的管径把雨水就近排放。

（三）污水处理方法

污水处理设施通常布置于乡村旅游区边缘，但也可通过一个区域性管网输送到某个中心污水厂。在分阶段进行规划的地区，污水处理应选择在能承受最后阶段污水容量的地方。

污水处理的物理-生物过程有以下几种方式：

①地面过滤或渗透过滤的化粪池（厌氧分解）；

②使用罐车定期清空，适用于小规模开发项目或相对独立的景点；

③活性泥化处理——催化筛选、氧化处理和沉降池；

④沉积与通风处理，适用于大型开发项目。

模块三 乡村旅游设施建设

项目五　乡村旅游信息服务设施建设

随着乡村旅游业的发展，以村庄为单位的乡村旅游信息管理系统不可或缺。乡村旅游信息服务设施包括导览标识系统、通信设施及乡村旅游智慧化建设等。信息服务设施是游客及时了解乡村旅游信息的重要渠道，涉及旅游过程的自主性和便捷性。

乡村旅游智慧化是将智慧旅游运行过程中所使用到的新技术与乡村旅游有效结合之后的一种新型的乡村旅游方式，是乡村旅游的未来发展方向。其具体内容包括加强乡村旅游信息服务设施的智能化，引进电子触摸屏、电子导览系统等；配备虚拟旅游体验设施，提供网络虚拟体验；成立乡村旅游网络咨询服务中心，开通游客咨询、预订等相关服务，使乡村旅游更加规范、便捷；设立旅游咨询平台与投诉平台，通过智能平台加大对乡村旅游景点服务的监督，通过网上评价或投诉提高乡村旅游的服务质量；通过对旅游大数据的管理，建立乡村旅游的有效反馈机制，有针对性地完善乡村旅游的方方面面。

知识目标：
- 了解乡村旅游标识系统的类型及地方特色在乡村旅游标识系统中的表现；
- 熟悉乡村旅游智慧化发展的必要条件；
- 掌握乡村旅游智慧化的运营主体。

能力目标：

- 能进行乡村旅游标识系统的设计；
- 能根据乡村旅游智慧化建设的要求，结合当地发展情况进行方案设计。

【项目任务】

◆ 通过实地调研或从互联网搜集当地乡村旅游地标识系统建设的情况。

◆ 选择1～2处国家级乡村旅游示范点，调研其智慧化建设情况，并撰写一份调研报告。

任务一　导览标识系统

旅游标识系统作为景区的整体形象、文化特色，是景区的重要组成部分。目前，乡村旅游快速发展，其标识系统设计受到高度重视，打造具有地方特色的旅游标识系统可以提升乡村旅游整体品质，改善乡村旅游环境。

一、乡村旅游标识的内涵

乡村旅游标识是指在村庄内为游客引导道路，解说景点信息的标牌。乡村旅游地必须具备充足完善的导览标识设施，以实现导向、解说和警示功能。标识在设施分布、使用材料、造型设计、字体类型上，必须与乡村环境相协调，在实现主体功能的同时兼具美感和乡村特色。

标识系统作为乡村旅游中陪伴游客完成游览的重要引导，同时肩负着展现乡村文化、乡村精神面貌的重任。一套具有地方特色的乡村旅游标识系统，可以满足游客精神和视觉的双重审美需求，促进乡村经济和文化的共同发展。由于乡村旅游不同于一般景区旅游和城市旅游，它是山水田园风光和乡镇村落景观相结合的旅游景区，所以在旅游标识系统的设计上应该注重保持自然生态和艺术美感的结合，达到和谐统一。乡村旅游地要以地方特色为基础，从选材、色彩搭配、图

模块三　乡村旅游设施建设

形元素、文化内涵等多个角度设计标识，建设具有地方特色的旅游标识系统。

二、乡村旅游标识系统设计原则

作为乡村旅游建设中的一项重要内容，乡村旅游标识系统可帮助旅客领略村落地域文化和自然环境之美，也是乡村旅游景区很好的宣传名片。为了更符合乡村旅游的要求和满足旅游者的需求，乡村旅游标识系统的设计应以下列原则为指导。

（一）地方特色原则

标识系统的设计要从旅游村落的地方文化中汲取精华，体现地方特色，从而使标识系统的某些特征具有不可替代性。比如标识牌的造型设计可以源于当地特有的装饰符号、生活生产用具、建筑形式等；在材料上选取具有地方特征的原材料，更好地融于环境，体现乡土气息；标识内容也要尽量反映当地的历史、文化等。

（二）综合性原则

标识系统的规划设计是一项综合性的工作。向游客介绍村落环境与文化传统是乡村旅游标识的一个重要作用。为了让游客全面认识与感受乡村生活，标识系统的设计就需要多学科专业人士的合作，包括生态、建筑、旅游、地理、艺术等方面的专业人员通力配合；涉及地方民俗，还需要参考当地居民的意见。在多学科背景下设计的标识系统才是科学而全面的。

（三）系统性原则

乡村旅游标识系统是一项系统工程，构成要素之间有一定的层级关系和组织构架，以整体形象展示在旅游者面前。因此，在规划设计时要有全局观念，把个体特征统一到整体的风貌形象中去，达到整体上的最佳状态，实现乡村旅游目的地的最佳形象设计。同时，在内容和功能上要相互补充，构建一个类型多样、功能完备的乡村旅游标识体系，实现标识系统整体效能优化。

（四）生态美学原则

生态美是近些年才出现的一种新的美学观点。它是建立在生态人文观基础上的一种具有生态哲学意义的美学概念。生态美包括了自然美、生态关系和谐美和艺术与环境融合美，与强调对称、规则的人工雕琢形成鲜明对比。乡村旅游标识设计以自然生态规律和生态美法则为指导，效法自然，尊重乡村旅游地的自然风貌，力求使标识系统成为乡村景观的一部分。

三、乡村旅游标识系统的类型

乡村旅游标识系统主要有六种类型：乡村（景区）介绍标识牌、农业景观（景点）介绍标识牌、文化遗产介绍标识牌、服务设施解说标识牌、导向标识牌、环境管理标识牌等。

（一）乡村介绍标识牌

乡村介绍标识牌又称乡村全景图标识牌，它的作用是对村落的旅游资源、服务事项、道路交通、景观布局等相关信息进行概括说明，方便游客根据自身爱好合理安排游程。它通常设置在乡村景区的出入口处，帮助游客在未进入景区之前就对村落的基本情况有个大概的了解。其内容包括位置、面积、地形地貌、气候、动植物、产业特色、文化景观等。

（二）农业景观介绍标识牌

游客青睐乡村旅游，是希望更多地接触当地居民，接触他们的生活，感受原汁原味的乡村氛围。农业景观是乡村旅游中一项重要的旅游资源，包含的内容有规模化农作物形成的大地景观效果、当地居民农业耕作方式和游客参与的休闲农业活动等。农业景观介绍标识牌将产业规模、农产品特征、农业劳作等多方面的信息进行集中介绍，使游客全面了解当地的农业活动。

（三）文化遗产介绍标识牌

每个村落的兴建、发展和衰退，都有历史根源，都会留下许多具有历史价值的文化和艺术品。村落的文化遗产包含了两个方面：一是显露在外，人们可以直接观赏到的物质遗产，如民居建筑群、建筑装饰、木雕、砖雕、彩绘等；二是隐藏在内，由思想、价值观、风俗民情等构成的精神遗产，如戏曲、传说、题词等。文化遗产介绍标识牌的内容要注重历史真实与趣味性相结合。

（四）服务设施解说标识牌

服务标识牌主要是对各类旅游配套服务设施的解说，使游客方便快捷地找到并使用这些设施。解说对象包括游客中心、餐厅、停车场、厕所等。功能标识牌应采用国家规定的公共标志符号，简洁、醒目，便于中外游客识别。功能标识牌大部分位于服务区或服务点，由于所处环境已有较大的人为改造，因而标识设计风格可以略为精细。

（五）导向标识牌

导向标识牌在乡村旅游景区中的使用比较广泛，主要指示所在位置周边重要的景点、出入口、重要的建筑物等的方位，便于游客迅速识别景区环境，顺利到达目标位置。导向标识牌通常分为两种形式：一种是指示目标方位的指示标识牌，引导游客沿着正确的路线行进；另一种是明确位置的环境地图导览标识，标示出当前所处景区的位置，显示周边的景点、服务设施位置、道路等信息。二者通常配合设置。

（六）环境管理标识牌

大多数乡村旅游景区地处城市的边缘地带，人口密度高，游客数量大，生态环境脆弱容易受到人为的破坏。环境管理标识牌主要提醒游客注意行为规范、保护资源与环境，使游客开心游玩的同时提高环境保护意识，自觉加入到村落环境保护的行列中来。

四、地方特色在乡村旅游标识系统中的表现

（一）材料选择

不同的材料会产生不同视觉效果，给游客带来的感受也是不同的。合理选择材料可以为景区控制经济成本，符合景区经济持续发展的需要。乡村旅游标识的设计最好是基于对当地本土材料和地方文化的调查分析，体现以人为本的理念。例如乌镇的旅游标识设计中，设计师充分尊重自然和乌镇古典江南水乡的地方特色，就地取材当地最常见的竹子和木材设计了标识。竹子制成板式，加工后色泽深厚，又具有耐侵蚀性的优点，与乌镇的白墙青瓦、流水绿植相融合，显得自然舒适又不失地方特色。

（二）色彩搭配

旅游标识系统的色彩设计要注重与自然的协调性，同时要突出标识的功能

性。乡村旅游区导览系统的色彩设计，一方面要保留自然色；另一方面要凸显乡村特有的色彩，实现色彩对景区特殊的识别性。标识系统的颜色要从乡村旅游区的人文环境和历史文化等多方面考虑，在充分调查分析后选择最为符合当地特色的色彩搭配。

（三）造型创意

造型是旅游标识的一种直观表现形式，可以根据不同景区人文风光、自然环境的特点设计出特有的造型。设计师可以从乡村旅游地的建筑风格入手，屋檐、庙宇、亭台、窗户等都有各自的形状，如徽派建筑中，特有的马头墙造型经常被提炼出来作为设计元素。有的造型取自于当地的自然环境，如设计师用废弃的木桩进行加工，制成景区的景点介绍牌，既不破坏景区的环境也达到了宣传环保的目的。在有些乡村旅游标识设计中，设计师将村庄内一些常见的农用品收集、加工后制成独特又富含趣味的标识牌。例如用废弃的石磨进行雕刻，制成旅游导览图；将废弃的农用手推车加工后架上玻璃，制成旅游景点介绍牌。这些有趣的设计结合了景区的地方特色，同时也为景区的文化作了无形的宣传，使标识在发挥服务性功能的同时，能够增加游客游览的趣味性。

（四）图形元素

图形元素是很好的传播符号，是标识系统的辅助元素和点睛之笔。一个图形元素不仅具有装饰标识牌的功能，更是对景区地方特色的提炼。它可以从景区的自然环境中提炼，也可以从地方文化中提炼，如从乡村的一些民间习俗（剪纸、皮影等）中可以提取出富有历史文化特色的图形元素。一些自然风光景区有自己特有的植物种植特色，可以提取植物图形元素作为标识系统的辅助图形装饰标识牌，让游客加深对景区的印象。

任务二　通信设施及紧急救援设施

一、乡村旅游的通信设施

乡村旅游的通信设施必须与接待规模相匹配，能满足当地村民和旅游发展

模块三 乡村旅游设施建设

对通信容量的要求。应有国内、国际直拨电话，传真及互联网络服务，移动信号全面覆盖；公共场所应配备公共电话及互联网络端口；公用通信设施服务标志应醒目。

二、乡村旅游紧急救援设施

乡村旅游应建立紧急救援机制，医务设施可与村庄医务设施共用，配备专职医务人员，提供全天候医疗服务。乡村旅游要配备必要的安全救助场所、应急疏散场所和设施，能提供全天候安全救助服务。乡村旅游的消防等设备和防盗设施要齐全，交通、机电、娱乐等设备应无安全隐患。

任务三　乡村旅游智慧化建设

一、乡村旅游智慧化的内涵

智慧旅游系统涵盖了云计算、物联网、互联网、移动通信、全球定位系统（GPS）、地理信息系统（GIS）、虚拟现实（VR）等先进的技术，它们是促进旅游业成功转型升级的重要手段和途径。乡村旅游的智慧化发展是智慧旅游系统在乡村旅游中的全面应用，是加快"智慧旅游"项目建设的具体表现。

（一）乡村旅游智慧化的概念

乡村旅游智慧化指的是通过智慧的乡村旅游管理平台，利用物联网、云计算、射频识别（RFID）等技术，借助感知系统主动感知、识别、判断并及时发布有关乡村旅游资源、活动、旅游者等各方面的信息，全面实现乡村旅游从管理、营销到服务的整个运营过程的自动化和智能化，使游客的旅游需求得到满足，也为乡村旅游景区、相关旅游管理部门以及乡村旅游企业在监督、管理和发展方面提供一种便利的全新方式。乡村旅游智慧化就是将智慧旅游运行过程中所使用到的新技术与乡村旅游有效结合之后的一种新型的乡村旅游方式，是乡村旅游的未来发展方向。

对于乡村旅游产业的经营者来说，通过乡村旅游智慧化系统，可以实现远程营销，还可以充分利用智慧化系统吸引游客主动参与对乡村旅游地的宣传，带动乡村旅游经营模式的变革，从而带来更多的利润，实现增收致富，推动城乡一体化建设的步伐。

对于游客来说，乡村旅游智慧化系统主动为游客提供符合其需求的乡村旅游目的地、出游日期和目的地气象及交通状况的信息，供游客选择并确定。在确定乡村旅游目的地后，可以通过网上支付平台预定产品，从而尽量避免时间的浪费。在旅行过程中，游客可以随时了解各类信息，便于安排下一游程，遇到困难时也能够及时发出救援。旅行结束后，还可以进行有效的信息反馈，评价和分享此次旅行。

（二）智慧乡村旅游发展的趋势

智慧乡村旅游已经逐渐成为未来乡村旅游发展不可阻挡的趋势，主要表现在以下几个方面。

第一，采用了智慧旅游运行过程中所使用的最新技术（如云计算、物联网、互联网、移动通信、全球定位系统、地理信息系统、虚拟现实技术、射频识别技术、智慧终端技术等），全面提升乡村旅游的科技含量，提高乡村旅游服务质量。

第二，增强乡村旅游集成创新能力，包括金融支付、救援服务、景区信息决策与管理等内容，使乡村旅游业发展成为具有高信息含量和知识密集型的现代服务业。

第三，乡村旅游景区的智慧化发展为游客提供了多元化和个性化的服务，景区服务形式和消费内容不断创新，满足游客旅游体验的多样化和个性化需求。

（三）乡村旅游智慧化的重要技术支撑

1.物联网传感技术

物联网简称IOT（internet of things），是在以互联网为核心和基础的前提下延伸和扩展的一项新的信息技术，是利用射频识别技术、传感器、红外感应器、全球定位系统、激光扫描器等信息传感设备，实时采集各种需要的数据和信息，并按照约定的协议，通过将各种相关的物体与网络相互连接起来，进行信息交换和通信，以实现智能化识别、定位、跟踪、监控和管理，从而帮助我们获取相关物体信息，形成"物物相连"的一种巨大的网络。

物联网技术的应用在乡村旅游的智慧化发展过程中能够对消费者、旅游企业、政府部门等发挥重大的作用。例如，通过网络、视频、图片等方式为消费者提供旅游目的地的基本情况和目的地周边酒店、价格、地理位置等方面的信息以及实时动态服务；通过网络、视频、感应等方式为乡村旅游产业提供各乡村旅游地的游客分布情况及安全隐患等内部异常情况；通过物联网，政府部门能够加强对乡村旅游产业在运营、服务水平和安全保障等方面的远程监督和管理，同时更好地整合并有效分配旅游资源。

2.云计算

云计算（cloud computing）是继互联网之后在信息技术方面的一个重大革新，是一种基于计算机技术的全新的IT运作模式，通过利用现代科学技术虚拟化地处理海量的信息，保证资源的正确率和利用率。

云计算是乡村旅游智慧化运营过程中必不可少的一种应用手段。随着乡村旅游产业数据和信息的不断增加，传统的数据和信息的处理方式已经无法满足乡村旅游发展的需要。在互联网相关业务增加以及使用和交付模式运营的前提下，云计算的出现推动了智慧乡村旅游的发展。云计算在智慧乡村旅游的运营过程中将海量的旅游资源统一起来进行分类处理，加快对数据和信息的分析速度，提高其正确率，并加强其私密性，通过现代科技实现信息的自动化搜索，使用户可以自主选择所需要的信息。

3.射频识别技术

射频识别技术简称 RFID（radio frequency identification）技术，又称为无线射频识别技术，是一种非接触式的自动识别技术，是利用无线射频信号和电感或电磁耦合传输特性，实现自动识别特定目标并读写相关数据的一种自动识别通信技术。

目前射频识别技术在旅游行业的应用主要还是集中于景区门禁系统（电子门票）方面，节省了一定的劳动成本和时间，提高了景区验票的正确率。在电子导游、人员密度监控、景区游客容量指标统计分析、智能定位及游客安全援救等方面的应用大多数只限于理论研究，没有付诸实践。而在乡村旅游智慧化的建设过程中，射频识别技术将逐渐应用于其中。

二、乡村旅游智慧化发展的必要条件

（一）充足的资金

智慧乡村旅游项目的建设，不仅需要大量的人力和物力的投入，还需要具备一定的财力。充足的投资是乡村旅游智慧化发展得以顺利进行的不可缺少的最基本的前提条件。在充足投资的支持下，智慧乡村旅游项目建设关键的环节，如通信公司、银行、旅游企业等相互合作，逐步形成完整的智慧乡村旅游产业链。

（二）科学技术的创新

在科学技术不断创新的时代，云计算、物联网、射频识别技术、传感技术等新技术相继涌现。乡村旅游智慧化发展的独特之处在于"智慧化"三个字，即为乡村旅游插上了"智慧"的翅膀，通过感知技术、通信技术和云计算技术等多种现代科学技术，使得智慧乡村旅游系统智能化、微型化和标准化。

电子计算机和通信网络技术是信息技术的核心所在，而信息技术是促进乡村旅游智慧化发展的核心。倘若在发展智慧乡村旅游的过程中，严重缺乏相关的科学技术手段，会造成乡村旅游目的地以及相关企业、管理部门和其他相关部门之间信息链的中断，最后导致智慧乡村旅游建设的失败。

（三）充足的人才资源

具备较高的现代科学技术使用水平，能够为游客提供高效率、高质量的信息化服务，促进乡村旅游向更高层次发展的乡村旅游人才，是乡村旅游智慧化发展道路上必不可少的重要人力资源。

三、乡村旅游智慧化的运营主体

智慧乡村旅游的运营主体主要包括管理部门、乡村旅游社区、乡村旅游运营商以及其他相关部门。

（一）旅游管理部门

旅游管理部门是乡村旅游智慧管理的主体，对于智慧乡村旅游的公共设施、公共数据库的建立起着重要的作用。

模块三　乡村旅游设施建设

1.建立乡村旅游信息资源数据库

乡村旅游的智慧化发展离不开充足的信息资料。为了完善乡村旅游管理体制，提高旅游行政部门对乡村旅游业的管理效率和乡村旅游产业经营者的经营管理效率，以及为游客提供全方位的服务，满足游客的个性化需求，提高乡村旅游服务质量，由乡村旅游地旅游管理部门主导，相关管理部门（如交通管理部门、气象局等）、乡村旅游社区和乡村旅游运营商共同配合，全面采集并储存乡村旅游信息资源，建立智慧乡村旅游信息数据库。

2.建立智慧乡村旅游公共应用体系

智慧乡村旅游公共应用体系是智慧乡村旅游应用体系的重要组成部分，主要包括在线乡村旅游信息服务门户、乡村旅游营销平台、乡村旅游监督管理系统、智慧乡村行政办公系统、应急指挥/调度系统、灾害防控系统等。

（1）开通在线乡村旅游信息服务门户

以乡村旅游信息数据库为基础，开通在线乡村旅游信息服务门户，通过互联网，利用语音、数据、视频等各种方式为游客提供政府层面的乡村旅游信息资讯和乡村旅游特色服务。如为游客提供住宿/饮食/购物/娱乐查询、飞机/列车的时刻和票价查询及订购、公交/地铁换乘路线查询、医疗/安全防控信息查询等日常服务，以及智能导览/导购、常见问题咨询、乡村旅游评论管理、乡村旅游增值服务等旅途导航服务。

（2）建立乡村旅游营销平台

旅游行政部门组织工作人员通过互联网建立乡村旅游营销平台，为缺乏经费的乡村旅游中小型企业提供对外宣传的机会。政府免费在平台上为审核通过的乡村旅游企业宣传其乡村旅游资源和产品，推动中小企业乡村旅游资源的整合，为游客提供精确的乡村旅游信息。同时，通过与乡村旅游监督管理系统建立接口，防止出现虚假的乡村旅游信息和服务信息，加强对乡村旅游业的管理。

（3）建立乡村旅游监督管理系统

通过互联网等信息技术，建立乡村旅游资源整合与管理子系统、诚信监控子系统和信息规范发布子系统，全面完善乡村旅游监督管理系统，对乡村旅游业进行有效监管，保证乡村旅游业的有序、健康发展。

（4）建立智慧乡村行政办公系统

利用互联网等信息技术，将乡村旅游政务管理、相关数据流转审批和权限分配等职能工作统一到一个相同的界面和重要办公平台，形成智慧乡村行政办公系统。该系统包括身份验证中心、工作流程管理、公文管理、档案管理、个人事务管理、内部通信管理、信息发布，以及后台管理、用户管理、安全管理等功能。智慧行政办公系统的建立，使办公系统电子化，提高了政府对乡村旅游行业的管理效率，推动了乡村旅游规范化和智慧化管理。

（5）设置应急指挥/调度系统

由旅游管理部门主导，乡村旅游社区和乡村旅游运营商共同配合，采用GPS定位技术、智能视频技术、传感技术等信息技术对乡村旅游社区进行实时监控。通过视频监控、感知系统和通信技术获取乡村旅游社区的基本信息，以及乡村旅游从业人员的行迹、游客接待量、游客行为和社区交通流量等信息，随时掌握乡村旅游社区静/动态信息。设置应急指挥/调度系统，与智慧行政办公系统相对接，在遇到乡村旅游突发事件时从全局出发，充分发挥其指导和协调作用，在第一时间内确定应急预案，并采取相应的救援措施。

（6）建立灾害防控系统

由旅游管理部门主导，在乡村旅游社区相应位置设置视频监控设备和防控预警设备，同时联系公安、医疗、消防等各类灾害防控部门，借助政府应急指挥/调度系统，共同建立灾害防控系统，针对火/洪灾、地震、泥石流等自然灾害以及爆炸、劫持等人为灾害，努力做到防患于未然，在灾害发生时也能在最短的时间内进行救灾，尽量降低损失。

3.建立乡村旅游智慧管理系统

由旅游管理部门主导，乡村旅游社区、乡村旅游运营商以及其他相关部门相互配合，共同建立乡村旅游智慧管理系统。乡村旅游智慧管理系统以乡村旅游智慧管理平台为核心（乡村旅游智慧管理平台以云计算等信息技术和乡村旅游信息资源数据库为基础支撑，主要包括了行政管理办公系统和应急指挥/调度系统两部分），通过网络和感知系统，对乡村旅游社区和乡村旅游运营商的相关信息进行全面监督和管理，高效整合乡村旅游资源，加强乡村旅游社区和乡村旅游运营商与旅游管理部门之间的互动，全面了解游客需求、旅游目的地动态和游客投诉建议等乡村旅游信息，实现对乡村旅游的科学决策和管理。

4.加大人才培养和引进力度

政府部门制定和完善乡村旅游人才培养与引进政策；由政府部门倡导，乡村旅游社区、乡村旅游运营商与高等院校联手合作，建立教育培训基地，完善乡村旅游人才培养机制，培养既精通乡村旅游相关知识和信息技术的专业人才，又能熟练运用信息技术的实用型人才；努力拓展国际合作渠道，引进国外精通乡村旅游相关知识和信息技术的高端型人才；同时，由政府部门主导，乡村旅游社区和乡村旅游运营商相互配合，邀请信息技术方面的专家，为现阶段受教育程度较低、信息技术使用水平低的乡村旅游从业人员定期开展信息化知识和信息化技能方面的专业培训，全面提高乡村旅游从业人员的信息技术运用水平。

（二）乡村旅游社区

1.完善乡村旅游社区信息发布系统

乡村旅游社区管理部门通过智能视频技术、传感技术等信息技术，组织工作人员对乡村旅游信息（主要包括静态乡村旅游信息和动态乡村旅游信息）进行汇集、分类和整理，并借助网络平台对动态乡村旅游信息进行更新和反馈，完善乡村旅游社区信息发布系统。其中，静态乡村旅游信息包括对社区的景点、建筑设施、乡村旅游运营商的相关介绍，以及乡村旅游品牌特色、休闲娱乐活动等相关旅游信息；动态乡村旅游信息包括社区游客的流量、游客的旅游活动信息等。乡村旅游社区信息发布系统的完善，满足了旅游者对所查乡村旅游信息准确度的需求，提高了乡村旅游社区的服务质量，加强了旅游管理部门对乡村旅游市场动态的准确把握。

2.建立客流趋势分析与预警系统

在乡村旅游社区关键位置，如路口、餐饮场所、娱乐场所等地方，安置摄像头、传感器等，通过智能视频技术和传感技术，建立客流趋势分析与预警系统，对乡村旅游社区人流密度和行为进行监控和估计，对客流量进行严格控制。客流趋势分析与预警系统与政府部门应急指挥/调度系统相对接，当人数接近或超过乡村旅游社区的最大容量时，及时启动相应的应急预案，对客流进行有效疏导，防止由于过于拥挤而造成游客踩踏等类似事故的发生，维持社区秩序。客流趋势分析与预警系统是乡村旅游社区信息发布系统的重要组成部分。

3.建立基于位置与身份识别的服务系统

利用全球定位系统、地理信息系统、智能视频技术、传感技术、射频识别技术、云计算等先进技术，对游客的旅游信息进行储存和整理；并以乡村旅游信息数据库为基础，根据位置与身份的不同将海量的乡村旅游信息进行有针对性的处理；以智能卡、固定终端或移动终端等为载体，建立基于位置与身份识别的服务系统。基于位置的服务子系统将游客所在位置的周边乡村旅游资源信息简化，并通过乡村旅游信息平台向游客集中推送，增加游客对乡村旅游社区信息的了解。基于身份识别的服务子系统通过对游客信息进行分类储存和管理，有针对性地为游客提供合乎其需求的服务。基于位置与身份识别的服务系统的建立，为游客提供了信息化、智能化和个性化的服务和深度引导，丰富了游客乡村旅游的内容，满足了游客的个性化旅游需求。

4.完善停车场管理系统

在停车场附近、进/出口以及场内拐弯处等地方安置摄像头、传感器等，通过智能视频技术、传感技术、射频识别技术等完善停车场管理系统，对车辆进行实时监控，加强对停车场车辆的数量统计、监视和预警。停车场管理系统包括进场前的分流引导子系统和场内车位管理子系统。分流引导是将乡村旅游社区交通状况信息和车辆数量等信息及时通过摄像头、传感器等发送到信息屏上，管理人员通过信息屏上显示的信息对预备入场的车辆进行早期引导，对停车场进行高效利用。车位管理能有效计算空闲车位数量和位置，引导汽车入场和出场，维持停车场的秩序，提高场内车位利用率。

5.开发乡村旅游产品

根据乡村旅游社区的旅游资源特色，分析乡村旅游市场需求，开发、设计出理念新颖的乡村旅游产品，突出乡村旅游社区的资源特色，并符合旅游者的多样化和个性化需求。乡村旅游产品是有形资产和无形资产相结合的产物，它是乡村旅游收入增长的关键所在，是乡村旅游发展的关键环节。

6.建立乡村旅游社区营销宣传平台

与腾讯、新浪、网易等门户网站展开合作，建立乡村旅游官方微信微博公众号，建设乡村旅游社交网络服务社区，推进互动服务在乡村旅游营销中的应用，并通过智慧乡村旅游互动营销平台全面宣传乡村旅游品牌特色和各种乡村旅游活动；推进区域乡村旅游合作，建设友好区域乡村旅游联盟网，通过联盟网对乡村旅游点进行全面宣传；在特色街区、交通口岸等人口密集处设置乡村旅游营销大屏幕，整合乡村旅游大屏资源，通过大屏幕推广当地重大乡村旅游活动和乡村旅游特色产品；通过手机二维码建立乡村旅游手机门户网，向游客推广当地乡村旅游节庆、会展等各种乡村旅游活动。以上乡村旅游社区营销平台皆以乡村旅游信息资源为基础，运用各种现代科学技术全面宣传乡村旅游社区信息。

7.建立乡村旅游智慧服务系统

通过智慧乡村旅游服务方式向游客提供多样化和个性化的服务。乡村旅游智慧服务全面正常启动，面向游客提供信息化和智能化的服务，整个服务过程构成一个完整的智慧服务系统。即由乡村旅游社区和乡村旅游运营商相互合作，以现代科学技术和信息资源数据库为基础支撑，以乡村旅游智慧服务平台为核心，通过服务平台连接公共信息咨询平台、网上支付平台、智能服务子系统、医疗保障系统和安全监测/预警系统，共同建立乡村旅游智慧服务系统，为游客提供多样化的服务。

（三）乡村旅游运营商

1.建立乡村旅游产业服务系统

通过智能视频技术、传感技术、通信技术等现代科学技术，借助智能终端，建立乡村旅游产业服务系统，为游客提供信息查询服务、网上预订服务、视频演示服务等基础服务，以及评论打分、服务投诉、服务对比等扩展性服务，全面提高乡村旅游产业的数字化信息服务水平，为游客进一步了解乡村旅游目的地提供了便利，使游客能够提前享受信息化的乡村旅游体验。乡村旅游产业服务系统是乡村旅游智慧服务系统的重要组成部分。

2.建立乡村旅游产业运营管理系统

利用互联网等技术，在产业实体与游客之间搭建一个统一的信息发布和共享平台，对乡村旅游产业的运营进行监督管理。乡村旅游产业运营管理系统与服务系统相互连通，在对服务系统提供的服务进行监督管理的同时，及时对外更新产业实体的实时信息，加强产业的基本信息管理和诚信管理，消除虚假信息。乡村旅游产业运营管理系统是乡村旅游智慧管理系统的重要组成部分。乡村旅游产业运营管理系统的建立，不仅方便了旅游管理部门对运营商的检查与管理，提高了乡村旅游产业的管理效率，还满足了游客在信息检索方面的需要。

3.建立乡村旅游智慧营销系统

乡村旅游运营商和乡村旅游社区相互合作，作为乡村旅游营销主体，以旅游者为营销对象，以现代科学技术和丰富的乡村旅游信息资源数据库为基础支撑，以乡村旅游智慧营销平台为核心，通过网络终端、手机终端、大屏幕等多种营销渠道，建立乡村旅游智慧营销系统，全面宣传乡村旅游信息。乡村旅游产业营销平台与乡村旅游社区营销平台相互对接，共同进行营销宣传。乡村旅游智慧营销系统主要由乡村旅游产业营销子系统和乡村旅游社区营销子系统两部分组成。

（四）其他部门

1.建立环境保障系统

由环保、气象等相关职能部门主导，乡村旅游社区和乡村旅游运营商等相互配合，通过水质检测器、温湿度传感器、空气质量传感器和摄像头等，对乡村旅游地的水质、空气质量和温湿度，以及环境卫生等进行监测，得出相应的数据，并通过云计算等信息技术对数据进行详细分析，建立环境保障系统，加强对环境的监管。环境保障系统的建立，保证了乡村旅游地水资源的质量，为游客出行提供了空气质量和温湿度的数据参考，保证了乡村旅游地的良好生态环境和卫生质量，提升了乡村旅游服务质量。

2.建立交通保障系统

在交通管理部门的协调配合下,利用射频识别技术、高速影像识别技术、全球定位系统等对乡村旅游地及其周边地区的交通车辆进行自动识别、动态监测以及流量精确预测等,建立交通保障系统,实现交通的实时动态监督管理。同时,通过交通信号控制、出行引导和交通信息服务等交通管理和服务系统,对交通流进行有效引导,全面实现交通系统的信息化、智能化、集成化和网络化,提高系统保障区域范围内的交通运行效率,保证旅游车辆的交通行车安全和游客的人身安全。

3.建立医疗护理系统

医疗部门开通网上在线信息服务,为游客提供医疗护理的相关信息。同时,在乡村旅游地及周边地区设立医疗护理和救援站,并将医疗护理和救援系统相互连通、集成到统一的管理系统上,通过统一的界面和工作环境,为游客提供医疗护理相关信息和帮助,以及具有一键紧急求救功能的智能终端,以便游客在出现意外时能够得到及时救治。

模块四

乡村旅游经营管理

 学习目标

通过本模块的学习,熟悉乡村旅游特色餐饮、住宿的经营与管理的内容,掌握乡村旅游体验项目的开发与经营,能结合乡村旅游资源特色进行乡村特色餐饮开发及住宿、体验项目的经营管理。

【导言】

经营管理是指对企业整个生产服务等经营活动进行决策、计划、组织、控制、协调,并对企业成员进行激励,以完成其任务和目标的一系列工作的总称。经营旅游,资源是基础,市场需求是导向。乡村旅游经营者应该以乡村的自然、人文旅游资源为依托,以乡村情趣和农家生活方式为特色,为游客提供观光、娱乐、住宿、餐饮等服务。因此,乡村旅游经营者应根据乡村的特征和资源条件,结合自身的实际,主要从餐饮、住宿、娱乐项目等方面,探讨管理思路、经营方式和相应的管理制度等。

模块四　乡村旅游经营管理

项目一　乡村旅游餐饮经营管理

【项目引入】

崇尚自然、反璞归真作为一种时尚已经悄然在都市人群中蔚然成风。"吃"作为旅游六要素的一个重要组成部分，是乡村旅游收入的重要来源之一。乡村旅游的重要内容就是品味农家饭菜、感受农家文化，乡村美食对游客的吸引力越来越大，有很多地方凭借着特色的美食成为人们出行的首选。乡村旅游要在乡村特色餐饮上下功夫，满足城市游客回归自然的要求，从而推动乡村旅游全面发展。

【学习目标】

知识目标：

- 掌握乡村旅游特色餐饮开发的内容；
- 熟悉乡村旅游餐饮资源的特征；
- 掌握乡村旅游餐饮资源开发的模式。

能力目标：

- 能够结合乡村餐饮资源进行特色餐饮的开发和经营。

【项目任务】

◆　实地考察或通过互联网了解2~3家国家级乡村旅游示范点的特色餐饮资源。以小组为单位，制作PPT展示，并分析乡村旅游餐饮资源开发的模式。

任务一　乡村特色餐饮的开发

乡村旅游特色餐饮指在乡村旅游的过程中,具有当地特色,并含有一定文化风俗的饮食活动。乡村旅游特色餐饮因为不同地域、不同时间内的餐饮产品都是不一样的,所以已经成为独特的旅游资源,促进了我国旅游市场的发展。乡村旅游特色餐饮由于独特的菜品做法吸引了大量的消费者,同时满足消费者的饮食需求。

一、乡村特色餐饮的特点

(一)地域性

不同地域的乡村特色餐饮是不同的。由于气候不同,乡村内部的环境不同,导致很多的食品原材料的味道及色泽等都是不同的。乡村旅游特色餐饮的地域性特点是吸引消费者的主要原因之一,因为只有地域上的差异,才能激发消费者想要不断尝试的兴趣。乡村旅游特色餐饮的原材料主要产于当地,所以餐饮能够显示出当地的食物特色,一般都是无污染纯天然的食品。乡村旅游特色餐饮的主体就是农家菜,它不像高级酒店里面的菜品那样具有华丽的外表,一般都是用最简单的食材、最简单的制作方法进行烹制,体现了农家田园的简单生活,利用简单朴素的生活方式吸引在城市工作的消费者,尽可能体现"采菊东篱下,悠然见南山"的意境。乡村旅游特色餐饮还能体现农村劳动人民的日常生活,其主要食品是高粱米、南瓜、红薯等,不同于大鱼大肉的城市生活。

(二)文化性

乡村旅游特色餐饮一定要具有文化性。所谓的文化性是由地域性所产生的,因为只有地域的不同,才能使当地的文化具有特色。乡村旅游特色餐饮要能够凸显当地居民的日常生活和状态,展现居民原有生活的快乐和安逸,折射出不同地域的生活差异。消费者在乡村旅游特色餐饮中可以了解不同地区的礼仪、风俗、宗教信仰等。

模块四　乡村旅游经营管理

（三）吸引力强

乡村旅游特色餐饮店相比较高级的酒店来说，其环境并不是十分规范和标准，服务人员有可能不是年轻貌美、身着统一的服装，但是其用心烹制的菜肴让人流连忘返，轻松的环境让人愉悦。因此乡村旅游特色餐饮能够从视觉、嗅觉、味觉等感官上吸引消费者，并且使消费者从物质和精神两方面获得足够的享受。

二、乡村旅游特色餐饮开发的原则

（一）坚持乡村特色的原则

乡村旅游特色餐饮只有坚持乡村特色，才能向消费者展现出乡村的独有魅力。消费者之所以能够选择乡村旅游特色餐饮，就是因为这里能够提供与高级酒店不一样的服务。在用餐的过程中，乡村的风俗习惯贯穿其中。乡村旅游特色餐饮的快速发展，也说明了我国未来餐饮行业发展的方向。想要获得更多的经济收入，就需要寻找能够吸引消费者的产品，从而在市场经济竞争激烈的环境中求生存。

（二）坚持环保绿色的原则

随着社会的发展，人们越来越追求环保、健康的饮食。乡村拥有最原始、最绿色的食材，能够让人们吃得营养、吃得健康，所以乡村旅游特色餐饮受到很多消费者的欢迎。乡村旅游特色餐饮要想更快、更好地发展，就需要坚持环保绿色的原则，进而提高乡村旅游餐饮的经济效益和社会效益。

（三）坚持和谐自然的原则

乡村旅游特色餐饮能够吸引消费者，是因为乡村餐饮的食材亲近大自然，和自然和谐相处。城市中的生活节奏太快，生活和工作给人们带来的压力过大。为了能够缓解自身的压力，人们会选择到乡村放松心情。在乡村品尝原汁原味的食物，欣赏高山流水，消费者更能体会到自然的魅力。

（四）坚持保护开发的原则

对于乡村旅游特色餐饮的开发工作，一定要坚持保护性开发，不能因为短期的经济效益而过度使用和浪费资源。在开发的过程中，对周围的生态环境进行保护，防止人为的破坏和污染，以免导致生态失衡。乡村旅游特色餐饮如果不加以保护，不进行有节制的开发，就可能失去持续发展的基础。

三、乡村旅游特色餐饮开发的主要内容

（一）乡村味道

乡村旅游餐饮开发首先要在食物的"乡村味道"上下功夫，包括乡土原料、乡土滋味、乡土做法、乡土器具、乡土礼仪等餐饮要素。

（二）卫生安全

乡村的饮食环境既有弱点也有优点：弱点是乡村的基础设施较为薄弱，村民安全卫生意识较差；而优点是大部分乡村自然环境条件较好，人为污染少。因此，在开发乡村特色餐饮时，应对经营餐饮的村民进行饮食安全卫生教育与宣传，改善卫生基础条件和设施，从而让游客吃得放心。例如陕西袁家村在卫生安全方面，要求每家小店都将营业执照挂在墙上，店员不厌其烦地向游客们解释食材的来源，食物制作的全过程也大方向游客展示，游客们也就吃得更加放心。

（三）适应市场

乡村餐饮开发的成功与否在于是否适应游客的口味或喜好。首先要确定主要消费人群；再对这部分消费者的数量、消费习惯、特点等进行调查了解，做到有的放矢。除此之外，价格的制定也十分重要。以袁家村为例，小吃街上大部分菜品都是5元或10元的价格，少部分是15元或20元。这样的价格首先是扩大了消费人群；其次是省下了店家找零钱的麻烦；最重要的是价位不高，菜品的分量也不多，使得每一位游客可以在多家商铺消费，提高了小吃街整体的收入。还可以通过举办特色活动增强体验性，让游客自己亲手参与制作，亲身体验制作过程的安全性，如做糍粑、做手工豆腐等，享受制作的过程，收获成功的喜悦。

（四）突出特色

旅游者因乡村特色而来，为了不让乡村旅游失去它的价值，使乡村旅游更具魅力，就应突出餐饮特色的开发。

1.菜肴应具乡土特色

在菜肴制作方面，乡村旅游餐饮应以绿色原料为主，尽量保持其原有的风味和成分。选取的原料应是当地无公害绿色有机食品，比如农村的土鸡、土鸭、土鸡

蛋、山珍野菜这样的食材，主打农家菜及民间菜，彰显"土"的乡间气息，充分发扬乡土特色，辅以传统做法，展现绿色农家乐的特色。可以从以下几方面着手。

（1）食材来自山野乡间

乡村的菜肴要立足农村，就地取材，尽量采用农家特有的食材，尤其应采用城里难以见到的烹饪原料。饭菜食材可从山林中采摘，或是来自乡民亲自耕种的土地，保持天然鲜美的本色，也可以让游客自己采摘蔬果，亲身体验农家乐趣。

（2）传统农家做法烹饪

游客体验蔬菜采摘的乐趣之后，还可以投入美味佳肴的烹饪过程中。当地的大厨可以向游客传授原汁原味农家菜的烹饪方法，让游客亲身体会烹饪的乐趣，享受自己做饭的成就感。

（3）餐具要具有农家特色

吃饭用的各类碗筷最好具有鲜明的农家特色，让游客在品味佳肴的同时拥有美的感官享受。乡村所使用的餐具与居家自用的不同，游客用餐讲究的是协调与舒适。因此餐饮企业要根据自己的接待能力配备相应数量、有当地特色的餐具和器皿。

总而言之，各种旅游元素要融合乡村风情，展现农家特色，为游客提供美的享受及物有所值的服务。

2.发挥原料"野、绿、鲜"的优势

利用乡村独特的地理区位优势，发展绿色经济。餐饮的烹调技艺特别体现手工性和天然性，与之相适应的是乡村的最大特点——古老朴实重实惠，返璞归真讲营养。因此，乡村旅游特色餐饮菜肴的开发，可以从以下几个方面发挥原料"野、绿、鲜"的优势。

（1）重视菜肴的新鲜度

用植物未成熟的果实、根、茎、叶入菜，口感新嫩，色泽翠绿，如青豆米、青苞谷、青菜头、青蒜苗、青豌豆、小瓜尖、豌豆尖等。

（2）野生菌系列产品的开发

在野生食用菌资源丰富的地区开发美味佳肴，如美味牛肝菌、红见手、黄见手、见手青、黄赖头等。

（3）花卉菜肴的开发

以野生或庭院花卉入馔。随着鲜花市场的迅速发展，每到春天鲜花盛开时，很多庭院花卉也被开发为桌上佳肴，如夜来香炒鸡丁、酿百合花、玫瑰米糕、雕梅扣肉、软炸玉兰花、套炸瓜花等。

3.把"味、形、意"作为乡村菜肴创新重点

现代饮食需求是在保证饮食营养的前提下，追求味美、悦目、兼含文化意境。简而言之，"味、形、意"应是乡村旅游饮食文化研究开发的着力点。快节奏的都市生活让大家心里感到疲乏不堪，周末走进充满特色的乡村，可以品一品乡村饭菜，体验农家返璞归真的质朴生活。"吃"不仅仅解决人们的温饱问题，而且是一种休闲活动。北京延庆柳沟村成为乡村旅游的一大亮点，归功于不断推陈出新的豆腐宴。豆腐花样众多，有养颜美容的黄豆豆腐、滋补养生的黑豆豆腐、清热解毒的绿豆豆腐，逐步创出"凤凰城—火盆锅—农家三色豆腐宴"品牌。游客还可选择炸豆腐、冻豆腐、拌豆腐等一系列的豆腐做法。游客参与豆腐的现磨、现做过程，吸引了很多外国朋友前来体验。

（五）宣传推广

对于养在深闺人未识的乡村美食，除了靠口口相传的方式之外，还需要利用微博、微信和电视等媒介主动进行营销宣传，扩大美食的知名度。如今，各地由政府牵头的"××美食节"起到了很好的宣传作用。

四、乡村旅游餐饮产品开发思路

（一）绿色

绿色食品是在无污染的条件下种植、养殖、施有机肥，不用高毒性、高残留农药，在标准的卫生环境及生产技术的条件下加工生产，并经权威机构认定，获得安全、优质、营养类食品的专门标识。农家菜大多选用野生、自种、家养的烹饪原料，如田间野菜、山中嫩笋、家养土鸡、肥鸭等，均为自然生长，没有污染。家养禽畜一般只喂稻谷、杂粮、菜叶、青草等，生长较慢成熟期长，故肉质结实，氨基酸含量高，食味当然胜于饲料喂养的禽畜。而山前屋后、沟渠路边种

植的各色蔬菜也均施以畜粪、草木灰等有机肥，故其味道鲜甜可口。在水库、山溪、小河中自然生长的鱼虾未受污染，则天然鲜美、味纯质佳。所以，即便未经过相关机构的认证，真正农家菜的原料实质就是纯天然"绿色食品"。

（二）朴实

农家菜的做法简单、纯朴、自然。中国农村传统菜品由于受到设备、燃料、技术以及农忙的影响，其制作以炖、烧、焖、煮、蒸等烹调方法为主。此外，农家菜的盛器外形古朴、花色简单，且以大碗、瓦罐、砂钵、炭炉等居多。农家民风淳朴，服务形式亲切、随和，规范化、程式化的框框少。这些对生活在城市里，厌倦了饭店中花巧不实的人们，会有种真诚、养眼的感觉，别有一番新奇。尤其对那些钟爱回归自然、返璞归真的游客来说，实在是再好不过的享受。

（三）鲜美

农家乐菜品的口味调配简单，以家常口味见长，保持菜肴的原汁原味，极少添加甚至不加过浓的作料，不用什么调色剂、添加剂，不受过多烹饪程式的约束。由于食材具有"绿色"的特点，其鲜香味与口感自然无与伦比。

（四）价廉

农家乐餐饮大多是农民利用闲置土地和生产资料经营的，食品属于自产自销，人力、物力多来自本乡本土，具有投资少、风险小、经营灵活等特点，故收费低廉。

任务二　乡村特色餐饮资源开发

在乡村旅游的带动下，乡村餐饮获得较快发展。随着乡村旅游的升级换代，乡村餐饮产品创新开发也势在必行。通过乡村餐饮资源的创新性开发，可以让乡村餐饮逐渐成为一种新的乡村旅游吸引物，甚至是重要的卖点，进而促进乡村旅游的发展。

一、乡村旅游餐饮资源的概念

乡村餐饮本身并不构成旅游资源，只有当它对旅游者产生一定吸引力，并为旅游业所利用，能够带来经济、社会和环境效益时，才能成为乡村旅游餐饮资

源。乡村旅游餐饮资源指的是植根于乡村，能体现乡村特色，对旅游者产生吸引力，可以被开发出来的各种饮食原料、各色食物、饮食风俗、饮食程序、饮食方式、餐饮环境等。

二、乡村旅游餐饮资源的特征

乡村旅游餐饮资源是一种特殊的旅游资源，除了具有一般旅游资源和一般食品的共性外，还具有鲜明的个性特征。

（一）乡村性

由于物产、气候、习俗和传统的不同，不同地方餐饮的口味有很大差异，并形成自己的特色。具体到乡村旅游餐饮，它主要根植于乡村这一特定区域，并对游客产生极强的吸引力。乡村性是乡村旅游餐饮独特的卖点，具有特色乡村的味道才最好，城市无法享受到。旅游餐饮的乡村性主要体现在以下几个方面。首先，餐饮原材料绿色无污染且新鲜。为了更好地吸引游客，乡村旅游餐饮原料多讲究立足当地，就地取材。它们长于山野、水库、小溪，吸收了大自然的灵气，又没有化肥的催生和农药的污染，更不需要长途运输。其次，乡村旅游餐饮不同于城市旅游餐饮，更加注重家常本味，尽量不刻意雕琢，保证了食物的原汁原味。最后，游客可以在吃的过程中欣赏乡村独特的景观，感受乡村独有的饮食习俗和宴席礼俗。

（二）吸引性

自古旅游与美食紧密相连，"健康、营养、绿色、简单、朴实"的乡村旅游餐饮受到吃多了"大鱼大肉"的城市游客的青睐，不少缺少自然特色的乡村凭借乡村美食成为游客的追捧地。乡村旅游餐饮以多种多样的形式和丰富多彩的内容满足了游客的饱腹和情感需求，有些乡村美食已经成为旅游的原动力，其吸引力主要表现在以下几个方面。其一，每个乡村的旅游餐饮资源是不尽相同的，某种"独一无二"的口感只有在某个乡村才可以享受到，在其他地方则不再新鲜，口感全无。其二，乡村旅游餐饮的吸引力不仅在口味，更在于环境，小桥流水的农家小院、瓜果飘香的农庄、特色的主题餐厅等都会带给城市居民别样的感受。其三，品尝乡村餐饮是了解乡村生活和乡村文化最好的途径，并可以寄托游客的思乡之

模块四　乡村旅游经营管理

情。因此，具有鲜明地域性、浓厚的文化和独特审美功能的乡村旅游餐饮对游客具有极大的吸引力，反之，毫无特色的乡村旅游餐饮则会冲淡游客的兴趣。

（三）复合性

单纯的旅游餐饮资源并不足以吸引大量游客，要发挥强大的旅游带动作用，将乡村旅游餐饮资源与其他的旅游资源进行有机复合。一方面，如果乡村旅游餐饮与独特的山水资源、富有地方特色的建筑、便捷的交通、丰富多彩的民俗文化有机结合，就会大大增强旅游地的吸引力。另一方面，乡村旅游餐饮资源是有形美食与无形文化的复合，游客除了大饱口福、满足味蕾需求外，更重要的是通过品尝乡村餐饮，体验与探究乡村的饮食习俗、用餐礼仪，了解当地的历史文化、生产和生活特色、风土人情和宗教信仰等。这也是缺乏文化内涵的乡村旅游餐饮注定不能作为乡村旅游资源的原因，而越具有文化内涵的乡村餐饮资源，其生命力越长久。

（四）可参与性

乡村旅游餐饮的可参与性一方面是指乡村居民可参与到乡村旅游餐饮活动中，如烹饪乡村美食、从事传统农业活动、制作销售土特产、表演乡村风俗活动等。另一方面是指游客可参与到乡村旅游餐饮活动中来，参与乡村饮食的制作、农产品的种植、某种饮食的制作加工、饮食风俗活动等。顺应游客需求的变化，摘草莓、种菜、自助烧烤、包饺子、做葡萄酒、钓鱼、挤牛奶等活动都受到游客的青睐。在这些活动中，游客学习到农业生产和乡村餐饮知识，亲近了自然，深刻感受了乡村采摘、垂钓、种植的乐趣。

三、乡村旅游餐饮资源的开发模式

以乡村旅游发展为契机，立足于区位优势，充分发掘当地旅游资源，遵循旅游资源禀赋、辐射能力和开发效益最大化等原则，乡村旅游地可选择特征鲜明的几种开发模式。

（一）食材景观的开发模式

每个乡村都有自己有特色的农产品，当各种形式的农产品种植活动落实在具体的区域空间，就形成各类农业景观，如蜿蜒的梯田、阡陌纵横的平原沃野、稻田麦地、果木桑麻等。近年来，经过乡村"一品一业"产业结构的调整，很容易形成大规模的乡村农田、经济果林、蔬菜园和养殖湖面景观。这些景观吸引了大量游客前来吃农家饭、住农家屋、购农家产品。

（二）参与式的餐饮开发模式

现在的游客不再满足走马观花式的旅游方式，他们更希望亲自参与和体验原汁原味的乡村生活，采摘果蔬、制作乡村美食和参与乡村饮食民俗活动等都是体验乡村生活最便捷的途径之一。以乡村餐饮生产的过程及场景作为核心内容，以餐饮产品的生产工艺为主导性资源，可以形成一种新的乡村旅游餐饮开发模式。这种开发模式的前提是将饮食资源的生产过程与场景进行策划与包装，不仅满足游客的味蕾，更要满足游客的精神需求。多元化的游客参与方式是这种开发模式的关键，如参观当地展示乡村农耕文化、生产农具变迁的农业博物馆和展示地方菜系文化的饮食博物馆，观看豆腐坊、酒厂、茶厂里的食物加工过程，体验食物制作过程（如游客自助烧烤、自己酿酒等），体验采摘瓜果、捉螃蟹、牧牛羊、挤牛奶等农业活动，参加火把节等各种饮食民俗风情文化活动等。

（三）环境主题化的餐饮开发模式

乡村美景是乡村美食不可或缺的部分，有特色的就餐环境可以增加就餐情趣，给游客留下难忘经历。在游客越来越挑剔的今天，以文化为主题，以餐饮空间为载体，以顾客体验为本质来表现乡村民俗、饮食文化和饮食习俗的餐饮开发模式已被应用。无论是美味好看的菜品、游乐化的就餐过程、新颖独特的服务模式，还是精心设计的店内布置（建筑内的灯光、色彩、设施设备、背景音乐、装饰形态）等都可以凸显各种餐厅的主题特色。当游客沉浸在主题餐厅的氛围里，就能发现饮食文化的精髓，并体验不一样的就餐情趣。

（四）特色菜品的餐饮开发模式

追求"味蕾"享受的游客认为美食比名山大川更有吸引力，独有乡村风味的特色美食或私家菜更让人向往。因此一些名不见经传的村落，凭借地方独有的特色美食和私家菜，成为游客的追捧地。将有潜力的地方特色美食和私家菜作为招牌菜，以点带面，全面促进地方餐饮发展的开发模式成为自然资源较为缺乏的乡村的首选开发模式。此类地区需要不断挖掘地方的乡村旅游餐饮资源，筛选特色鲜明的地方小吃、地方菜肴和私家菜，并通过宣传推广，使之成为本地的旅游美食招牌，然后通过特色菜品的"晕轮效应"吸引更多游客前来。

（五）地域集聚的餐饮开发模式

经调查发现，旅游餐饮资源常常散落在各个乡村，并呈现辐射范围小、影响力小的特点，因此有必要将乡村旅游餐饮连片经营，或建造乡村美食街（区），将分散的特色乡村餐饮整合起来。餐饮企业以产业链或价值链为纽带，在一定的地域空间范围内整合多种餐饮要素，形成具有一定规模、一定空间形态和组合特征的餐饮服务区，这是交通便利的乡村可以选择的开发模式。集聚经营为顾客搭建了一个方便、舒适、开放的就餐环境，并能有效利用集聚效应来提升当地乡村美食的影响力。地域集聚化开发模式成功的关键是根据客源特点、交通状况和景观资源等条件选择合适的集聚区域，并使美食街（区）乡村旅游餐饮不断向集约化、特色化和休憩化的方向发展。

（六）节庆引爆的餐饮开发模式

乡村餐饮本来就具有浓厚的文化底蕴，而将文化与美食有效黏合的是节庆。很多乡村都创办过美食节，其主题主要有传统的民俗活动、民间节日以及民俗文化。通过节庆吸引大量游客，可发掘和弘扬当地的美食文化，同时迅速提高了旅游地的知名度，也有效拉动了当地旅游经济的增长。要让节庆活动具有持久的生命力，一定要以本地的文化为基础，以当地人的生活为主题，并具有良好的互动体验性，让游客参与其中。

（七）旅游餐饮商品化的开发模式

游客游玩结束后会慕名选购当地特产带回家与人分享，其中游客选购最多的是土特产和地方特色食品。应将当地风味食品（小吃、点心）、土特产（肉制品、蛋、禽类、果品、蔬菜）、地方饮料（酒、茶）和当地盛装美食的竹篾器具、饮酒器具等进行工业化、规模化和系列化生产，使之成为包装精美、风味独特、便于携带的旅游商品。做好乡村旅游餐饮产品的商品化开发，能有效满足游客的购物需要，带动当地农副产品的销售，还能促进对旅游地的宣传推广。

项目二　乡村旅游住宿经营模式

【项目引入】

乡村住宿是在乡村旅游的发展带动下，融合乡村旅游特色的农家环境，并借鉴城市酒店管理与运营模式而推出的住宿产品。游客接待能力常常成为限制乡村旅游业发展的因素。乡村旅游地在满足游客对住宿设施数量要求的同时，也要满足其质量要求。

乡村可开发建设多种多样不同类型的住宿设施——乡村民宿、乡村度假酒店、乡村客栈、休闲农庄、乡村会所、乡村度假公寓、原生态乡村民居以及森林小木屋等，形成功能齐全、布局合理的乡村旅游住宿体系。

【学习目标】

知识目标：
- 了解乡村旅游住宿产品应具备的条件；
- 掌握乡村旅游住宿产品的策划要点；
- 明确乡村旅游住宿产品的类型。

能力目标：
- 能够结合当地资源，策划开发有特色的乡村旅游住宿产品。

【项目任务】

◆ 实地考察或通过互联网搜集、整理当地乡村旅游住宿产品的类型和特色，以小组为单位用PPT展示。

模块四　乡村旅游经营管理

任务一　乡村旅游住宿产品概述

一、乡村旅游住宿产品应具备的条件

（一）乡村文化性

乡村旅游住宿产品应具有乡村文化性，能够表现当地乡土文化气息，将当地的乡村生活、风土人情融入其中。游客进入乡村酒店可以感受到浓郁的乡土气息，领略到朴实的乡村人文精神。

（二）齐全的接待服务设施

乡村旅游住宿产品应具有齐全的接待服务设施，能够将农业景观、田园景观或生态景观与住宿、餐饮设施相结合，以满足游客对乡村休闲、度假、娱乐、求知等的需求。

（三）接待服务的文化个性

乡村旅游住宿服务人员所提供的接待服务与城市酒店的最大区别就是独具文化个性，讲究文化参与、主客互动。

二、乡村旅游住宿产品的策划要点

（一）建筑风格及装潢装饰乡土化

建筑风格是旅游者对乡村住宿环境的第一印象，乡村旅游住宿设施从建筑风格设计到内部环境营造都应体现乡土特征。

第一，住宿设施的建设应符合本地建筑风格，与当地乡村社会、自然环境相融合，要求少建宾馆、高星级酒店等城市旅游住宿项目，尽可能运用具有地方特色的建筑元素建设特色旅馆，如北京四合院元素、湘西吊脚楼元素、福建土楼元素等。

第二，装潢装饰应充分反映当地文化特色，突出乡村情趣。

第三，建筑应尽量以分散式布局的低层小体量形态为主，以保持与乡村整体风貌的协调性。

（二）建筑及配套设备绿色低碳化

一方面，乡村旅游住宿设施的建筑材料应尽量就地取材，使用当地纯天然、

可循环的材料，避免钢筋水泥等现代城市住房建材的大量使用。这样既可以体现低碳环保，又可以降低成本。客房设计讲究绿色环保，如客房设计成东西朝向，这样能保证房屋一天当中大部分时间都有自然光射入，减少照明设备的使用。房屋用浅色涂料粉刷，通风的屋顶或遮蔽式的墙壁则可以减少对热的吸收，节省空调用电量等。另一方面，客房内尽量不提供一次性用品，倡导游客自行携带客房"六小件"，彰显低碳环保的旅游风气。

（三）打造外部环境的生态化

乡村旅游住宿项目应尽量选择在环境幽静、自然生态景观优美的地方，如湖滨、溪边或田园，使居所置身于大自然之中。同时注重外部景观营造，配套打造农家院，或营造"荷塘月色"等住宿景观，使旅游者充分体验到自然之乐。

任务二　乡村旅游住宿产品的类型

一、乡村民宿

乡村民宿多以普通民居改建而成，有的把家中多余的住房供住客租用，有的把空余的老宅新装修，也有专为游客而建的。民宿规模不等，大到拥有几十间客房，小到只有几间客房，接待数量有限。

乡村民宿价格实惠又有地方风格，不管是有时代感的老宅子还是新建的居所都保留了当地传统的建筑风格，不过多关注外在的华丽和张扬，在细节上处处能体现出精致、卫生的乡村风情。服务虽做不到星级酒店的细致，但富有家庭味、乡土味以及人情味。

中国台湾的民宿以其特有的个性，如独特的建筑造型、主人的亲和力和精致舒适的房间布置，以及纯粹田园式的居住环境，成为台湾旅游吸引力的一部分。台湾乡村民宿根据地理条件与特色大致可分为景观型、少数民族部落型、农园型（果园、菜园、茶园）、温泉型、传统建筑型和艺术文化型六个类型。

台湾乡村民宿经过多年的发展，已经形成独特的风格和特色，其中值得我们学习和借鉴的主要有以下几点：

模块四　乡村旅游经营管理

①注重休闲气氛的营造和房间的舒适性，除了提供洁净的住宿环境，还营造一种温馨家园的感觉，游客可与主人共餐、话家常；

②民宿多样化的主题风格很受欢迎，很多民宿融合了当地的自然人文环境要素，再加上创意和美学元素，打造了颇具特色的不同主题，如人文艺术主题、怀旧复古主题、家庭温馨主题、原住民风情主题、丛林秘境主题、异国风情主题、田园乡村主题等；

③运用信息技术，使游客能够很方便地搜寻到完整的民宿信息。

二、乡村度假酒店

乡村度假酒店依托清新的空气、优美的环境，融入地方特色建筑风格，不仅给游客高层次的体验，也使游客感受到厚重的文化底蕴。舒适度是乡村度假酒店所有客房的首要标准，一切设施都以此为目标。

（一）乡村度假酒店的特点

乡村度假酒店一般选址在山里乡间，相对于城市来说较为宁静；偏向设计类酒店，有自己的独立风格，普遍较为朴素；总体规模不大，但多人房、家庭房等房型比例大；酒店服务的自助化程度较高；配套娱乐活动较为丰富，如提供烧烤器具和材料的户外烧烤、短途线路包车一日游、园林果实采摘活动等。

（二）干峪沟村改造的成功典范

干峪沟村位于北京市密云区北庄镇，是个世外桃源般的地方。这里古树、老井、山花、石磨、草屋、篱笆的原始风貌犹存，让人陶醉在"山深人不觉，犹在画中游"的意境中。虽然生态环境优越，但毕竟地处偏远，干峪沟这个小村也像中国很多空心化村庄一样难逃日益荒凉、日渐凋敝的命运，整个村庄仅有十几位老人生活于此。

干峪沟村户籍人口仅有41户71人，平均年龄超过60岁，常住人口不足20人。随着年轻劳动力纷纷外出谋生，人口年龄结构逐渐老化，造成土地和山场无人打理。全村有43处宅院处于闲置状态，村庄凋敝的程度日益加深。

2013年，干峪沟村的命运因为投资集团的到来彻底发生了改变。仅仅几个月的时间，一个穷乡僻壤的小山村里就建成了"山里寒舍"乡村酒店。

1.创意：连树带屋租下"空心村"

投资集团从农户手中租赁到33套宅院，共计130多间房，还承租了村民6万多平方米土地和上万棵果树。投资集团在废弃或搁置的宅基地上建成了几十套创意乡村民居，以及1万平方米公共配套功能设施，形成了创意乡村休闲度假区。

2.外观：原生态农家院落

"山里寒舍"保留了原生态特征，石头围墙圈起一个个小院，并铺设了石头路，看起来与村里的其他农院并无二致。

3.内部：糅合中西设计

室内融合古朴与现代的设计理念，拥有五星级的客房、卫浴设施及中西餐厅，并覆盖无线网络；木门、木窗内加装双层塑钢玻璃门窗，青石铺地，并安装采暖设施。家具摆设颇费心思，很多衣柜、条案、桌子都是从村民手里淘来的"老物件"。连门牌都是用时令和节气命名，无处不透着悠久的乡舍韵味。

4.农耕体验：果树采摘+家禽喂养

"山里寒舍"承租了土地和各类果树，每个季节都有不同的采摘项目。山里也养殖了很多家禽，游客可以来到田间和小动物们互动，亲手去喂养它们。

5.餐饮：就地取材+原始柴锅炖菜

山里的饮食带有浓浓的乡土气息，以炖菜为主，用最原始的柴锅炖出来。就地取材，如天然种植的农产品、放养的鸡、山里的蘑菇、农家喂养的猪、密云水库的鱼等。村中的妇女担任主厨，味道是地道的农家味。此外，"山里寒舍"还有其他的配套设施，如中西餐厅、多功能会议厅、水榭、露台、游泳池和迷你高尔夫球场等。在度假区内，还有一段明代长城，游客闲暇时可以攀爬游览。

6.模式：向"大牌"学习，连锁不复制

经营管理、宣传推广等成本是单体酒店的一大软肋，"山里寒舍"同样面临这样的问题，搞连锁品牌化便成为单体酒店提档升级的路径选择。2013年，"山里寒舍"团队紧接着又打造了另外一个项目——"山里逸居"，同样位于北京近

郊的密云区。"山里逸居"并没有简单复制"山里寒舍",而是相对独立的项目,既保留了所在村子黄岩口村的原汁原味,内部又充满国际设计元素,给人在山里"逸"然居住的独特体验。

7.未来:借力专业酒店资源,实现度假品牌规模化

"山里寒舍"的运营团队不是专业旅游酒店出身,缺少对酒店的管理运营经验。随着企业规模达到一定程度,"山里寒舍"急需与专业公司进行合作和开发。2015年3月,"山里寒舍"与首旅酒店合作,成立首旅寒舍。首旅寒舍受托对"山里寒舍"和"山里逸居"进行品牌管理。2015年9月,"山里寒舍"与去哪儿网、首旅酒店、宁波它山堰文化旅游有限公司共同成立合资公司,投资高端精品乡村酒店。

三、乡村会所

在总体规划上,乡村会所是在乡村基础上走高端私密路线,外观融当地建筑文化元素,底蕴厚重;整体上依托私家田园打造低密度、私密性的文化艺术休闲与居住空间。乡村会所很大程度上还原了一些消费者心中关于世外桃源的想象。以下以浙江省德清县枫华乡村会所为例。

(一)腹地环境

枫华会所位于浙江省德清县莫干山镇,毗邻莫干山风景区,会所占地面积上千平方米,依山傍水。背靠莫干山竹海,视野所及处是片片青翠的竹林,清澈的小溪缓缓地流过。周围的环境幽雅恬静,空气清新,有如陶渊明笔下"采菊东篱下,悠然见南山"的世外桃源。溪边的石墙上爬满了爬山虎,墙上悬挂着多年前的水车,前院是一个大庭院,有秋千、葡萄架、实验田,是体验田园生活的好去处。

(二)会所风格

会所采用多建筑整体连接结构,以递增的楼层数构建出阶梯形的新型格局。会所坚持节能减排和有效利用资源杜绝浪费的宗旨,楼的主体结构用不腐木建造,横梁、支柱都是整株不腐木,古朴的纹路和清新的木香为整栋楼营造了更为自然的气氛。墙面用青石砖与石灰水泥砌成,青石砖的坚硬和水泥的柔软融合在一起,体现出淡雅和古韵。围墙则用剩余石料垒砌而成,不规则的形状和些许凌

乱的墙面为整个木质楼层增添了一份和谐感。

四、度假木屋

度假木屋的特点是自然、古朴和富于野趣，符合绿色环保的理念。度假木屋一般规模较小，建筑风格不尽相同，多为分散式布局，有独栋式的也有复式的，既提供住宿也提供烹饪、休闲、娱乐等服务。建设位置的选择比较考究，一般建在海滨、湖滨或相对偏远、植被茂盛的山林中，多依地势而建，错落有致。

五、农家别院

农家别院是利用乡村旅游区内的传统民居改造而成的供家庭、团体游客度假使用的住宿设施。这类乡村旅游住宿项目的设计应保留乡村民居特色，可以以篱笆为外墙，营造"前有菜地鱼塘、后有花卉绿树"的乡村休闲氛围；厨房、庭院等配套一应俱全，在住宿环境中展示农耕生活形态的一些典型景象，如将牛羊慢踱、鸡鸣狗吠、村口老树、门前小溪、戏台等农耕生活形态融入别院的建设中。

任务三　乡村旅游住宿经营模式

一、规范化的乡村酒店模式

（一）模式解读

1.核心理念

一个乡村就是一座"乡村酒店"。这一模式以现代酒店的经营管理理念，推动乡村旅游服务的规范化与标准化，提供有品质的农家食宿接待服务，是传统农家乐的直接升级版。

2.村落特征

（1）资源均质，易于统一

村落农户物质条件高度均质，易于实现标准统一，尤其适用于统一规划建设、基础设施条件较好的安居新村。

（2）毗邻景区或游线，具有承接客源优势

村落临近成熟旅游景区或位于旅游热点线路之上，主要面向景区到访游客，有条件打造成为面向大众游客的食宿接待服务配套区。

3.模式要点

（1）酒店功能模式布局

按照酒店功能模式，对村落进行统一规划设计或改造，明确大堂接待区（即乡村旅游服务中心）、公共活动区（即乡村公园、广场等公共活动空间）、食宿接待区（即设施标准统一的旅游接待户）等功能分区，使乡村酒店具备高端酒店的功能布局。

（2）乡村旅游合作社统一管理

通过成立乡村旅游合作社，实行乡村旅游接待户的统一管理、统一培训，同时统一服务标准、统一分配客源、统一价格、统一结算。

（3）酒店客房模式打造

按照酒店客房的模式设计各个接待户的配套设施，如房间面积、独立卫生间、统一的床上用品和洗涤用品等。

（4）构建景区联动格局

积极与周边成熟景区联动营销，并建立从景区至村落的便捷道路导视系统，开通免费摆渡车，通过吸引景区到访游客获得充足的客源保障。

（二）模式构建

1.规划升级：明确保护范围，科学规划指导

科学的规划是乡村旅游发展的先决条件，可以避免盲目开发所导致的村庄资源、环境和文化破坏，切合实际的规划对于乡村酒店模式的落地开发具有重要作用。在规划初期，必须明确田园风貌保护范围，以不损毁乡土要素、不破坏传统文化为基础，预留足够的客房与乡村公共活动空间，用来满足后期的游客接待服务和提档升级空间需要。

2.基础设施升级：完善服务功能，展现乡村特色

乡村酒店模式的主要特色，是融入乡村氛围中的酒店服务体验。因此，与酒店功能相匹配的基础设施是必备条件。乡村的道路交通、导引系统、座椅等休闲设施、乡村特色的景观小品等，都是乡村酒店模式的基础设施，需在乡村现有设

施基础上，以酒店功能为指导，逐一进行完善。政府可每年拿出专项资金，补贴民俗户的厨卫等改造工程，提升整个村落的民俗接待设施档次。

3.管理升级：制定规范，统一管理

（1）成立乡村旅游合作社

实施乡村酒店模式，需要成立乡村旅游合作社，对旅游农户的经营活动进行规范，确保乡村酒店品牌形象。乡村旅游合作社由村委会进行监督、引导，并积极发动当地农户参与其中，分享旅游收益。合作社的"桥梁纽带"作用，可以有效规范乡村旅游市场秩序，完善乡村旅游经营和服务职能，也可以最大限度挖掘村落可用的旅游资源，将民俗文化、农业生产等资源有效整合，实现人力、物力、财力的全方位组织化。

（2）统一分配客流

乡村酒店模式的管理是将村内所有民俗户都纳入酒店式管理范畴，合作社相当于酒店的前台，所有到访游客先在此登记入住，然后由合作社根据各家各户的床位情况统一分配客流。

（3）制定管理手册

对乡村所有旅游农户采取酒店管理方式，制定管理手册，将民俗户的环境卫生、民俗村安全、食品卫生等乡村旅游发展过程中易于出现问题的方面落实到量化指标上，规范旅游农户的各种服务行为。

（4）规范旅游服务

乡村酒店模式的旅游服务要实现"四统一"，即统一床上用品洗涤配送、统一门头牌匾、统一卫生标准、统一经营管理模式。采取源头把控方式，使规范化的旅游服务落实到点滴中，规定旅游用品统一印制乡村旅游标志，并由合作社统一采购、发放。村落要设立多个中转站，负责乡村酒店床上用品的洗涤、消毒、熨烫、储运工作，切实做到"一客一换"，保证到访游客从走进民俗村开始，便享受到规范、高质量的服务。

（5）系统培训技能

乡村酒店模式要求服务于其中的村民，具有较高的服务素质和服务技能。村

模块四　乡村旅游经营管理

落可开辟专项培训资金,对村民进行整体培训,还可通过"走出去,请进来"相结合的方式,组织相关科室及星级民俗户、大学生村官到乡村旅游发展较好的区县学习交流,组织市级专家对民俗户进行专门培训。与此同时,对重点民俗村、优秀民俗户进行专项补贴或奖励,通过多种方式提升村民旅游服务意识和技能水平,引导、激发村民参与旅游开发的热情。

4.体验升级:乡村舞台化,体验本真化

乡村酒店模式从其出现之日就带着浓重的舞台化色彩,以村落整体作为酒店基础,构建一台民风浓郁的实景演出。村民是演员也是观众,用自然的本真生活演绎村庄的美好,并将这种美好传递给游客;游客也不是传统的住客,通过与村民的不断互动,获得独特的乡村酒店体验。因此,乡村酒店模式的体验功能要求村民具备较高的旅游参与积极性,要求乡村特色在酒店管理下实现最大化彰显,要求产品体系不再以住宿为主,而是尽可能丰富化,将乡村娱乐休闲体验融入产品开发,将地域文化中最本真的部分进行还原、升华。

5.文化升级:提炼乡村文化特质,打造乡村休闲空间

乡村酒店模式的最大魅力,是乡村文化的融入。乡村文化是村落的灵魂,是乡村酒店模式的"招牌菜"。游客与村落的深层互动,主要是参与最具地域文化特性的民俗活动。乡村的民俗体验活动,可以极大地提升乡村酒店的旅游吸引力。

6.宣传升级:新媒体营销,全网络覆盖

乡村酒店要积极引入新媒体手段,开展新媒体营销,实现事半功倍的宣传效果。要积极搭建乡村旅游网络营销平台,建设镇级旅游网站、村级旅游网站,以及乡村旅游官方微信。全村要实现Wi-Fi全覆盖,为旅游宣传、实时互动提供良好的设施条件。

7.联动升级:联动周边景区,资源共享

乡村酒店模式与周边景区的联动,具体体现在四个方面,即时空联系、景观联系、功能联系和品牌联系,实现乡村酒店和景区间的游客、资源、品牌的共享。在时空上,建立村落与景区间的交通路线,使景区游客可以便捷地到达"酒

店型"村落，无形中扩大了潜在客源；在景观上，村落的景观营造和建筑风格与景区景观相协调，并将乡村文化、建筑元素融入沿途景观的打造中，实现乡村与景区的景观联系；在功能上，将乡村酒店定位为周边景区的旅游接待服务场所，主要承担住宿、餐饮功能，通过对景区功能的补充实现联动；在品牌上，积极利用周边景区的成熟品牌，进行旅游线路等的捆绑营销，实现景区品牌对乡村酒店的带动作用。

乡村酒店模式与传统单体酒店的对比如表4-1所示。

表4-1 乡村酒店模式与传统单体酒店的对比

空间	乡村酒店模式	传统单体酒店
乡村内部	民俗户	酒店客房
	合作社/服务中心	酒店前台
	村中道路	酒店走廊
	民俗户主人	直接服务人员
	其他村民	间接服务人员
	民俗文化	酒店主题特色
乡村外部	景区	酒店外延空间

（三）模式借鉴：密云司马台新村

司马台新村的前身是司马台村，因靠近司马台长城景区，该村是北京城郊民俗旅游发展较早、较成熟的村落之一。2011年，古北水镇项目选址落户司马台村，为推动项目建设落地，对司马台村实施整体搬迁计划，遂启动了司马台新村建设。新村落成之后，即明确了践行北京市"一个民俗村就是一个乡村酒店"的发展理念，由司马台民俗旅游合作社实行统一管理、统一培训、统一定价，并统一门头牌匾及床上用品配送洗涤。合作社下设民俗旅游接待中心，负责村落内的客源分配和统一结算。司马台新村由此变身为一个村民参与的乡村酒店，主要为古北水镇到访游客提供有品质保障的农家食宿接待服务，并与水镇内的高端食宿设施形成互补，成为古北水镇的大众游客配套接待区。目前，司马台新村共有215个民俗户通过县镇村联合验收，可提供房间645间、床位933张。

二、个性化的文化民宿模式

（一）模式解读

1.核心理念

基于村落文脉与古民居群落整体保护，通过开发利用传统文化，打造有故事的乡村民宿群落和精致的乡村文化休闲体系，创造传统与时尚碰撞的精致乡村生活方式。一个乡村就是一个乡土文化博物馆，一个民宿讲述一个乡村历史故事。

2.村落特征

（1）厚重的文化基底

村落历史厚重，文化特色突出，尤其以传统古村落为典型代表。文化是历史乡村的核心灵魂，承载着乡村的历史记忆和地域特色，是村落独一无二的旅游资源。文化类型包括环境文化、祠堂文化、屋宇文化、民俗文化等，反映一个地域乃至一个民族独特的文化风度、精神气质和心灵历史。

（2）相对完好的民居院落

村落传统肌理尚存，环境自然质朴，并保存一定数量的具有历史感的传统民居院落。这是打造文化民宿的基本载体，是开展乡村文化度假的基本条件。

（3）丰富的历史遗存

村域内拥有较为丰富的历史文化遗存，如名宅大院、寺庙宗祠等。以这些有形的文化资源作为支撑，便于乡村开发多种历史文化体验产品，提升村落的观赏性和体验性。

3.模式要点

（1）保持平衡：村落保护与旅游开发

历史村落的主要旅游资源为无形的历史文化和有形的遗址遗迹，均具有易损性，需要在保护的基础上进行开发。保护的目的是延续村落文化，开发的目的是传承和弘扬村落文化。把握开发的力度，在保护与利用之间保持动态的平衡，实现村落文化保护和传承，是这个模式的首要特征。

(2)新旧融合：新型产品与原始村落

文化民宿村落的开发不仅涉及老宅院落的重新开发利用，还涉及与村落的和谐共生，包括文化的一致性、建筑的和谐性以及环境的融合性。文化民宿必须是深植于文化乡村基础之上的新型产品，才能实现对村落文化的传承和弘扬。

(3)个性展现：民宿个性与品质开发

文化民宿模式重点强调个性和品质，展现后乡村旅游时代的产品特点。只有在民宿的氛围营造、装修风格、物品摆设、色彩搭配、景观小品、相关配套等方面淋漓尽致地展现文化特色，才能彰显文化民宿的活力，使文化民宿在乡村旅游的升级发展中脱颖而出。

(4)利益协调：旅游收益与居民利益

文化民宿模式的最终目标，是要实现文化传承发展与农民生活改善的双赢，而这两者是互惠互利的关系。因此，文化民宿模式要确保村民在村落旅游发展中获得切实利益，确保开发利用成果惠及全体村民。这里的利益不仅仅是指经济效益，更多的是原住民生产生活条件的改善、居住环境的提升、民俗文化的保留等。另外，文化民宿开发所依托的住宅隶属于原住民私人所有，所以开发的过程中，还要重视对原住民私人资源的保护。

（二）模式推动力

1.新常态下文化旅游市场机遇

近年来，中国经济发展进入"新常态"，同时，旅游业本身也进入了某种发展的"新常态"。简单规模增长时代已经过去，大众旅游渐趋成熟，市场竞争日益激烈，创新发展、跨界发展、融合发展成为常态。旅游与文化的融合发展也展现出前所未有的活跃状态。古村古镇、历史文化街区等文化创意休闲产业集群（主题休闲设施、文化客栈、精品酒店等）的特色文化底蕴和商业文化环境带来独特韵味，并且迸发出了社会大众创新和经营创业的热情，很多个人投资者和多元文化主体参与其中。个性化的文化民宿乡村旅游发展模式正是在这样一个市场机遇下产生的，随着旅游新常态的发展，文化民宿型的古村落将大幅度升级发展。

模块四 乡村旅游经营管理

2.古村落保护与开发的诉求

古村落的保护与开发一直是专家学者关注的焦点。合理的开发其实是对村落最好的保护。保护古村落的目的,是为了延续村落的独特价值;而开发的目的,是为了传承和弘扬历史村落的核心文化。古村落这种既需要保护又需要通过开发凸显价值的核心诉求,催生了古村落的旅游开发建设,而个性化的文化民宿模式正是其中重要的一种开发形式。

(三)模式构建

1."存活"村落:资源保护升级

(1)明确保护范围,确立开发等级

构建个性化的文化民宿模式,要确保历史村落的"存活"。首先要对乡村历史文化遗产进行梳理,将文化与其依存的环境进行"整体打包"保护,确保文化与遗址遗迹不再遭到破坏,避免传统村落成为"文化空壳"。其次是建立传统村落档案,对村落内文化遗存进行系统普查。档案的内容包括确立村落的景观控制点,记录村落的整体风貌、传统建筑,甚至细化到遗留下来的古井、磨盘、古树景观以及非物质文化遗产等,并明确各个遗产的开发等级。

(2)加强"活态"保护,保留本真文化

"存活"村落,"人"的功能不容忽视。"人"才是文化的主体,尤其是原住民展示出来的文化才是活态的,才是最有魅力的。因此,在文化民宿开发过程中,要保护当地村民生产生活文化、习俗,以展现村落本真的历史文化。首先,保证原住民继续生活在民居内,保持原有的生产生活习惯不被破坏;其次,挖掘村落传统手工艺的传承人,建立保护传承机制,确保活态传承;第三,对于村落的特色习俗、节庆等进行活态保护,组建固定的表演团队,并鼓励村民之间的传承。

2."盘活"村落:产品打造升级

(1)营造:主题文化氛围

主题文化氛围是文化民宿的基底,展现村落整体的文化格调。首先,应提炼村落的主题文化元素,从遗址遗迹、服饰图案、语言文字、民俗活动等多方面,提炼代表性的元素或图案。其次,将这些元素或图案注入村落的公共景观设计、体验活动开发、建筑风貌控制中,营造村落浓厚的文化氛围。在景观营造上注重还原村落的本真景观,力求与环境和文化融为一体;在活动营造上注重展现和诠释村落特色文化,提升游客文化体验;在建筑风貌营造上注重对原有宅院的充分利用,以及新建筑与原有建筑风貌和文化环境的协调统一。

(2)活化:村落特色文化

文化活化是实现和传承村落特色文化价值的重要手段。文化民宿村落可以通过对村落特色文化的艺术活化、创意活化、体验活化等方式实现文化活化。

①艺术活化。村落本身就是一件很好的艺术品,文化民宿村落可在充分依托村落特色文化的基础上,开发艺术主题民宿、村落文化艺术展览、文化艺术工作室等项目,从而实现原本古朴传统的村落特色文化与时尚艺术文化的碰撞。

②创意活化。传统的古村落不仅要保护开发特色文化,更需要对传统的文化进行创意化的开发。如可通过创意建筑、创意景观、创意节庆等的打造,以及会馆、创意主题展馆、创意娱乐项目等的开发进行文化创意活化。

③体验活化。文化的活化方式不仅有单纯的静态展示展览,更重要的是动态的、能够参与体验的开发模式,乡村文化只有通过游客体验才会形成更多的价值。因此,文化民宿型村落可以深度挖掘文化内涵,开发独一无二的民俗文化活动、特色文化体验馆等项目。

(3)开发:个性成就精品

民宿要做成精品,一个强大的推动力来自民宿主人。后乡村游时代,按部就班的标准化旅游已经不能满足游客的要求。当民宿成为业主自己理想化居住生活的载体,显示出业主的个人特征和审美,就能真正吸引志同道合的游客。因此,业主自身的爱好、审美等均会在民宿的设计开发中得以展现,进而呈现出参差多态、极具个性化的民宿产品,这就是有故事的乡村民宿群落。而民宿的业主可以是艺术家、艺术爱好者,可以是文化创意工作者,可以是原住民,也可以是向往乡村生活、重返乡村的普通大众。

(4) 植入：多元创意业态

为了增强村落的可游性和体验性，应选取村落中的历史文化遗存，充分利用村落特色的民俗文化，植入休闲、娱乐、餐饮、购物等业态，打造如文化集市、博物馆、民俗餐厅等精致的乡村文化休闲产品体系和文化游赏体系，作为文化民宿的配套产品，增强游客的体验性。

3. "营活"村落：运营管理升级

（1）资本筹集

①政府鼓励扶持资金。政府对村落原住民保护和开发文化民宿的行为进行奖励或补贴，以鼓励更多的原住民积极投入到文化民宿的开发建设中。如浙江省丽水市松阳县为了鼓励居民创业开办民宿，对村落传统民居的改造进行一次性补贴，按舒适休闲型、简约休闲型和家庭自住型三种类型区分，以建筑面积每平方米分别补助180元、120元和80元进行补贴。另外，对于外来投资企业，政府可提供一定的资金奖励，以提升外来企业进入村落开发的积极性，从而引导构建一个健康、全面、服务性更好的古村落，最终实现乡村文化价值的最大化。

②个人自筹资金。村落原住民利用自用住宅空闲房间，或者外来人员通过某种方式取得村落闲置房屋的使用权，自己进行创业，结合当地人文、自然景观和生态、环境资源，以家庭副业方式经营，向游客提供乡野生活的住所。这种资本筹集方式的原住民对当地文化有充分的了解，拥有现成的可利用资源，从而能够更加有针对性地进行民宿改造和开发。

③企业注入资金。政府可通过出台相应的鼓励和引导措施，引进旅游投资开发公司投资建设村落，同时要避免旅游开发公司对村落的破坏性开发，确保在保护的基础上进行开发。这种资本筹集形式能够保证村落的保护和开发拥有足够的资金，加之旅游开发公司专业的开发建设，使村落能够顺利地进行活化开发。

（2）示范经营

一方面，通过政府相关的鼓励措施，引导资源条件较好、具有创业经营意向的原住民对自家古宅院进行保护性开发，建设极具创意的个性化文化民宿，以生活条件改善等经济效益带动其他原住民积极投入到文化民宿的开发建设中来，最终形成个性化的文化民宿群落，共同推动村落的发展。另一方面，对于村落中部分历史价值较高的院落，可通过相关优惠鼓励政策，引进外来艺术家、文艺青年等时尚精英对院落进行创意开发和经营，打造具有带动和示范效应的民宿标杆，进而带动本地居民积极参与民宿开发。

4. "激活"村落：模式效益升级

（1）推动村落保护与文化传承

文化民宿模式以资源与文化的保护为前提，促进村落文化遗存的系统普查，建立村落传统文化档案，明确村落的保护范围与文化遗产开发等级，保留和维护村落本真的生产生活形态，从根本上推动村落建筑、景观等的保护，挖掘与弘扬历史文化，有效推动了村落保护和文化传承。

（2）发挥村落资源与文化价值

文化民宿模式使得村落的资源与文化价值得到充分发挥和展现。个性化文化民宿的开发，以深入挖掘村落资源和文化内涵为基础，通过文化民宿群落、休闲体验项目的开发，对资源进行二次利用和活化。因此，村落的资源和文化价值会被更多的游客所熟悉，并给游客提供更多的体验，进而实现村落资源和文化价值的最大化。

（3）改善原住民生产生活条件

一方面，文化民宿在开发建设过程中，涉及历史文化遗存保护、古宅院落修复、村落公共基础设施升级建设及政府对居民的政策补贴等，都会大大提升原住民的生活环境和生活条件。另一方面，文化民宿的开发建设，也为村民提供了更多的增收途径。村民可以出租房屋收取租金，可以利用旅游的发展契机自我创业，可以在村内打工赚取工资收入等，最终使得原住民的生活得到大幅改善。

（四）模式借鉴

1. 荻浦村

荻浦村位于浙江省桐庐县江南镇东部，与富阳交界，距离桐庐县城15公里，距杭州50公里，是桐庐县的"东大门"，位于"三江二湖一山"的黄金旅游线上。荻浦村历史悠久，距今已有900年，文化底蕴丰厚，有省级文物保护单位3处

（申屠氏宗祠、保庆堂和咸和堂）。2006年荻浦村被评为省级历史文化村镇，2007年与深澳、环溪、徐畈一并被列入第三批国家级历史文化名村。孝义文化、古戏曲文化、古造纸文化、古树文化为该村四大特色文化。作为千年古村，荻浦村有孝义文化代表清朝孝子申屠开，以及修复的孝子牌坊；有记载着多氏族演变历史的古松垅、范家井和申屠氏始祖墓址等古迹；拥有40幢保存完好、建造别致的庙庵、祠堂、民居等；还有工艺极为考究且对社会贡献极大的古造纸文化。更为难得的是，还保存有三座较完整的明代房屋建筑。

作为国家级历史文化名村，荻浦村以不离本土的传承方式，重点保护古村落文化本真性，创造了市场主导、文化驱动型村落开发的现代样本。荻浦村在围绕本土特色文化的基础上，开发了龙吟居、原乡客栈等多个乡土文化民宿，并充分利用村落资源进行创意开发，打造了独具特色的"牛栏咖啡"和"猪栏茶吧"等休闲产品。荻浦村一改传统农家乐式的做法，将文艺、小清新、小资这些属于城市人的品质带入乡村，从而形成特有的"乡土文艺范"，在符合现代年轻人审美情趣的同时，质朴却不失个性。游客在游览的同时又能够驻足停留，感受到"独特"与"新奇"。

2.林坑村

林坑村是浙江省永嘉县最北的一个小山村，村里有126户480多人。村内自然环境优美，富有江南特色的山地古民居依山势起伏错落有致、自然和谐，极具艺术价值。林坑村是一个历史悠久、底蕴深厚的山民聚居处，约700余年历史。古建筑是林坑村最大的看点。林坑村的古民居多为黛瓦、原始木构、竹篱抹泥粉墙或卵石筑墙，地面铺以灰色石块，色彩朴素、自然。各宅院之间毫无封闭之感，有别于我国各地民居多呈"对外封闭、对内敞开"的封闭式风格。

（1）开发特色

依托林坑村丰富的古建筑资源和悠久的历史文化，全村从2012年10月开始启动民宿试点，共计有40户投入试点，陆续建成了泰和堂、林韵山居、如意客栈、林仙阁、悦然居等多家民宿。民宿拥有外表古旧的建筑，但"内心"充满了现代感，而且呈现出一派复古、田园和小清新范。

（2）鼓励政策

永嘉县出台了《永嘉县旅游业发展扶持办法（试行）》，鼓励民宿发展。通过专业设计将老房子改建成外观古朴、内部舒适的各种民宿设施，能达到国际青年旅舍通常标准以上的，按每间房5000元到10000元的标准给予一次性补助。对按规划审批要求整体发展民宿村，在规定时间内完成改造的，按每户3万元至5万元标准补助给村集体，专项用于村内基础设施配套建设。

3.南屏村

南屏村位于安徽省黄山市黟县县城西南4公里处，始建于元、明年间，是一座有千年历史、规模宏大的古村落。至今村落内仍较好地保存着8幢古祠堂、36眼水井、72条古巷、300多幢明清古民居，古私塾、园林也比比皆是，是古徽州商贾文化、宗祠文化、民居文化、耕读文化的精华荟萃之地，已被列为全国重点文物保护单位、全国历史文化名村。

相比于被列入世界文化遗产的西递、宏村，南屏村游客相对较少，受到外来文化冲击相对较轻，加之古村环境清幽古雅，是文化寻访、古村休闲、度假的绝佳去处。近年来，依托古民宅，发展了众多各具特色的古村民宿，如南薰绣楼、冰凌阁、鹏介园、诒燕堂喜舍等，将古徽州的文化融入个性精致的民宿之中，形成了基于古民居保护的旅游新业态。

三、高端化的度假乡居模式

高端决定市场定位——非大众。高端度假旅游是相对于大众度假旅游而言的，其特点是设施健全、服务周到、花费较高。高端度假旅游首先应该具有一般度假旅游所能够提供的所有服务和功能，并在此基础上对相关的旅游服务设施提出更加苛刻的要求，以使度假旅游者能够享受到更为优质的服务。

高端度假旅游的消费人群收入较高且稳定，通常具有较高的社会地位和良好的教育背景。高端度假旅游具有需求个性化、产品多样化、品味贵族化、市场细分化等特点。

度假旅游是指利用假期较长时间离开常住地，以消遣娱乐、康体健身、休憩疗养、放松身心为主要目的，到某一特定目的地进行较少流动性的旅游消费活动，因此是非观光性的。相对于观光旅游而言，度假旅游是一种更高层次的旅游形式，更加强调安全、宁静、优美的环境，丰富多彩的娱乐生活，增进身心健康的游憩设施和高品质的服务。

乡居是生活在自然风光优美的乡村里，这里不仅有清新的空气、清澈的泉水，而且民风淳朴、乡土气息浓厚，在这里人们可以寻找自己一直追求的梦中家园。乡居的核心是乡愁情怀，"望得见山、望得见水、望得见乡愁"成为人们选择乡居的核心动力。

（一）模式解读

1.核心理念

一个乡村就是一个野奢度假综合体。通过乡村闲置农宅的整体改造与利用，将村落打造成为高品质的乡村旅游度假区，并塑造特色乡村度假品牌。

2.村落特征

（1）村落生态优良

与传统旅游不同，度假乡居模式对于乡村区位交通的要求较低，往往选择较为偏僻的村落。这种村落生态优良，环境幽静，最重要的是原生态的乡村味道浓郁。这种天然的、保存良好的乡土气息恰恰是度假乡居模式开发的重要载体。

（2）房屋空置率高

部分房屋空置是度假乡居模式开发的重要条件。闲置的农宅减少了项目前期的工作程度，容易进行资产流转，并易于对房屋进行改造升级。因此，度假乡居模式一般选取"空心村"或新村搬迁之后的废弃旧村，既避免了闲置资源的浪费，又使得偏僻无人居住的古村落焕发出新的生机。

（3）建筑风貌良好

度假乡居模式要求村落民居建筑多为传统老院落，风貌特色突出，由砖石或木头等乡土材质砌筑而成的建筑更能彰显乡村的质朴乡土气息，而且建筑外貌、结构等保存完整，具有较高的改造价值，便于构建与城市现代化建筑风格形成强烈反差的度假模式。

3.模式要点

（1）闲置农宅整体打造

将闲置农宅集中，进行整体打造。由村集体对村内空置民宅统一租赁回收，通过引入外来企业资本或自筹资金，进行整体改造，构建具有一定规模的度假区域。

（2）高端度假品牌塑造

对于闲置农宅的改造要求文化性、乡土性与品质感兼顾，追求外旧内新、外朴质内奢华的效果，塑造独立的度假品牌。

（3）村民参与营造

度假乡居模式根植于乡村生活，村民的参与必不可少。可通过探索村民房产、土地入股，或返聘村民为度假村（区）员工等多种方式，促进村民就地就业，激发村民参与乡村旅游的热情，实现村民的持续参与。

（二）模式推动力

1.城市返归乡村的旅游市场需求

城市的拥挤喧嚣、环境的不断恶化，使人们迫切渴望逃离人造空间，去丛林山谷、自然乡野。因此，偏僻原生态的乡村逐渐成为人们的出游热门之地，正是这种需求催生了乡居度假旅游产品的开发。

2.粗放式大众旅游向精致化小众旅游转变

小众旅游是区别于大众旅游的一种精品化的旅游模式，其需求日益增长，并让旅游发展方式、经营方式和服务方式均面临转型和创新。高端化的度假乡居模式主要针对小众旅游需求的多样化，创新和优化的旅游产品结构让观光旅游向休闲度假转型，为高端小众提供更具品质的旅游生活。

（三）模式构建

1.唤醒"沉睡"资源：闲置资产流转

闲置资产流转是度假乡居模式成功开发的首个关键因素，也是重要的资源获取途径。农村闲置资产流转，实质是一次城乡要素流动的改革，是推进美丽乡村建设和增强农村集体经济、增加农民收入的一个探索。在一些乡村中，农民拥有的土地、房屋等资产普遍闲置，财产权、收益权得不到有效体现，进而造成了农村产权资源错配或闲置浪费。乡村闲置资产流转能够唤醒"沉睡"的闲置资产，发挥资产价值，进而实现一定收益。

（1）资产流转的本质

闲置资产流转的本质是资产所有权不变，通过出租其使用权来实现闲置资产的价值。农民依然对所拥有的资产享有所有权，流转只是将其资产的使用权进行出租、出让等，资产的所有者会以租金、分红等方式获益。

（2）资产流转的关键

资产流转能否顺畅的关键要看承租方的务农效益，这是维持其对农民租金承诺的现实基础。在充分尊重农民意愿的条件下，提供足够的效益保障，才能够让农民自愿参与到资产的流转中来。

（3）资产流转的形式

资产流转可以采取多种流转形式，出租、出让、转包、入股等为资产流转的主要形式。

①出租是农户与承租方之间在一定期限内的资产使用权转移，农户自愿将全部或部分资产使用权出租给承租方，承租方给出租方固定的收益。出租的期限一般由双方协商确定，最长不超过承包合同的剩余期限。出租流转的步骤一般为村集体统一收购（收回）闲置资产；农户在获得一次性补偿后，自愿放弃土地、房屋等的使用权；承租人和村集体协商租赁价格、租期（一般是20年），并签订房屋租赁合同。

②入股即农户将全部或部分资产的使用权作价为股份，参与股份制或股份合作制经营，以入股的资产使用权作为分红依据，股红按经营效益的高低确定。该模式体现了旅游业"利益共享"的精神，在旅游开发的同时，兼顾村民的长远利益，使他们获得就业机会或从事经营工作，能够长期分享旅游收益。

③转包主要为闲置土地流转形式，即土地承包方将全部或部分承包地的使用权包给第三方，转包期限在不超过土地承包合同的剩余期限内由双方协商确定，转包方与发包方的原承包关系不变。

④出让主要为闲置土地流转形式，即取得一定量的土地补偿后放弃土地承包经营权剩余期限的形式。这部分被征用了土地的农民，在按有关规定获得资金补偿后，就将土地使用权交给发包方或当地政府，从而再转交给建设方，承包方对这部分土地的使用权即行终止。

2. 规范开发方式：整合开发，乡土与时尚结合

（1）开发主体

①村集体统一整合开发。村集体通过自筹资金的形式，将村里闲置的农宅流转过来，进行统一的整合开发。保留农宅外观，对内部进行装修改造，满足高端度假需求。如密云古北口北台乡居农宅专业合作社由村里12人发起成立，成员出资总额52.7万元，对村里闲置资产进行统一开发和经营管理。

②村集体与专业旅游公司共同开发。村集体通过引入外来资金的形式，与专业的旅游开发公司合作，对村里的闲置资产进行统一的整合开发。这种开发形式解决了资金的问题，并且开发建设相对专业，能够更好地把握市场需求，有针对性地开发产品。村集体可与专业旅游公司组成旅游合作社，通过合作社负责资源整合和统一开发。如密云"山里寒舍"由北京北庄旅游开发公司和村集体共同成立北庄镇干峪沟旅游合作社开发建设，合作社为合作开发单位（股东单位），负责资源整合、开发及提供配套服务。

（2）开发要点

①保留乡味，最大程度地展现乡村风貌。

A.建筑材质乡土化。度假乡居的改造讲求文化性、乡土性，外表古朴陈旧，与周围环境融为一体，不突兀，不张扬。改造过程中最大限度地使用当地材质，如石材、木料、稻草等，尽力呈现传统民居形态，营造浓郁的乡味建筑。

B.旅游体验乡土化。旅游体验虽是度假乡居的软性资源，却涉及深入内心的情感反馈。在旅游体验活动的开发中，要最大限度地利用村落中的乡土资源，如农田、果园、乡村家禽等小动物，以及生产生活工具、场景等，配套现代休闲理念，形成极具乡土性的乡村体验产品，提升游客的度假体验。

C.度假氛围乡土化。度假乡居以"乡味"为氛围基础，一方面展现乡村原生态景观，如古树、老井、山花、石磨、草屋、篱笆，营造出浓郁的乡土意境；另一方面，最大限度地保留乡村原有的生活状态和生活气息，将乡村居民的生产生活状态作为重要的无形资产，耕种的村民、喂家禽的农妇以及房前屋后休息的老人，都是乡村景观的重要组成部分。

②高端品质，最大程度地提供舒适奢华的体验。满足度假功能是度假乡居模式的重要特征，也是乡村旅游升级的重要表现。在追求乡土、质朴的同时，兼顾度假的品质与舒适。外旧内新、外质朴内奢华的反差组合，进一步营造出独特的度假体验。

3.专业管理方式：资产运营管理

（1）运营主体

①专业运营管理公司。在对闲置资产进行统一整理和开发的基础上，可以引进专业的酒店运营管理公司进行运营管理。这类公司对酒店有着专业的运营管理理念，可以有效地管理乡村酒店，以获取相应的收益。如"山里寒舍"专门引入了马来西亚雪邦黄金海岸酒店管理公司对其进行日常管理和运营。

②村集体统一运营管理。村集体可以通过合作社的形式，对度假乡居进行统一经营管理。由合作社统一进行结算、统一分配客源，在利益分配上以逐年递增的形式，为入社的合作社农户分配红利和租金，从而防止恶性竞争。

（2）运营要点

①全力塑造度假品牌。在运营管理过程中，应有意识地进行度假品牌培育和塑造，力求以具有特色的项目打造乡村旅游度假品牌，以完善的运营管理塑造品牌，并逐渐实现品牌延伸和品牌输出，在一定区域内进行品牌复制。

②充分调动农民积极性。一方面，让农民充分参与其中。优先考虑本地现有居民以及返乡居民就业，并积极组织农民培训，调动农民的积极性。项目开发充分利用乡村现有资源，在力求不改变居民生产生活方式的基础上，为农民带来收益。另一方面，让农民真正获得收益。从农民角度出发，制定能够满足农民利益的相关政策，进而激发农民参与旅游开发的热情。

4.三方效益共赢：乡村效益升级

（1）投资开发商：经济效益与品牌效益

投资开发商成功建设度假乡居，一方面可以获得应有的经济回报；另一方面，随着项目的投资、开发、运营管理及营销推广的系统化运作，度假乡居会形成自身的品牌，在一定的区域内逐渐形成品牌号召力，通过连锁运营模式获取更大的品牌效益。

（2）农民：最直接的受益者

在度假乡居模式中，农民是最直接的受益者。其收入来源主要分为三部分，即租金收入、分红收入及工资收入。

①租金收入。农民将闲置土地（宅地）、房屋等资产以租赁的形式流转，果园、农园等的经营权也可一并外包，然后每年收取租金。比如"山里寒舍"提供给农民每个宅院的年租金为6000元，每亩耕地年租金为1000元，每5年递增5%；果园等的租金每5年递增20%。

②分红收入。村民可通过房产、土地等方式入股，成为股东，每年不仅有固定的租金，年底还能按入股多少和项目的效益获取一定的分红。入股分红有助于村民的持续参与。

③工资收入。度假乡居模式的开发建设为当地居民提供了大量的就业机会，推动村民就地就业的进程。客房服务、安保巡逻、卫生保洁、农场耕作、果树管护等工作为村里的原住民和在外打工的农民提供了就业岗位，使他们成为挣工资的新型农民。

（3）乡村：推动乡村升级发展

在度假乡居模式的建设过程中，同时推进了乡村公共交通、供水供电、垃圾和污水处理、通信和劳动就业服务等体系的建设，推动乡村公共基础设施升级，使现代、文明的生活方式与农村田园牧歌式的传统生活方式得到有机融合，促进乡村的可持续发展。

（四）模式借鉴：密云"山里寒舍"的成功之路

1.有效的土地流转

在"山里寒舍"的带动下，干峪沟村成立了旅游专业合作社，着眼于干峪沟村独特的自然人文资源以及特殊的旅游市场需求，有效推动土地、房屋流转，在不改变所有权前提下，村民以房屋、果树、土地入社，化零为整，委托企业统一管理。利用这些废弃或闲置的宅基地（或集体土地），北庄旅游开发公司以50年租用、二套闲置房入股合作等形式，改造建设了几十套创意乡村民居及1万平方米公共配套功能设施，形成了"山里寒舍"创意乡村休闲度假区。

2.最乡土的资产升级开发

"山里寒舍"最大的特点就是具有乡村的原始生态特征，开发不破坏当地环境，保留了原有的古老建筑外貌。在开发建设过程中，最大限度地使用当地的石材和木料，最大限度地保护民居的原始状态。酒店房间在原有老房基础上改造装修而成，从外面看还是村民老宅，木门、木窗、椽子、石头院墙等都得到保留，而室内却别有洞天，糅合了中西设计，古朴而不失现代，五星级的客房及卫浴设施、中西餐厅、无线网络覆盖一应俱全。这一开发方式是最乡土的资产升级模式。

3.有力地调动农民积极性

（1）最大限度保障农民权利

北庄旅游开发公司与干峪沟村村民签署了一份为期20年的委托经营合同。20年之后，如果村民对现有的经营状况和收益表示满意，可通过召开村民代表大会的形式，优先续租给开发企业。开发若干年后，根据村民意愿，项目经营权及基础设施、房屋和土地使用权将一并交回他们手中，也可以继续委托开发企业经营。这种模式最大限度地保障了农民的土地所有权。

（2）最大程度确保农民收益

"山里寒山"为农民提供了租金、分红以及工资等多种收益形式，全村人均年收入达2万多元，在企业就业的社员年收入超过5万元。出租房屋、土地、果园等均可以获得租金，还可以入股合作社，按照经济效益和入股比例获取一定的分红。另外，北庄镇政府还监督企业优先安排社员就业，为农民提供土建维修、客房服务、安保巡逻、卫生保洁、农场耕作、果树管护等力所能及的工作岗位。"山里寒舍"还吸引了本地青年回流。现在"山里寒舍"的客房部主管、餐饮部主管、大客户经理，都是北庄镇土生土长的子弟。

项目三　乡村体验项目开发与经营管理

【项目导入】

乡村旅游不仅能欣赏山水风光，还能体验民风民俗，参与乡间劳作，购买民间工艺品，品尝农副产品等，并从中收获快乐。体验不是单纯的观赏，而含有参与的意思，泛指亲自看到、听到、经历，并在其中得到知识和技能。体验项目不只强调体验本身，还应该结合民宿、土特产品、餐饮、活动等来达到综合效果。体现地方特色的独特的体验项目可以使游客难以忘怀，吸引他们再次来旅游。

【学习目标】

知识目标：

- 了解乡村旅游体验项目开发的原则，明确开发的步骤；
- 熟悉乡村旅游体验项目开发的注意事项；
- 掌握乡村旅游休闲体验项目的类型。

能力目标：

- 能结合当地资源，开发有特色的乡村旅游体验项目。

【项目任务】

◆ 实地调研1～2处当地乡村旅游发展地，结合实际发展状况为当地开发2～3项有特色的乡村旅游体验项目。

模块四　乡村旅游经营管理

任务一　乡村旅游体验项目开发

一、乡村旅游体验项目开发的原则

（一）差异性

旅游体验项目的差异性越大，对游客的吸引力就越大，就越能满足游客体验的需求，体验的价值也就越大。这是乡村旅游经营者区分市场、提高市场竞争力的有效途径。目前，我国乡村旅游产品的同质竞争十分明显，重要原因就在于雷同的、浅层次的开发。大多乡村旅游地都没有经过科学的规划和项目的可行性论证，造成低水平重复投资现象，这导致旅游者在选择目的地时不怎么去考虑旅游的项目有哪些，只简单比较价格，因为大多数乡村旅游都差不多是一个模式，特别是城市周边的乡村。同质化的经营模式留不住游客的脚步，无法形成回头客，收入结构也比较简单。

（二）生态性

原生态是乡村旅游体验的基础和依托。乡村旅游的客源市场是城市居民，对于他们来说乡村淳朴的民风和原汁原味的乡土气息才是他们的精神家园。在发展乡村旅游时尤其要注意保护资源与环境，注重节约耕地、保持水土、绿化以及废弃物处理等。乡村旅游项目的开发，必须与乡村良好的生态环境相协调，保持乡村自然景观的原汁原味。

和其他人造旅游景点不同，乡村的格局、景观都是经过长时间的生活积淀而形成的，不应专门为发展旅游而刻意建造。例如，不应刻意对乡村进行游憩区域的划分，要保持原有的格局。乡村的建筑空间也要注意和环境空间相一致，一方面内部可以进行商业经营；另一方面，商业招牌要节制，商业内容可以通过地图、导游手册等展示。

（三）乡土性

感受乡村氛围是游客的主要目的，因此在资源的开发和利用上都应保留其本来面貌，体现乡村原生态风貌，包括造型、色彩等的布置设计，都应凸显乡村的乡土特色，使游客一进入景区就能感受到浓郁的乡村氛围。在乡村旅游体验项目的设计上，也要突出乡土性，凸显个性与特色。一方面，文化是旅游体验的灵魂，是激发旅游者深层感悟的核心驱动力。产品的质量可以通过科技的手段得以提升，而产品倘若缺失了文化内涵，就像一个人没有了性格，也就失去了魅力。所以只有具有文化性的体验设计才能真正赢得人心，创造难忘的旅游经历，激发旅游者重复性消费的动机和行为。另一方面，文化也需要通过体验来实现。旅游活动究其根本是文化性的经济产业，旅游消费是典型的文化消费。而积淀历史和人类智慧的文化是不能简单地通过舞台表演来呈现的，必须借助体验活动让旅游者真实感受。

（四）参与性

实现乡村旅游的体验性，关键是增加游客的参与度。旅游项目一定要让旅游者参与进去，才可以有效地延长旅游者的停留时间，从而增加旅游业的经济收入。旅游者通过五官的感觉系统，包括视觉、听觉、嗅觉、味觉和触觉实现体验。乡村应根据自身的实际情况及资源特点设计各类体验产品，如游戏竞技、运动健身、民俗表演、乡村劳作等。同时，还要注意当地村民的参与，让他们看到发展乡村旅游给他们带来的好处，最大限度地调动他们的主观能动性。

二、乡村旅游体验项目开发的步骤

（一）市场调查

1.资源普查

旅游开发的最基本素材是旅游资源，应通过详尽完备的资源普查，明确资源的特点、使用、开发情况。可供乡村旅游开发的资源包括乡村自然风光和人文景观，与农事相结合的一些参与性强的劳作活动，乡村民俗和风土人情等。乡村旅游资源决定了当地是否具备开发乡村旅游项目的条件，以及项目的规模和档次。由此可见，没有进行资源评价而进行的开发是不会具备竞争力的。

2.调研体验需求

体验设计以旅游者的异质需求为出发点，研究目标游客的心理需求和旅游期望，分析旅游者在体验过程中可能发生的行为，才能设计符合其需求的产品和服务。设计时要全面分析和研究目标游客的喜好、收入、消费行为等因素，因为它们会不同程度地影响乡村旅游体验产品的设计和价格定位。应注重与游客之间的沟通，发掘他们内心的渴望，站在游客体验的角度审视自己的产品和服务，使游客的心理需求得到充分满足。

（二）确定乡村旅游体验主题

确定明确的主题是设计体验项目的第一步，也是决定其成败的关键一步。确定有吸引力的主题，能使旅游者的感受更直接。如果主题不明确，就好像找不到文章的中心思想一样。产品项目没有主题，旅游者找不到其核心意义，就会使体验很难在他们心中留下深刻记忆。乡村旅游主题的确定应根据主导客源市场的需求，以当地的历史、文化和自然环境为基础，突出乡村特色，避免与周边邻近地区项目雷同，提升旅游体验产品的附加值，以有利于旅游品牌的塑造和传播。

（三）构筑体验平台

按照设计的体验主题，从乡村的大环境到具体的服务氛围，从景物、建筑、设施设备、服务用品和旅游纪念品的外观形式，到食、住、行、游、购、娱等各环节的项目内容，可以用一条清晰明确的主线贯穿起来，全方位地构筑景区体验平台，展示一种文化、一种情调，使游客通过视觉、听觉、嗅觉、味觉和触觉多层面、多角度地获得整体的美好感受，形成难以忘怀的记忆。

1.策划体验旅游活动

根据主题设计"剧情"，策划体验活动使游客获得体验。活动设计的成功与否直接影响到旅游地吸引力的强弱。乡村旅游体验项目设计过程中要注意与游客的情感交流。情感需求的满足能使旅游者获得最深刻的旅游体验经历。要结合资源特点，设计有特色的项目，既要体现本地的文化内涵，还要体现乡村旅游的健康、和谐。同时随着市场需求的变化，乡村旅游体验项目也要随之变化，不断地推陈出新。

2.营造体验氛围

体验氛围需要外围环境的营造和内部人员的衬托，和谐的氛围可以增强旅游者的旅游体验满意度，给他们留下难以忘怀的记忆。乡村旅游体验场景和氛围，是旅游者进入乡村后首先感知到的。体验氛围的营造离不开人员、服务、设施、场景、互动过程等五个构成要素。在营造乡村体验氛围时，应充分利用现有资源搭建场景，如田地、民房、村屋、自然植被等，为旅游者提供一个尽情体验的舞台。根据主题设计体验产品、搭建体验场景、营造体验氛围，例如乡村劳作、乡村饮食、村民娱乐休闲、村民居住环境等场景。在旅游设施方面，包括餐厅、旅舍、交通及标识的设计都要体现浓郁的乡土味道。在旅游服务方面，服务人员的语言、着装也要与场景相一致。不同的旅游产品在细节上要力求真实，同时当地居民参与其中，保证整个场景生动、真实，使旅游者通过旅游活动感受他人的精神世界，从而获得难忘的旅游体验。

3.强化体验记忆

充分利用旅游纪念品强化游客体验。旅游纪念品扮演的是体验标志物的角色，它是旅游者完整体验的一个不可或缺的部分，是一次旅游体验结束的标志性产品，是对愉悦的旅游经历的纪念，是引发游客回忆的重要线索，起到强化旅游体验的作用。旅游纪念品的设计要注重和体验主题相一致，应当通过别致的、差异化的设计，强化体验主题。旅游纪念品的设计元素应当取材于当地的旅游资源，其表现符号应当体现当地的历史文化。

（四）确定体验角色和表演内容

旅游者是旅游活动的基本要素，是旅游的主体，是体验式旅游产品的参与者和体验者。旅游经营者、导游和当地居民要积极参与到体验活动中，扮演各种角色，很好地引导游客逐步完成情节中所设置的各个体验环节。

1.游客

针对不同游客的特征，角色设计应以生活实际为出发点，调动游客的积极性，营造浓厚的体验气氛，使游客能对所体验的项目产生新奇感，从而吸引游客的注意力，并激发其想象力。如一些亲子体验项目，可以根据生活实际，让孩子和父母互换角色表演，用换位思考的方法体验对方的"良苦用心"。

2.旅游从业人员

对旅游从业人员而言，应加强表演意识，提升服务质量。要加大对体验式乡村旅游从业人员的培训，提升他们的业务素质，让旅游从业服务人员的表演惟妙惟肖、活灵活现，提高游客满意度。

旅游从业人员包括旅游经营者、当地居民等，要把关心游客、尊重游客作为出发点。旅游者与当地居民在体验活动中友好相处、团结合作。例如在体验农活时，当地居民可以示范挖地方式、介绍插秧方法、布置施肥时间等，这样游客就心中有数，少走弯路。在采摘野菜时，当地居民可以教游客辨识可食野菜的品种，这样就可以避免误食杂草。

（五）控制体验过程，评估体验效果

体验过程控制的有效性直接影响到体验的效果，影响游客体验感知和满意度。乡村旅游景区各部门之间要保持高度的整体协调性，去除任何削弱、分散主题的环节，以保持体验的一致性和整体性。旅游体验的效果则取决于各种旅游体验感受与期望之间的差距，尤其是要重点分析顾客期望高于体验感知的情况，及时寻求改善路径，使之成为调整体验项目的重点。由于体验过程的多样性，应该及时监控旅游体验过程，了解旅游者体验后的评价，不断改进旅游体验的效果，适应旅游体验的需求。

三、乡村旅游体验项目开发的注意事项

（一）最大限度体现地方特色

因产大米而有名的地方，可以搞插秧、秋收等项目；而产玉的地方可以开发参观玉器制作现场等项目。只有在该地区才能体会到的差别化的项目是策划的关键。

（二）了解游客的体验动机和需求

游客的体验动机一般是亲近自然、探险、追求变化和惊喜等。城市居民一般向往与自己日常生活不同的环境，乡村体验的意义正在于满足城市居民的这种需求。虽然不熟悉农活，但通过短时间的体验可以学到一点农活。所以，策划体验项目时应注意消费者的需求。

（三）体验应以保护自然为前提

在很多地方搞挖野菜、钓鱼等项目，有可能破坏当地的生态体系。应该以说明动植物的特点和生长环境等作为项目内容。

（四）体验内容的多样化

针对不同的年龄、知识水平或经历的游客设计不同的体验项目。多样化的体验项目不仅符合各类游客的不同需求，也丰富了乡村旅游的内容。

任务二　乡村旅游休闲体验项目类型

旅游项目是一个较为宏观的概念，它以旅游活动为主线、以旅游产品为核心、以旅游资源为依托，进而构成一个综合的工程体系。对于乡村旅游而言，休闲体验式旅游项目的开发，必须要在综合挖掘当地旅游资源的基础上设计出具有吸引力的旅游产品，并辅之以参与性极强的旅游活动，才能够形成具有持续发展效益的旅游项目体系。结合乡村旅游特点和发展现状，乡村旅游休闲体验项目主要有六大类型，即农事项目、节事项目、传统项目、休闲项目、拓展项目和新型项目（表4-2）。

表4-2　乡村旅游休闲体验项目类型

旅游项目	旅游资源	旅游产品	旅游活动
农事项目	农业资源	农事体验产品	如播种、施肥、耕种、嫁接、插花、灌溉、采摘、收割、挤奶、酿酒等
节事项目	传统节日	节事体验产品	如瓜果节、蔬菜节、美食节、各类知识竞赛、动物运动会、传统节日庆典等
传统项目	民风民俗	民俗体验产品	如剪纸、放纸鸢、放牧、打糍粑、推磨、摊煎饼、烙饼、置腊货、晒菜干、野炊、民俗嘉年华等
休闲项目	自然资源	休闲体验产品	如垂钓、捕鱼、捉泥鳅、挖野菜、划船、烧烤、露营、土灶烧饭、童趣游戏（铁环、弹珠）等
拓展项目	土地资源	拓展体验产品	如乡村自行车赛、水上运动、草丛CS实战、拎水桶、过独木桥、砍木桩、挖土坑等
新型项目	土地资源	新型体验产品	如田园氧吧、乡村瑜伽、农家厨艺比拼、亲子俱乐部等

模块四　乡村旅游经营管理

在上述六大体验项目中，有一些项目可以单独进行开发，有一些应进行组合性开发，这样能够充分发挥项目的整体效益。如将节事项目与拓展项目进行组合，将节事项目与新型项目进行结合等。单个的旅游体验活动也可以进行组合，如将水上运动项目与动物运动会结合起来可以开发出新的旅游体验项目；将新的比赛规则纳入童趣游戏，进而引入新的拓展元素，可以发展成为全新的儿童拓展类项目。此外，在项目体系设计与组合的基础上，应该充分考虑项目开发的顺序，做出有主有次、有先有后、有大有小的合理安排与布局，以保证旅游体验项目能够有序开发。

【知识链接】

休闲农场经营秘诀

对于很多休闲农场来说都面临着同样的困惑：人来了却留不住，好不容易留住了人却留不住心。在个性化消费日趋明显的时代，不少去过休闲农庄的人也都会发出一种感叹：去过农庄千千万，没有几个值得玩。那么对于那些做得好的农庄，其秘诀到底是什么？以创新的思维，融创意元素与多元手法，打造满足人们追随乡野生态风情、深度体验需求的农庄，是在这场没有硝烟的战场上制胜的法宝。创新没有模式，没有边界。符合潮流所趋，迎合顾客所喜，才是休闲农庄具有持久魅力的根本。那么怎样才能达到这种境界呢？

秘诀一：整合一切可利用资源

农庄的布局，既包括内部功能区划和景观设计，也包括在整个区域中的选址和互动性。提前布局，整合周边有利资源，形成互动互助区域，构建包括生产、加工、营销、景观设计、配套设施建设等的产业链。

如台湾的桃米村本是一个地震废墟，该村利用本土蕴藏的丰富生态资源，将23种不同形态的青蛙和56种色彩斑斓的蜻蜓作为特色，依据两种小动物设计出各种可爱的卡通形象，遍布乡村醒目位置。同时鼓励村民用纸、布、石头等乡村材料制成手工艺品，很快成为畅销旅游商品，也使整个村子成为远近闻名的昆虫生态文化体验休闲区，每年都有大量游客前往体验和观光。

在农庄的内部布局上以人为本，尤其是景观设计和游憩设施，要充分考虑游客的感受和舒适性，尽量做到移步换景，不走回头路，累了有地方可以暂时休息。如游憩设施要尽量就地取材，在形式上进行创意设计，或石凳、或竹椅、或木条横座等，各种材料和形态都可以利用。

秘诀二：我的地盘我做主

很多农场总想一揽子包完，什么都想做，而没有自己特色鲜明的产品，难以在客户心目中留下深刻的印象。台湾在这方面就做得比较好，很多农庄一看名字，就知道其主题和特色。

如"飞牛牧场"以奶牛为主题，可体验牧场生活；"薰之园"以香草为主题，可感受浪漫温馨的场景；"花开了农场"则以珍稀花草苗木为主题，可畅游由奇花异草编织的梦幻仙境。而休闲农庄的个性往往与农庄经营者的风格、追求和修为有关，在建设与经营过程中，他们会将农庄视为自己的艺术作品，不断融合自己的个性化创意，精雕细琢，务求精益求精。游客可以明显感受庄主的艺术风格和个性追求，这是别人怎么学也学不来的东西。

秘诀三：就是要重度垂直经营

休闲农庄的基础是农业种养殖产业，这也是农庄能够持续经营下去的根本。无农不强，无旅难富。开发多元化的新、奇、特农产品是农庄经营的核心竞争力。如台湾很多农庄都根据种植的产品开发了深度产品，这些产品一般是市面上和其他农庄购买不到的，从

模块四 乡村旅游经营管理

而成为自己的秘密武器。

休闲农庄很容易陷入假日经济的泥潭，产品的精深加工显得尤为重要。要将生鲜产品向干货制作及功能饮品、美容保健品、旅游商品开发等方向发展，延长产业链，同时解决淡季无事可做的问题，提高经营效益。

如南投县信义乡农会依托本地的梅子特产，设计出几十种特色产品，并辅以创意设计包装，成为当地最具特色的农特产品和最受欢迎的旅游商品。九品莲花生态教育园区则将各类产品进行深加工处理，开发了丰富的产品系列，从雪糕、鲜果饮料、果粒制品、干制果品到护肤品等一应俱全，琳琅满目，能满足顾客不同的需求。

秘诀四：眼球创意风暴仍然畅行

有创意的产品，才具有恒久的生命力，能带给游客以心灵的共鸣和别样的感受，强化游客的黏性。无论是产品、包装，还是景观小品，都要有创意的思维，可适当结合时尚元素，让游客有耳目一新、眼前一亮的感觉。

例如法国卢瓦河谷附近的维朗德里城堡，其最著名、最有气势的景观就是蔬菜花园。堡主颠覆传统花园只种花的思想，以蔬菜为主题，通过各种搭配、排列，设计出充满别样法式风情和气质的个性蔬菜花园，既可采食，又赏心悦目。

时尚元素很切合年轻人的胃口。蓝调庄园在设计产品时，将时尚、休闲要素融入其中，通过求婚、求爱等动态的新奇体验，打造"爱的艺术"大地景观，设计时尚的休闲方式。如为年轻团体或情侣提供露营、户外休闲娱乐、健身、特色餐饮等服务，营造出一个颇具浪漫情调的"爱的伊甸园"，吸引了大量的年轻人和情侣。

项目的设置要加强互动环节，引导游客深入体验，从中获得知识、技能或者新鲜的经历。例如在休闲牧场，游客不仅可以观察动物的习性，还可以亲自喂养动物，感受人与动物的和谐共处。也可以参与体验喂奶牛、挤牛奶、喝生奶的全过程，感受牧场农家的生活，并学习到一些动物饲养知识、挤奶的手法等，从而留下一段难忘的经历。

秘诀五：营销时尚化，服务人性化

休闲农庄的营销要有创新的理念，不仅是卖产品，更是卖体验、卖服务。体验做得好，服务质量高，营销的事也就水到渠成。我们可以通过事件、体验、节庆活动、社区直销、网络销售等营销手段，拓展营销渠道和空间。

如在水果采摘季开展体验活动，让游客自采自摘，使游客乐享收获的喜悦，还能节约人工采摘成本。开展"打造会说话的苹果"特色劳动体验活动，让小朋友和家长进行亲子互动，用各种印有吉祥语、京剧脸谱图案、卡通人物等的图案贴纸，给刚摘下的苹果贴上自己喜欢的标签，在不知不觉间达到了销售的目的。

充分利用现代媒体和自媒体创新营销方式。比如利用名人微博、微信向顾客推送产品、活动等信息；利用电子商务平台、网络平台等推广产品；拍摄微电影，将关于农庄及游客的有趣的人、事表现出来，引起大众的关注。

2014年，潘石屹在微博上为家乡甘肃天水叫卖苹果，于是"潘苹果"走俏了市场；2015年，山东汉子张杰用百度直达号将阿克苏苹果卖了个热火朝天，价格每公斤高达6.5元，并且卖出了一单500吨价值325万元的历史记录。同样是一只苹果，怎么就这样不同呢？这就是全新营销模式的魔力。

如今，许多休闲农庄仍在同质化竞争中浴血奋战，困象丛生，想要找寻一条突围之路。其实，经营者只要勇于创新，从深度入手，精心创意，就一定能够找准发力点，实现由量变到质变的升华，在绝境中逢生。

模块五

乡村旅游商品开发

乡/村/旅/游/开/发/与/经/营/管/理/

学习目标

通过本模块的学习，熟悉乡村旅游商品开发的内涵及商品开发的资源，掌握乡村旅游商品开发的类型、流程及对策，会进行乡村旅游商品包装设计及销售。

【导言】

乡村旅游商品是指伴随乡村旅游而产生的、供消费者购买、具有乡村特色的商品。乡村旅游商品是对乡村特色产物、地域文化等高度浓缩后的产品。开发乡村旅游商品对于乡村农业、手工业的发展有重要的影响，有利于对地域文化进行开发和保护，并对地域文化的传承有着深远的影响。

模块五　乡村旅游商品开发

项目一　乡村旅游商品概述

【项目引入】

我国是一个以农业为主的多民族国家，各地不尽相同的风土人情、传统工艺和特色产品，为乡村旅游商品的开发提供了得天独厚的条件。开发乡村旅游商品不仅能为经营者和当地居民带来收益，而且能提高乡村旅游区的知名度。目前，可供开发乡村旅游商品的资源有很多，从乡村物产、自然环境、生产劳动、生活起居、社会文化、民风民俗，甚至人物故事中都可以挖掘出开发乡村旅游商品的原材料。

【学习目标】

知识目标：

- 掌握乡村旅游商品的特色；
- 熟悉乡村旅游商品开发的资源。

能力目标：

- 能够挖掘、整理和开发当地乡村旅游商品资源。

【项目任务】

◆　实地考察或通过互联网了解当地乡村旅游发展区，搜集、整理当地乡村旅游商品开发的资源类型。

任务一　乡村旅游商品的内涵与特色

一、乡村旅游商品的内涵

旅游商品是旅游业经营的供游客在旅行期间购买的各种商品，指供给者为满足旅游者需求以交换为目的而提供的具有使用价值和价值的有形和无形商品（服务）的总和。一件精美的旅游商品能激发旅游者美好的回忆，显示旅游者的生活经历，可使旅游者长期保存或乐于赠送亲友，乐于向周围人群介绍。旅游商品是传播旅游地形象的一个很好的渠道，有助于扩大旅游地的知名度。

开发乡村旅游商品，推动产品生产与销售，满足旅游者购物需要，关系着乡村旅游业的全面发展。

二、乡村旅游商品的特色

只有牢牢把握旅游商品的特色，才能开发出具有市场前景的乡村旅游商品。乡村旅游商品具有如下特色。

（一）乡村特色

乡村旅游商品应尽量体现乡村的独特性，这主要表现在绿色环保、传统工艺、手工制作、民间原始特征等方面。乡村旅游商品正是通过这些特征来表达乡村的特质。

（二）地方特色

体现地方性是旅游者购买商品的重要着眼点。当同类商品到处可以买到，在种类、质量上差别不大或者区分意义不明显时，旅游者购物的主要动力是商品的地域符号内涵。可见突出商品的地方特色是十分重要的。

（三）传统民俗文化特色

旅游者总想购买一些富有传统民俗文化特色和民族文化特征的商品作为纪念，如云南纳西族带有东巴文的T恤衫或手工艺品、贵州安顺苗族的蜡染等民族特色鲜明的商品，都会成为旅游者选择的对象，因为其中蕴含了浓郁的民族文化内涵。

模块五　乡村旅游商品开发

（四）时代特色

在乡村旅游商品设计开发中既要继承传统又要顺应时代变革，从旅游者消费习惯、商品生产工艺、内容主题、使用材料等角度出发进行创新，赋予乡村旅游商品以时代内涵。如一些传统工艺品主题的转变、工艺技术的改进与批量生产开发等，有的传统食品还要从符合健康卫生的角度进行改造、拓展等。

（五）艺术特色

在乡村旅游商品中占有很大比重的是旅游纪念品。这些旅游纪念品除了具有一般商品设计的艺术美观等基本特征外，还要表现出很高的艺术价值和美学价值，并通过良好的艺术手段和独特的表现方法体现地方特色。这些商品在具有实用价值的同时，还具有一定的收藏价值，可以长期作为艺术品或装饰品摆放在居室中，或是展示给公众。可见乡村旅游商品开发中的艺术性是其生命力所在。如许多少数民族地区具有浓郁民族风情的各式挂毯、挂画，因其民族文化艺术内涵备受旅游者青睐。

（六）实用特色

实用性是乡村旅游商品所应具有的基本功能。在艺术化表达地方文化特色的前提下，要充分认识到旅游者对于旅游商品的使用功能是满怀期待的。如果只是观赏型的艺术品，其销售市场是有限的，也就是说，只有艺术价值而没有使用价值的旅游商品的市场会大大缩小。另一方面，对于实用型的旅游商品也应该考虑艺术价值和纪念意义，如制作精美、图案丰富的挎包、太阳伞等商品。

（七）情感特色

乡村旅游商品是不同地域文化的一种物化载体，承载了一个地区的风土人情、古老文化，也承载着游客对这个旅程的美好记忆。购买旅游商品是游客在旅游过程中必不可少的一种习惯性行为。旅游本身是一种交流情感的过程，因此旅游商品的设计要更多地考虑人们情感上的需求。虽然人们的生活环境、文化素养、民族习惯、价值取向等不尽相同，但情感是人类的共同需求。旅游商品需要触及人们内心的感受，这也是旅游商品最重要的意义所在。

任务二 乡村旅游商品开发的资源

乡村旅游商品取材与主题设计要紧紧依托乡村地区的资源条件。开发乡村旅游商品，要看乡村所具有的条件和资源，同时注意创新发展。俗话说"巧妇难为无米之炊"，对于乡村旅游商品开发而言，选择什么"米"（资源）来做出一顿什么样的"饭"（旅游商品），是一项重要的工作，即选择利用现有资源条件开发旅游商品非常重要。

在进行乡村旅游商品开发之前，要全面调查资源的基本情况，然后分析其开发的潜力和可能。能否体现地方特色的关键是看能否抓住地方特征，并将其融入旅游商品的开发设计中。可以作为旅游商品开发的资源很多，从乡村物产、自然环境、生产劳动、生活起居、社会文化、民风民俗，甚至人物故事中都可以挖掘开发旅游商品的物质材料、传统工艺、文化主题等。

一、地方物产

地方物产开发是旅游商品的一种普遍开发形式。地方物产可以是地方的特产，其他地方没有；也可能是其他地方虽然有，但在产品质量上存在差异；或者是相同的物产其他地方虽然有，但在旅游商品开发上寻找到了地方差异性。

如北京郊区的板栗、黑龙江省宜春大森林的食用菌等成为旅游商品，都是地方物产开发的成功案例。茶叶在我国虽然产地众多，但并不影响各个地区将茶叶作为旅游商品开发的热情，也没有影响到旅游者购买的热情。其原因是我国茶叶有众多类型，各个地区不同，即便是类型相同，不同地区也有不同的品牌和差异。更重要的是，这与人们对茶叶的地域认可相吻合，因此虽然许多地区都开发了茶叶类商品，但不影响一个地区新的茶叶品牌的开发。

二、乡村社会文化

乡村的历史、人物、故事等社会文化都可以成为乡村旅游商品开发的重要资源。如浙江省兰溪市诸葛八卦村利用三国著名人物诸葛亮后裔集中分布地的特征，在旅游开发时重点打造与诸葛亮或三国相关的品牌，开发成效显著，成为4A

模块五　乡村旅游商品开发

级旅游景区。其在开发旅游商品时也利用与历史文化人物的渊源关系，开发出诸葛亮标志性生活用品——羽毛扇这一旅游商品，深受旅游者欢迎。黑龙江省是满族的发祥地，相传清代时，黑龙江省肇源县古隆和宁安是专门为皇家生产贡米的地方。在这一历史传说启发下，两个地方分别开发了贡米旅游商品。从这些成功的案例中可以看到，旅游商品的实用功能是基础，历史文化则起到"点睛之笔"的作用。

三、景区文化主题

一些乡村根据景区的文化主题内容开发出相应的工艺纪念品，如将景区的人物或景物仿制成工艺品出售，或将景点名称、旅游形象宣传口号、民族文字、标志性景物等印在T恤衫上，成为乡村旅游商品。如带有东巴文的纳西民族地区旅游纪念品，印有惠安女形象的福建惠安海滨渔牧文化旅游纪念品等，都是成功的例证。

四、传统工艺

（一）乡村饮食文化

乡村饮食文化中的众多元素都可以开发成乡村旅游商品，如各民族居民日常的传统饮食等。这方面的成功案例较多。如泡菜类旅游商品在我国各个乡村地区都普遍存在，而泡菜绝大多数直接来源于乡村普通居民的日常饮食，后来逐渐成为旅游商品。此外，如江南乡村地区居民日常食用的梅干菜、东北居民冬季普遍食用的酸菜、无锡的肉骨头、土家族常年食用的腊肉等，都可以开发成乡村旅游商品。

（二）地方性服装服饰

地方性服装服饰是乡村旅游商品开发的又一个主要内容。其中包括用特色材料、不同制作工艺制作的不同款式的服装，也包括各类装饰物品，如服装上的装饰物，戴在头、颈、手、腰、脚等处的饰品。这在我国广大的乡村地区有十分丰富的资源，如苗族妇女的银饰品、傣族妇女的彩色编织饰品、贵州安顺地区的蜡染织物饰品等。

（三）加工原料

我国广大的乡村有着丰富的旅游商品加工原料，这成为乡村旅游商品开发的

重要物质基础。如新疆丰富的果品资源、沿海地区丰富的海洋物产等，都为旅游商品的开发提供了充足的加工原料。

（四）乡村传统技艺

我国广大的乡村有着众多手艺匠人，长期从事手工艺品的制作和创新，他们是一个地区开发乡村旅游商品的重要资源。一些地区经过长期积淀，形成了具有鲜明地域特征的传统技术和手工艺生产行业，如编织、雕刻、锻造、冶炼等。应该给予这些乡村人力资源足够的重视，一个能工巧匠可以开发一类商品、培养一批人才、形成一个产业、发展一方经济。

此外，乡村地区还有众多的资源可以开发成为旅游资源，包括生产工具、生活用品、礼俗用品等。在乡村旅游商品开发过程中，应有敏锐的洞察力和开阔的视野，用创新的眼光审视乡村的一草一木，从中寻找旅游商品设计创作的灵感。

模块五 乡村旅游商品开发

项目二 乡村旅游商品开发

【项目导入】

旅游商品销售已经成为旅游行业"食、住、行、游、购、娱"六大要素中尤为重要的要素，旅游商品销售收入是旅游收入中最具有弹性的部分，也是旅游收入中最活跃、最具潜力的增长点和支撑点。从旅游业发展的趋势上看，旅游者购买旅游商品的支出，在旅游总支出中的比重越来越大，相对旅游者的其他支出而言，具有"无限"支出性，是极富弹性的消费项目。一些旅游业发达的国家和地区，旅游商品的销售收入一般要占到整个旅游收入的40%，在香港、新加坡，这一比例已经超过50%。国际上旅游商品销售收入占旅游总收入的比重平均在30%以上，可见旅游商品开发与营销在旅游业发展中的地位十分重要。

【学习目标】

知识目标：

- 了解乡村旅游商品开发的意义；
- 掌握乡村旅游商品开发的类型和对策；
- 掌握乡村旅游商品包装及销售的相关内容。

能力目标

- 能够结合当地资源进行乡村旅游商品开发、包装及销售。

【项目任务】

◆ 实地考察或通过互联网调查1~2家国家级乡村旅游示范点，收集和整理主要乡村旅游商品的种类、包装特色及销售渠道。以小组为单位，制作PPT展示。

任务一　乡村旅游商品开发的意义

一、解决农民脱贫致富问题

旅游商品的生产和销售对乡村旅游地居民来说是脱贫致富的一条道路，特别是一些地方特产，对解决农副产品附加值低、农民收入低、农村发展缓慢等问题有重要作用。乡村旅游商品的开发、生产与经营，扩大了农民的就业机会，特别是充分调动了广大农村妇女的积极性，拓宽了农民的收入渠道，使农民收入不断增加，为农民脱贫致富提供途径。通过把当地的土特产销售出去，让农民直接受益，对于提高乡村旅游的效益、丰富乡村旅游产业链具有重要的意义。

二、缓解农村社会问题

改革开放后，特别是20世纪90年代以来，大面积的农村人口外出务工，广大农村青壮年常年在外，导致农村"留守"儿童和"空巢"老人现象突出，引发了严重的社会问题。发展乡村旅游商品产业，可促进乡村旅游业的发展，为广大农民提供就业岗位，使部分农民在自己家门口工作，在一定程度上缓解农村"空巢化"等系列社会问题。

三、带动产业结构转型

乡村旅游地区一般是农村地区，第一产业产值比重偏高，第三产业产值比重偏低。乡村旅游的发展，可以有效地促进农村经济结构的合理转化，即实现由第一产业向第三产业的转移，进而实现乡村农业与旅游业的一体化发展。进行旅游商品开发可以提高农副产品的附加值。同一产品，其作为农产品和作为旅游商品的利润率不同，因而尽量挖掘农副产品的多功能性，可以提升整个乡村旅游产业的发展水平。乡村旅游商品生产与销售的不断发展，可以推动农村产业结构调整，拉动农村经济全面发展，提高农村社会经济文化建设水平。发展旅游商品业，需要依赖旅游业及相关制造业和商贸业的配套发展。因此，旅游商品业的发展有利于乡村旅游地区产业结构转型，带动其他相关产业，加快地方经济发展。

模块五 乡村旅游商品开发

四、传承乡村民俗文化

乡村旅游商品开发可以传承和弘扬乡村民俗文化，抢救、整理和复苏一大批流传于乡村、濒临灭绝的民间工艺、手艺、绝活儿等非物质文化遗产，使其重放异彩、后继有人。乡村旅游商品从而成为传承和弘扬民俗文化的载体。

五、凸显旅游目的地形象

旅游商品业是旅游业的重要组成部分，也构成了旅游目的地旅游收入的重要来源。开发有特色的旅游商品不仅丰富了游客对旅游目的地的感知，而且很多地方的旅游商品代表了旅游目的地特有的形象。旅游商品的设计既体现了地方性，也使旅游目的地形象更加凸显，以至于一提到旅游目的地就让游客联想到相关的旅游商品。乡村旅游商品的开发对于乡村旅游目的地的发展无疑是一道催化剂，带动乡村旅游业蓬勃发展，促进乡村村容、村风的改善。

任务二 乡村旅游商品开发的类型

乡村旅游商品是乡村旅游购物体系的基础和核心，通常包括土特产品、手工艺产品、旅游纪念品等。

一、乡村旅游商品开发的类型

（一）土特产品

土特产品是具有浓郁地方特色，以地方原料或地方具有一定垄断性的技术、历史悠久的传统工艺为支撑而生产加工的产品。茶叶、中药材、保健产品、饮品等种类众多的农副产品、地方名特产品等，都可以开发成乡村旅游商品。

特色性和地方性是旅游商品的生命，对土特产品更不例外。土特产类旅游商品大多生产在偏远乡村地区，其开发仍停留在传统手工业或作坊的基础上。在土特产类旅游商品的开发中，不应拘泥于传统工艺的原型，必须深入研究，对资源进行深度加工，挖掘民族、地方、民间的文化内涵，根据现代人的审美、消费心理进行加工、转换和筛选，开发出跨越传统的创新产品。

（二）手工艺品

手工艺品主要包括雕塑、漆器、陶瓷、编织物品、金属工艺品、花画、织绣、蜡染、剪纸、民间玩具等。由于各地区、各民族的社会历史、习俗风尚、地理环境、审美观点的不同，各地的手工艺品具有不同的风格特色，充分展示了中国手工艺术的风采。成功开发的手工艺品，不仅可以成为乡村旅游地巨大的收入来源，对于乡村旅游地的品牌形象宣传也有促进作用。

手工制作工艺在我国民间有着悠久的历史，是中华民族文化艺术的瑰宝，以其悠久的历史、精湛的技艺、丰富的门类及传世佳作蜚声海内外。几千年来，传统手工艺产品始终是代表中华民族的一大特色产业。传统的手工艺品既是文化艺术品，又是日常生活用品，与人民生活息息相关。

按照材质分类，有纸、布、竹、木、石、皮革、金属、面、泥、陶瓷、草柳、棕藤、漆等不同材料制成的各类民间手工艺品。按照制作技艺的不同，又可以将民间艺术分为绘画类、塑作类、编织类、剪刻类、印染类等。观赏类的民间艺术品如年画、剪纸、刻纸、花灯、扇面画、炕围画、屏风、铁画、烙画、彩绘泥塑、面塑、装饰性摆件、各种装饰画、装饰挂件等，以审美和装饰为目的，是满足精神需求的比较纯粹的美术类艺术品。玩赏、游艺、表演类手工艺品有各类民间传统玩具、皮影、木偶、风筝、空竹、风车，还包括用于武术和竞技、庙会和花会表演、游街彩车使用的道具、器械、乐器、装饰品等。

（三）旅游纪念品

纪念品分为文化类商品和旅游专门用品，前者包括介绍地方历史、景物等的书刊、图片、光盘、字画、文房四宝等；旅游专门用品最显著的特点是具有专用性，如旅游专用鞋、服装、望远镜、照相器材、风雨衣、手电筒、指南针、游泳用品、各种应急品等。纪念品的策划与开发要注意与乡村旅游目的地的宣传相结合，赋予商品地方内涵，突出其"纪念"意义。

二、乡村旅游商品的分类

（一）按商品功能分类

①特色农产品具有地方特色，绿色生态，易于存储与携带，包装精巧。例如

苹果、板栗、核桃、西瓜等，还有由花卉农业转化而来的乡村旅游商品，如紫荆花、郁金香、玫瑰花等。

②民间工艺品富有地方特色，设计理念新颖，将传统文化、民间工艺与现代审美有机结合，如麦秸画、黑陶工艺等。

③农村生产生活用品，是为现代都市人所喜爱，源于农村的生产、生活用品，如仿古家具。

（二）按目标市场分类

①主要适合于国内旅游者需求的乡村旅游商品，其特点为中低档商品，有一定比例的特色农产品。

②主要适合于外国旅游者需求的乡村旅游商品，其特点为中高档商品，以具有地方特色、乡村特色，富有纪念意义和观赏性的工艺品及农村生产生活用品为主。

（三）按消费人群分类

①主要适合于常住人群需求的乡村旅游商品，以特色农产品、农村生产生活用品为主。

②主要适合于非常住人群需求的乡村旅游商品，以民间工艺品为主。

（四）按商品主题分类

①乡村景区（景点）主题类商品，如以长城为主题的纪念品、以果品为主题的纪念品等。

②乡村民俗生产生活主题类商品。

③民间传说、传统故事等主题类商品，如工艺葫芦、骨雕刻笑佛等。

（五）按市场开发程度划分

①已开发的乡村旅游商品，即已经进入市场销售的乡村旅游商品。

②待开发的乡村旅游商品，即具有开发技术、资源等条件，有广阔市场前景，但尚未开发的乡村旅游商品。

（六）按生产规模分类

①企业化生产加工商品，比如有机果蔬。

②松散农户生产加工的商品。目前绝大部分地区的乡村旅游商品是由松散的农户生产加工的。

（七）按商品所使用的原材料分类

①木制品。例如各种木雕刻工艺品、古典家具等民间工艺品，以及农村生产生活用品等。

②农畜作物，包括特色农产品和以农作物为原料的民间工艺品，比如麦秸画、粮食粘画、草编物品、骨雕等。

③石制品，包括石雕刻民间工艺品、石制农村生产生活用品等。例如北京门头沟龙泉镇的钻石饰品、紫石砚，北京通州的玉器，北京朝阳区高碑店的石雕等。

④泥土制品，包括运用各种泥土制作的民间工艺品、农村生产生活用品等，比如北京大兴区的黑陶制品、门头沟的琉璃制品等。

⑤骨制品，包括运用各种动物骨骼制作的民间工艺品、农村生产生活用品等，比如北京顺义区的千余种骨制工艺品等。

⑥金属制品，包括运用各种金属制作的民间工艺品、农村生产生活用品等，比如景泰蓝等。

⑦纸制品，包括运用各种纸张制作的民间工艺品、农村生产生活用品等，比如甘肃省庆阳市的剪纸等。

⑧布制品，包括运用各种布类制作的民间工艺品、农村生产生活用品等，比如工艺包、布贴画等。

⑨面制品，包括运用各种面粉制作的民间工艺品、农村生产生活用品等，比如大兴区的面人、通州区的面塑等。

⑩玻璃制品，包括运用各种玻璃制作的民间工艺品、农村生产生活用品等，比如大兴区的玻璃艺术瓜、通州区的料器等。

⑪瓷制品，包括各种民间工艺品类及农村生产生活用品类陶瓷制品，比如朝阳区高碑店的陶瓷制品。

（八）按商品的制作工艺分类

①雕刻，包括木雕、石雕、骨雕、泥塑、面塑等。

模块五 乡村旅游商品开发

②镶嵌，如花丝镶嵌等工艺品。

③粘贴，包括各种原材料的粘贴画、粘连工艺品等。

④剪纸，包括各种风格的剪纸。

⑤刺绣，包括刺绣服装、刺绣生活用品、刺绣画等工艺品。

⑥烫制，如烫制葫芦画等。

⑦烧制，包括景泰蓝、料器、玻璃工艺品、琉璃制品等。

⑧编、扎、缝制，包括有编、扎、缝制的服装，生活用品，工艺饰品等。

【知识链接】

特色农产品

农产品是乡村旅游的重要组成部分，深受乡村游客青睐。农产品凝聚着自然美，也凝聚着人工美，是自然力与农民劳动共同创造出来的作品，具有区域独特性，也承载着游客的旅游记忆。

广义的特产，不仅包含农林特产，而且将矿物产品、纺织品、工艺品等山货特产也包括进去。一般而言，特产是指来源于特定区域、品质优异的农林产品或加工产品，可以是直接采收的原料，也可以是经特殊工艺加工的制品，但是必须具备两个特点：一是地域性特点，这是形成特产的一个先决条件；二是品质，无论是原料还是制品，其品质与同类产品相比，应该是特优的或有特色的。特产指某地特有的或特别著名的产品，有文化内涵或历史，亦指只有在某地才生产的一种产品。特产的"特"字，包含如下四层意思：特殊的生态环境、特优的品种、特殊的种养方式或特殊的加工方式、特高的经济效益。另外，对大部分特产而言，还具有特殊的功用价值。

从上述意义出发，比较容易将特产与土产相区别。土产泛指一般的农产品，树上结的、地里长的、家里养的都可以称作土产，是一般意义上的农业初级产品，即便是加工品，也是用常规的加工方式。特产根植于土产，土产中的一些精品可以成为特产。至于"土特产"的说法，可以理解为"土产中的特产"，也可以理解为"土产和特产"，是一般意义上的特产。

中国农业部从2005年起，将人们俗称的"土货"定义为特色农产品，并发布了《特色农产品区域布局规划（2006—2015）》，引导特色农产品向最适宜区集中，促进农业区域专业分工，加快形成科学合理的农业生产力布局。按照品质特色、开发价值、市场前景的标准，确定了特色蔬菜、特色果品、特色粮油、特色饮料、特色花卉、特色纤维、中药材、特色草食牲畜、特色猪禽、特色水珍等10类114种特色农产品。按照生产条件、产业基础、区域分工的标准，确定了特色品种的优势产区，共涉及2100多个县级行政单元。同时，确定了发展五大重点领域，分别是品种资源库、国家和行业标准、技术体系、传统加工、营销网络和信息平台。

任务三　乡村旅游商品的开发生产

一、乡村旅游商品开发的基本流程

目前消费者的需求变化加快，商品生产技术也日新月异，商品的生命周期日益缩短。企业若想立于不败之地，就要不断创新，开发新商品。首先应锁定目标消费群，即这个新商品将来是要卖给谁的。基于他们的需求而提炼出商品设计主题，进而围绕着乡村旅游商品的基本特征进行研发。

二、乡村旅游商品的开发原则

（一）突出地方特色

乡村特色是乡村旅游商品的生命。一方面，乡村旅游商品的制作要就地取

模块五　乡村旅游商品开发

材，制作工艺、风格要尽可能保持"原汁原味"；另一方面，要根据各地具体情况及资源特点，开发个性化、差异化的乡村旅游商品。

（二）深入挖掘文化内涵，提高附加值

乡村旅游商品规划应充分挖掘具有地方特色的民间工艺、土特产品、风味美食等的文化内涵，通过综合开发和包装加工，形成丰富多样的旅游商品系列。如用茶叶加工成的中国结、挂坠等工艺品，用竹笋、果蔬等农产品制成的各种袋装食品、罐头、饮料等，这些旅游商品的附加值在于创意。基于资源特色的大胆创新，可以为旅游商品带来巨大的溢价空间。例如，花卉种植区可以依托规模化产业形成的农业基础，通过加工、销售与花卉相关的产品盈利，如薰衣草香皂、花卉手工制品、薰衣草精油、香水等。

（三）创新商品包装设计

乡村旅游商品生产者应该在旅游商品包装设计上下功夫，以地方独特原材料作为乡村旅游商品的包装原料。同时考虑旅游者的消费习惯和生活方式，在保持传统特色、追求原汁原味的基础上，改变旅游商品的包装设计，突出旅游商品的纪念性、礼品性，以便携、美观、多样化的包装来刺激旅游者的购买欲望。

（四）方便的购物设施规划

乡村旅游购物点的设置要结合乡村游客的活动规律，注重与游客的游览过程相结合，通常在旅游接待区、主要景观节点或休憩、娱乐设施附近设置相应购物点。同时，购物场所重点布置在通往停车场的道路上，以方便游客购物。乡村旅游购物点的建筑风格要与周边环境相协调，体现乡村古朴的特点。

三、乡村旅游商品的开发模式及思路

（一）加大政府对乡村旅游特色商品开发的政策和资金支持

根据乡村旅游地实际情况，当地政府部门对地区特色商品的开发项目应给予重点支持。首先，集中力量建设体现乡村旅游商品规模化发展水平的标志性工程，重点支持核心企业的发展，使之成为旅游商品产业的核心主体，培育一批体现地区形象和水平的标志性企业。其次，完善乡村特色商品配套政策，增加特色商品开发专项资金，重点用于乡村特色商品的研发、设计、包装、宣传，以及销

售渠道、配套设施建设等的补助。成立专门的领导小组，制定乡村特色商品开发的标准和质量规范等各项标准，使乡村特色商品开发进入标准、规范、可持续发展道路。再次，探索建立政府奖励机制，对于在重大乡村特色商品设计大赛或创新特色商品中有突出表现和贡献的企业和个人进行奖励和表彰，发挥示范效应。同时，加强对乡村特色商品开发项目的重点推介，鼓励社会资本以多种方式参与特色商品的开发，推进乡村特色商品向特色旅游商品转变。多渠道筹措资金，形成政府主导、社会参与、多元化的商品投资体制。最后，努力创造各种优惠条件，吸引专业人才进行乡村特色商品的开发。

（二）重视乡村旅游商品的特色问题，进行个性化、差异化开发

个性差异是任何一个商品存在和发展的基本要求。具体到乡村旅游商品，首先要具备旅游商品的"三性"（纪念性、艺术性、实用性）和"三风"（中国风格、地方风格、民族风格）。同时要着重突出"乡村"这个主题，挖掘各地乡村特色，展示乡村旅游商品的独特魅力、价值，从而打造出自己的品牌。在这里要特别强调的是，同为乡村旅游商品，各地间也要突出差异。要根据各地的具体情况、现有资源，进行各地乡村旅游商品的定位，不可盲目模仿其他地方乡村旅游商品的特色、经营模式。

同样是竹编、剪纸、土特产等，既可以放在商店里作为一般商品销售，又可以进行深加工、再开发，做成乡村特色浓郁、散发着乡土气息的乡村旅游商品。如以某地乡村生活、习俗、节庆为主题的年画，可以附上对所画内容的介绍，并说明来历、讲述渊源；以本村历史人物为题材的刺绣，可以同时绣上表达村民对其敬仰之情的朴实话语；以某地乡村的风景为题材的蜡染，可以写上村民对游客的美好祝愿等，使其成为具有观赏性、实用性、纪念性的乡村旅游商品。

（三）加快特色食品向旅游商品的转换

通过发展乡村民俗旅游，使特色食品逐步转变为旅游商品。比如开办特色农家院，建立特色美食街，举办美食节大赛等。福建手拉线面、宁德继光饼、屏南米烧兔等都是典型的代表。这不仅实现了特色产品的深度开发，提高了地区知名度，还促进了乡村旅游的发展。

模块五　乡村旅游商品开发

（四）加快特色农产品开发，建立综合性休闲农业园区

目前我国乡村特色农产品开发大部分停留在吃农家饭、住农家院和水果采摘的简单发展模式，所以需要依托现有的大型采摘园和高科技农业园区，建立集农业生产、科技示范、农产品加工、休闲游憩等为一体的综合性休闲农业园区。比如围绕地区特色农产品建立农产品主题公园、高科技农业观光示范园、生态采摘体验园、农产品主题酒店和茶吧、农产品主题休闲山庄等。同时，对农产品进行策划包装，加入文化创意，如农产品雕塑、农产品盆景及带有祝福性的农产品等。这不仅可以增加农产品的观赏性、艺术性和文化内涵，还可以将农产品作为旅游纪念品出售给游客。另外，为了迎合现代都市年轻白领和高校学生的需求和兴趣，可以开展农田的租赁和农产品托管认养等活动。最终实现农产品种植园区和农业生产园区向旅游景区的转变，农民从第一产业生产者逐步向第三产业服务者转变，进而对农业产业结构进行优化调整。

（五）加快特色手工艺品开发，建立创意产业园区

乡村旅游发展需要有特色的旅游产品来满足游客"购"的需求。所以按照培育特色、扶持重点的原则，应对乡村特色手工艺产品给予重点扶持，通过举办工艺品设计大赛或者产品展销的形式拉动产业发展。还可以组织参观民俗手工艺作坊、生产车间，体验制作过程，观看手工艺表演。围绕特色手工艺品建立主题酒店，进行文化创意产品的开发，建立主题园区和特色街区。

（六）加强营销，树立乡村特色商品的品牌，提升乡村旅游的美誉度

特色商品是一个地区的标志和符号，所以需要积极利用各种媒体广泛宣传，积极参加各种乡村旅游商品的大赛、博览会、促销会、展示会、推介会等推广乡村特色商品。规划和建设富有地域特色的乡村特色商品购物中心、购物街区、特色商品专卖店等，实行前店后厂式的参与体验式销售方式，建立乡村特色商品项目库，设立官方论坛网站，以此树立品牌，增强游客对乡村地区的认知度，从而带动地区其他相关产业的发展。

（七）整合区域特色商品，促进乡村特色旅游商品产业化发展

乡村特色商品的开发要始终围绕旅游业发展的需求，借助旅游寻找突破口。

积极整合各类特色农产品、手工艺品、农副产品，结合乡村地区的自然资源和环境，通过持续举办乡村旅游节庆活动，建立资源整合的市场平台，促进地区特色商品的互动开发和联动发展，丰富乡村旅游的内容。此外，乡村特色商品产业要积极和制造业、加工业、高科技产业、信息产业、文化创意产业、服务业等实现融合，以此来扩大产业链，促进乡村特色商品产业的发展。

四、乡村旅游商品的开发对策

（一）保护"原汁原味"与新内涵、新商品"双管齐下"

纯正朴实的乡土风情、独特的民间艺术，是乡村旅游商品的生命，是乡村旅游商品生存、发展的根本。这就要求它的制作工艺要尽可能保持"原汁原味"，并对其传统工艺进行保护，给予政策的扶持，将正宗的手艺传承下去。一件乡村旅游商品可能会唤起成年人对自己童年的回忆，引发城市青少年去了解乡村环境及其风土人情的兴趣，从而吸引游客驻足、购买。同时，需要不断开发新商品来满足游客日益多元化的需求。"原汁原味"是乡村旅游商品同一般商品相比的竞争优势，但如果一成不变，人们会逐渐降低对它的购买欲望。面对市场经济的残酷竞争，"原汁原味"是第一代乡村旅游商品的卖点，"融入新内涵、推出新商品"则是第二代乡村旅游商品开发的重点。

（二）乡村旅游商品的参与体验性开发

1.参与乡村旅游商品的生产、制作过程

首先让游客现场参观制作过程，充分调动游客的好奇心，使其对乡村旅游商品产生兴趣。然后，为游客提供"实践"机会，让他们亲自参与制作，用亲身经历诠释自己理解的乡村旅游。另外，为了吸引回头客、提高复游率，还可以在参与过程中设立奖励制度，主要是给予一种鼓励。这样既挖掘了人们的创造灵感，使其最大限度地参与其中，又能让他们体验到创作的意义，满足其心理需求。

2.创办网上论坛，广开言路

设立官方论坛，在论坛上介绍每个乡村的风土人情、民俗、现有资源、工艺品等，并应配备专业的网络管理人员负责维护和整理回帖，重点搜集对现有乡村旅游商品的意见、建议，寻找对乡村旅游商品感兴趣的投资商等。这样既可以集

模块五　乡村旅游商品开发

思广益，有助于准确把握人们的需求，完善、创新乡村旅游商品的开发，还能争取到投资，这将推动乡村旅游商品的良性发展。

（三）丰富乡村旅游商品的知识性

1.消费者的求知欲

旅游商品是文化的载体，而文化是旅游商品的灵魂。消费者希望对自己购买的乡村旅游商品有更多的了解，因此可以在每件商品的包装里附上一份中英文介绍。同时，对于比较贵重的乡村旅游商品，还要附上质量认证书。一方面让消费者放心购买；另一方面也是为了防止不法商贩以劣质品欺骗消费者，扰乱乡村旅游商品的市场秩序。

2.开发、经营乡村旅游商品需要知识

作为商品，注册商标是非常有必要的。凡正规渠道出售的、具有一定规模和品牌效应的乡村旅游商品，都要贴上统一的注册商标、防伪标识，以保护知识产权。定价也是个必不可少的环节。科学合理的定价，是商品在保证利润的同时延长生命力的因素之一，要从成本导向、需求导向、竞争导向等因素中权衡利弊，并结合具体情况定价。

（四）打造乡村旅游商品品牌

品牌代表着卖方对买方在质量、服务等方面的承诺。乡村旅游商品要想做出品牌，就要成立专门组织，以现代化的管理理念进行连锁经营，通过建立乡村旅游商品网站、举办大型宣传活动等进行营销宣传。具体包括注册商标、制作防伪标识，并对不同类别的乡村旅游商品采用不同的包装，包括包装的图案、形状、材料、文字说明信息等。还要做好售后服务和多种渠道营销，包括加工现场、乡村旅游商品专营店、展销会、网络等场所和平台，并通过创办节庆等大型活动扩大宣传与影响力，使活动与乡村旅游商品相互带动，从而打造商品品牌。

（五）创新乡村旅游商品的销售方式

我国旅游商品销售渠道主要有两种：一种是设在景区的零售网点，包括旅游景区自办自营和个体承包的经营点；另一种是与旅行社挂靠的旅游商品定点销售商店。对于乡村旅游商品的销售，除了上述两种销售途径外，还可以借助B2B模

式的网络销售平台开展农副土特产品、旅游工艺品和旅游纪念品的销售,比如淘宝网的"生鲜"平台等。还可适当引入新型农业产销体系,例如超市农业(借助原有的旅游商品销售体系,在市区中心设立一批乡村旅游商品超市或柜台,集中销售有特色的当地乡村旅游商品)、阳台农业(开发能让游客直接带回家的盆栽果蔬)、立体农业等。对于乡村旅游商品的销售,可以借助目前国内比较成熟的"农户+公司"的形式,这对于农户来讲可以规避自身信息不足的弱势,专业开展农副土特产品的种植和旅游工艺品的生产、制作。

任务四　乡村旅游商品的包装

旅游商品承载着旅游地的地域文化,其包装设计的创意水平直接影响到旅游商品的销售。不同类别的乡村旅游商品应有不同的包装,而且包装要与商品风格相统一,无论是包装材料的选择,还是包装的艺术设计,都要体现出商品的特色。民族化、地方化、本土化是旅游商品包装设计的发展趋势。

一、旅游商品包装的特点

旅游购物是一种复杂的心理活动,旅游商品需要满足旅客多种情感的需求。制作精良的旅游商品不仅给游客留下赏心悦目的感觉,还因浓缩了旅游地的文化精华,使游客的亲朋好友对旅游地的良好形象有了初步认识。可见,旅游商品的包装与其内在产品是紧密相连的,包装作为旅游商品的重要组成部分,具有区别于普通商品的一些特征。

(一)要体现文化内涵

旅游是体验当地风俗民情或者感受地方传统文化的活动。由于生活方式、思想观念的差异,往往越具有"地方特色"的商品越容易吸引游客。因此旅游商品的包装也需要体现一种文化性。如"重庆味道"特产的包装设计,选材为当地产的楠竹,在上面分别烙画"巴渝十二景"包装十二种佐料,还可以用作笔筒或插花筒等。这种"独一无二"的纪念品,不但给当地带来巨大的经济利益,也提高了当地的知名度。

（二）要注重实用美观性

旅游本质上是旅游者走出户外，寻求美的享受，包括对自然美、社会美和艺术美等的追求。精美的包装使旅游者爱不释手，旅游商品包装应融民族性、地方性、知识性、趣味性与纪念性于一体。旅游产品的包装要兼顾实用性和美观性，在设计上多追求工艺美、易使用和功能强等特点。

（三）设计要注重方便性

旅游者选购旅游商品，除了考虑美观大方和具有一定纪念意义外，在很大程度上总希望商品轻巧、方便携带，很难想象旅游者会有好心情带着大件物品四处游览。同时，包装设计应便于商品的拆分，如土特产品的单独包装。还应关注细节，切实为消费者考虑。这不仅方便了消费者，也为商品销售创造了机会。

二、旅游商品包装设计的表现形式

好的包装会给产品增加魅力，能激发旅游者的购买热情。通过包装设计的外在表现，使乡村旅游商品准确展现地方特色。乡村旅游商品的包装设计，应该从以下几个方面入手。

（一）色彩

色彩是旅游商品包装设计的关键，它能对旅游者产生强烈的视觉冲击力，促使旅游者快速识别某件商品。旅游商品包装的不同色彩表达能使人产生不同的联想和反应。

乡村旅游商品的包装在选色、配色上应以乡村独特的文化底蕴为基础，充分汲取、借鉴、融汇本土的核心文化，凸显典型地域文化个性的吉祥化色彩，满足旅游者感受旅游地域文化的需要。例如，日本传统的小甜品——果子，是具有日本文化特色的旅游商品，通常包装分为三层。最里层是独立的小包装，常用粉红或粉白色包装袋，呈现商品自身的色彩；也有更花心思的，将手工绘画印在包装纸上，用手工制作成各种形状，就像一丝不苟的艺术品。第二层是纸盒，盒内套着塑料的隔层。最外层常用天然的纸质包裹，多用白色或青色等自然色彩。独特的包装色彩可以准确表达旅游商品的地域性和文化性。

(二)文字

简洁生动的文字是旅游商品包装设计的灵魂,它传递旅游商品信息。在旅游商品包装上要设计好主体文字,综合考虑消费对象、包装结构以及地域文化等因素,对旅游商品进行整体设计,展现其特色和内涵。

乡村旅游商品包装的文字说明,除按照相关要求体现商品内容外,还要根据商品特点力图表达出原始、野生、绿色、环保、传统、手工等内容,这与城市中体现高科技、现代化、机械化、国际化特征的旅游商品有着本质的区别。

(三)图像

赏心悦目的图像是旅游商品包装设计的焦点,其最大优势在于它能有效进行无障碍沟通,获得不同地域人群的共鸣。所以,旅游商品包装的图像设计,应基于地域文化和消费需要,展示旅游商品的最佳卖点。可以借鉴一些具有地方特色的民间艺术元素,如民间陶瓷、剪纸、蓝印花布、刺绣、皮影、烙画和木版年画等,设计充满民族、地域特色的图像,将传统文化和旅游商品有机结合。

(四)材料

包装材料是旅游商品包装设计的载体。选择包装材料,一定要立足于当地自然环境特点,尽量使用天然的、可自然风化的、低耗能可降解的材料,合乎安全无公害、绿色环保节约的理念。

包装材料种类很多,如纸、塑料、金属、玻璃、陶瓷、纤维和复合材料等,其中传统的自然材料,如纸、竹、木、藤、泥、皮革、植物的茎叶等最能体现出乡村自然原始的状态,再加上简单加工和精心装饰设计,可以通过包装材料透出浓郁的乡村原始气息来。因此这类材料应成为乡村旅游纪念品包装材料的主体。

任务五　乡村旅游商品的销售

一、了解商品消费者

对于乡村旅游商品营销而言,从商品的设计到商品消费使用的全过程,都需要对市场进行深入的分析,了解乡村旅游商品的消费者特征、购买行为特征,以

模块五　乡村旅游商品开发

及消费者对乡村旅游商品的喜好、携带商品的时间和距离、乘坐的交通工具、旅游的目的等，才能有针对性地进行商品的设计开发，并采取有效的销售措施。

二、制定合理的商品价格

（一）开发市场容量大且价格适中的商品

面对大众化消费群体，应开发一些市场容量大且价格适中的商品。同时要注意商品的价格应能够使旅游者感到物有所值，否则即便价格在其消费许可范围内，旅游者也不会认可和购买。

（二）适当开发高端商品

一部分旅游者具有较高的支付能力，并有对高端旅游商品的需求，虽然总量可能不会很大，但其效益却十分可观。因此在有条件的情况下，开发少量高价位的高端旅游商品，也是乡村旅游商品开发中需要考虑的问题。这类商品应特色鲜明、质量好、工艺精。

三、选择适当的媒介进行宣传

广告宣传是旅游商品走向市场必不可少的手段和方法。对于乡村旅游商品而言，可以选择适当的媒介进行市场宣传。

（一）各类旅游商品活动

参加不同层次和类型的旅游商品博览会、展示会、推介会、促销会、交易活动、设计开发大赛等，可以让普通旅游者对旅游商品有所了解，并获得销售商的认可，从而扩大销售渠道和范围。同时，通过新闻媒体的宣传，市场效应十分明显。

（二）新闻媒体

可以在全国及地方的电视、报刊、电台等新闻媒体上宣传介绍旅游商品。要根据不同区域市场对媒体的感受、受众接触媒体的普遍状况等选择具有不同影响范围的媒体来进行宣传。

（三）其他媒介

乡村旅游商品还可以通过影视节目进行宣传，也可在旅游景点和旅游线路上设置商品宣传牌、灯箱广告、招贴画等，进行有针对性的宣传。由于许多乡村旅游商品地域性强，目标消费群体又具有狭窄性，在景区进行宣传效果更佳。乡村旅游商品也可以通过生产场景、原料、工艺、性能的演示进行宣传，使旅游者对商品有更加直观的认识，进一步激发其购买意愿。

四、乡村旅游商品的营销策略

（一）网络营销

网络这一平台应该成为乡村旅游商品营销的一块阵地。游客到外地旅游常借助网络了解旅游目的地，很多旅游信息来自网络。购买旅游商品一般都有随机性，很少有人在网上购买没去过的旅游景区的旅游商品。但网络宣传面向的受众广，通过网络可以传播商品信息，增加旅游商品的重复购买率。旅游商品的网络营销可以借助政府的网络平台，介绍特色旅游商品信息。经营单位也可以主动出击，借助淘宝、微信、QQ等平台传播信息。

（二）协同营销

协同营销，也可以说是共生营销，是两个或更多独立的组织，通过共同分担营销费用，协同进行各种营销活动，达到共享营销资源，巩固营销网络的一种营销理念和方式。旅游商品经营单位要与旅游商品生产企业及相关行业，如景区、饭店、机场、当地有影响力的零售企业、传播媒介等协同营销。

（三）多渠道营销

1.建立旅游商品专卖店

在乡村旅游景区附近的镇、村、旅游道路路边和景区周边建立旅游商品专卖店，用以销售乡村旅游商品。

2.在大型商场、超市中设立旅游商品专柜

在乡村旅游发展所依托的中心城市的大型商场、超市等购物人群密集场所中设立专门柜台，用以销售乡村旅游商品。

3.前店后厂

前店后厂指加工厂就设在销售商店后面，其特点主要是旅游者可以看到旅游商品的加工过程，对于商品加工原料、制作工艺、加工环节等可以有直观的

模块五 乡村旅游商品开发

认识,并能在现场品尝试用,对商品的口味特质、结构功能、使用方法等有更加具体的了解,对于食品类商品还可以保证商品的新鲜程度。如法国一些历史悠久的乡村农场的奶酪制作与销售,宜兴丁蜀镇紫砂壶的制作与销售采用的就是这种模式。

4.体验互动式销售

旅游者可以参与到商品的设计、制作、包装等过程中,并在商品中留下个人印记,如采摘蔬菜、水果、酿酒和制作纪念品等。这种方式既可以打开市场销路,又可以塑造品牌的良好形象,在一定程度上还可以获得额外的附加收入。

5.建立商品大市场或商品一条街

在一个较大的乡村旅游区域范围内,可以集中建立一个大型的乡村旅游商品综合市场或商品一条街,用来集中销售旅游商品。这有利于统一管理,也方便游客集中购买旅游商品。

五、现代企业管理运行模式

多家松散的农户制作的乡村旅游商品,客观上容易存在质量良莠不齐的情况。对质量的担忧,毫无疑问会影响旅游者的购买意愿。乡村旅游要做大做强,必须向现代企业管理模式转变。事实上目前国内较为著名的乡村旅游商品都是企业化生产的,比如涪陵榨菜、郫县豆瓣酱等。政府需要在其中发挥重要作用:一是规划协调,避免乡村旅游商品开发的各自为战、重复雷同;二是监督管理,保证乡村旅游商品的质量和售后服务,保护消费者权益,促进乡村旅游的可持续发展。在市场管理上要发挥政府的主导作用,建立强有力的管理措施,形成良性的市场运营管理机制,这是乡村旅游商品实现市场销售目标的重要保障。

(一)建立特色鲜明的乡村旅游商品市场

市场也是景点,游客可以获得参与的乐趣,了解地方民俗民风和传统工艺,体验一种不同的经历,获得身心上的放松。购物是旅游活动的重要组成部分,建立集中的大市场易于统一对商品的监督管理,为旅游者节省购物时间,同时集中经营可以提供集约化的统一服务,节约管理和服务成本,综合效益明显。

（二）加强政府的监督管理

政府应建立旅游商品生产、销售方面的管理机制和办法，并组织实施监管。只有实施有效的管理，才能实现旅游商品产销的健康可持续发展。例如销售的旅游商品必须标注商品标签，明示商品主要情况，明码标价；必须在醒目的位置公布投诉电话；营业人员必须挂牌上岗，接受游客的监督等。

（三）建立旅游商品行业协会

通过协会建立业内自律机制，实现风险共担、利益共享，加强旅游商品营销队伍的建设，对营销人员进行旅游商品专业知识、营销技巧、市场法规培训，考核合格后持证上岗。将多次出现违规销售，遭游客投诉的营销人员列入当地营销人员黑名单。

【思考案例】

国内外乡村旅游商品开发案例

一、国内乡村旅游商品开发案例

除了北京，成都等一些大城市的周边乡村开展乡村旅游也较早，农家乐的诞生地应该说是在成都。在成都郊区，不少农家乐的接待户都同时做着盆景、苗木和花卉的生意；而在长沙郊区，农家乐都把钓鱼作为主要的娱乐活动；相比之下，珠三角的番禺、中山等地的农家乐，尽管也有餐饮和垂钓等，但是最让旅游者心旷神怡的，却多是一望无际的农事天地。可见，成都、长沙、珠三角这些地区的乡村旅游商品不是局限在土产品、工艺品上，而是根据自身的特色丰富了乡村旅游商品的内涵，受到广大消费者的喜爱。乡村旅游重在根据当地特点因地制宜、合理发展，乡村旅游商品同样需

模块五　乡村旅游商品开发

要打破陈规、增加当地特色商品的种类，有别于其他地区的乡村旅游商品在广大的乡村旅游商品消费市场中将更具竞争力。

我国乡村旅游区主要分布在北京、上海和广州等大城市的近郊，其中以珠江三角洲地区最为发达。以上地区的乡村旅游之所以发展迅速，除了与接待旅游者人数相关，当地的乡村旅游商品消费情况比其他地区要好。

1.建设乡村旅游商品购物中心

成都市2006年3月在郫县（现为郫都区）农科村、青城后山的泰安古镇、锦江区三圣乡和龙泉驿区洛带镇新开了四家乡村旅游商品购物中心，拉开了全市乡村旅游商品购物中心建设的序幕。乡村旅游商品购物中心面积约为100平方米，主要销售包括食品、用品、工艺品三大类的数百种成都市乡村特色旅游商品。此外，该市数十家旅游商品生产厂家还与这四家购物中心在农科村正式签订了合作协议。比如农科村，当游客来到这里旅游时，不仅可以到一户一景的农家小院休闲娱乐，还可以逛逛新建成的乡村旅游商品购物中心农科店，尽情挑选各种特色纪念品。装潢一新的店面格外引人注目，店内陈列的商品也是五花八门：郫县豆瓣、蜀绣、草编、兰草盆景等商品极具地方特色。在这间不大的店面里，收集了来自全成都市各大乡村的特色产品，吸引了不少游客来这里休闲购物，在欣赏完农家美景之后，到这里来选购一些特色工艺品带回家也不失为一件美事。乡村旅游商品购物中心的建立不仅为广大旅游爱好者购买特色商品提供了方便，也将在一定程度上促进农副产品商品化，提高农副产品附加值，形成特色旅游商品品牌，助推当地旅游产业快速发展。

2.通过发展乡村旅游商品，延伸农家乐旅游产品的价值链

南充以"土、野、乐、趣"为特色的农家乐旅游迎合了都市人亲近自然、休闲娱乐的消费心理，越来越多的城里人愿意到农村。

在他们经营的农家乐产品中,不仅是一般意义上的"吃农家饭、品农家菜、住农家屋、干农家活",而是将这一产品的价值链进行了充分延伸。他们提出的宣传语是"吃农家饭、品农家菜、住农家屋、干农家活、娱农家乐、购农家品"。深度挖掘乡村旅游市场需求,使得全市各地的农家乐旅游蓬勃发展,给农民带来了更大的经济收益,同时促进了农村产业结构的全面优化,解决了农村剩余劳动力的转移和就业,并加速了农民思想观念的转变,对农村社会环境的改善起到了一定的作用。

3.民族传统用品与工艺美术研究相结合,促进乡村旅游商品的开发与销售

广西壮族自治区近年来在当地政府的支持下,经工艺美术研究所的不断开发与指导,将壮锦、铜鼓等富有当地特色的少数民族生活用品,开发成为少数民族地区传统工艺品,为农民增加了收入。

4.对传统乡村旅游商品的再度开发

四川省雅安市经过对传统乡村旅游商品——茶叶的再度开发,让游客了解到茶不仅可以饮,还可以带回家里欣赏。茶叶做的窗帘、中国结、各种造型的茶砖让人眼花缭乱。雅安西康大酒店在2004年推出了茶文化酒店的品牌,目前已经开发出30多种商品,尤以十二生肖茶最受游客的喜爱。

二、国外乡村旅游商品开发案例

1.通过多种渠道销售乡村旅游商品

在英格兰,游客可以在中心大街商店、传统礼品店和独立精品屋里享受一流的购物体验,而对时尚敏感的购物者可以直奔市郊新建的名牌折扣卖场。乡村旅游商品通过多种渠道传递给旅游者,大大增加了其销售数量。

2.商品及其销售均具特色

法国的乡村旅游,不得不提到葡萄酒、烤面包、黄油、牛奶、

鸡蛋，这些都是他们极具特色的乡村旅游商品。游客通过参观农村的葡萄园和酿酒作坊，参与酿造葡萄酒的全过程，了解酿酒的工艺，学到品尝美酒的学问和配酒菜的知识。仅就购买葡萄酒这一项，就为当地的乡村旅游商品消费加足了筹码。

3.特色美食的新鲜组合与另类创意大受消费者欢迎

瑞士主要的乡村旅游商品同样是特色美食，但通过营造就餐环境与食物本身的协调、统一，赢得了更多消费者。番茄肉酱手工香草面疙瘩是瑞士乡村的特色主食，在面疙瘩中加入马铃薯，以意大利面的手法制作，借助面疙瘩的嚼劲，创造出前所未有的新口感。餐厅的手工制品、香草装饰，带给旅游者别样的意境。这种新鲜组合与另类创意当然大受消费者欢迎。

4.协会、网络助推乡村旅游商品

在发达国家，乡村旅游的市场推广工作更多的是依靠协会来进行的。其乡村旅游协会的主要宗旨之一就是为乡村旅游进行宣传、促销，乡村旅游商品也是他们极力推广的内容。

从市场推广媒介来看，现在乡村旅游的宣传主要是通过互联网来进行的。国外的网站建设比较成熟，旅游者能一目了然地在其网站获得各种相关信息。

5.借助活动打造品牌，推出乡村旅游商品

美国威斯康星州以世界的"汉堡之乡"著称，人们于1998年在该州烹制出了重达2.5顿的汉堡包，同时记入了吉尼斯世界纪录，从此在该州每年都举行享誉全球的"汉堡盛宴"，吸引了大量的旅游者。现在越来越多的地区已经开始利用年度节日所带来的品牌效益，而这也成为众多地区宣传旅游特色、吸引游客的有力工具。

看来我国各种民俗节日的作用尚未发挥到极致。试想对于赛龙舟这项民间活动，我们是否可以将手工雕刻的龙舟模型，作为乡村旅游商品推向世界？倘若如此，则无论是对这项活动本身，还是由

此引发的乡村旅游商品消费热潮，势必都将具有品牌效益。

6. 推出观光旅游农场计划

农产品在农场直接商品化，为传统农场的经营开辟了创新之道。法国农会推出的观光旅游农场计划，将农场分为九类，其中的点心农场和农产品农场，是以生产和销售乡村旅游商品为主的。

（1）点心农场

点心农场的经营时间一般为下午3—6点（部分农场的开放时间可以为早上到中午12点），只允许提供农场自产的点心，不能卖正餐，也不能在正餐时间将点心当作正餐来卖。建设点心农场的目的是为了提高农场产品的价值，所以制作点心的主要材料必须出自当地农场，同时禁止农场提供工业化制造的饮料及汽水。

在规定条例中，对农场外部环境、内部厅室与卫生设备、点心制作及陈列外观、农民的接待态度、自营农场的旅游活动设计等都有详细的内容。

（2）农产品农场

建设农产品农场的农业生产者，可同时生产农产品并经营公司进行营销，这与其他类型的农场规定有着本质的差别。但是申请农产品农场的生产者所生产农产品的主要原料必须来自农场养殖的动、植物，如农场生产肉酱（猪肉、兔肉），则这些肉都必须来自农场饲养的动物，或其农场中生长的野生动物，其生产加工程序必须在农场内部进行。

为了保证这些农产品不是经过大规模工业化生产的产品，农场必须向农业及旅游接续服务处提交"技术表"，以限制某些农产品在农场以外加工的次数及数量。同时特别规定动物饲养的时间、情况及动物饲料的来源与种类，农作物卫生的处理、生产的改良。除了在技术表中说明以外，在农产品的外部包装上也必须标清楚材料的来源及制作方式，证明该产品不是经过工业化生产所得，违者即取消农场经营资格。

在农场将农副产品商品化，可直接提升农场竞争力，间接控制农场产品质量，同时增加农民收入，有利于经济发展。

7.畜牧业的体验活动增加了乡村旅游产品的附加值

在日本的北海道，农业、畜牧业发达，通过开展挤牛奶、挖土豆、剪羊毛等体验活动，提高了农畜产品的附加值

8.乡村旅游劳作与旅游商品的销售相融合

在韩国，人们注重将乡村旅游劳作与旅游商品的销售相融合。春季挖山药、采李子，制作豆浆。夏季采摘韩国李子，精心雕刻李子核。秋季采摘栗子和柿子，编草帽、做米糕。冬季炒栗子。

模块六

乡村旅游市场营销

乡/村/旅/游/开/发/与/经/营/管/理/

 学习目标

通过本模块的学习，熟悉乡村旅游市场营销的主体，掌握乡村旅游市场营销的内容、目标市场及营销策略，会结合乡村旅游发展实际，运用网络营销、注意力营销、4P组合营销等策略进行乡村旅游市场营销。

【导言】

旅游市场营销是以满足旅游需求和实现企业目标为目的，以实现旅游产品交换为核心的营销管理活动，是管理旅游需求、平衡旅游产品供求的过程，是市场营销在旅游业中的应用与发展。在信息化时代，市场营销直接关系到旅游企业的生死存亡，而乡村旅游相对于传统知名景点来说，更需要重视市场营销。

模块六　乡村旅游市场营销

项目一　乡村旅游市场营销概述

随着旅游业的迅猛发展，"返璞归真，回归自然"已成为现代旅游业发展的主题。过惯了都市生活的城市居民越来越渴望能回归自然，享受清新的田园风光和淳朴的乡村风情。为实施乡村振兴战略，加强乡村旅游市场营销是提高乡村旅游竞争力，实现乡村旅游发展的必然选择。

调查显示，我国很多乡村旅游经营者过于迷信"回头客"和口碑传播，大多采用发传单和名片的简单宣传手段，发送范围局限在人际交流的范围内。在激烈竞争的市场环境中，这样的做法对于长远的发展很不利。乡村旅游市场营销的目的就是激发旅游欲望，让更多的人知道旅游地，进而愿意来旅游，才可能拓宽客源、增加收入。

知识目标：

- 熟悉乡村旅游市场营销的主体，明确经营者在乡村市场营销中的工作；
- 明确乡村旅游市场营销的内容，能制订营销计划；
- 掌握乡村旅游市场营销的目标市场。

能力目标：

- 能够明确乡村旅游市场营销主体的工作任务；
- 会制订乡村旅游市场营销计划；
- 能进行乡村旅游市场调研，并确定目标市场。

243

【项目任务】

◆ 利用图书馆、互联网并通过实地调查了解相关信息，撰写乡村旅游市场营销计划书及市场调研报告。

任务一　乡村旅游市场营销的主体

乡村旅游市场营销工作需要各方面的通力协作，各负其责。从营销主体来讲，主要包括政府、行业协会和经营者（企业），具体包括乡村旅游地所在的各级旅游部门、乡镇政府和村组的行政管理者、农业旅游相关行业协会、乡村旅游经营性组织（如有一定规模的农庄、生态园、旅游公司等）、个体经营户（如提供农家乐旅游服务的农户、乡村旅馆、餐厅、家庭种植园等）。

乡村旅游要在资源共享、形象整合和市场一体化基础上实现整体化营销，通过政府引导、企业实施、农户合作，统一整合产品、编排线路、包装形象，打造村庄整体的"乡村旅游名片"。

一、乡村旅游市场营销中各级政府的工作重点

（一）省级政府作好战略设计

在乡村旅游市场营销中，省一级政府需要从国家宏观战略的高度对乡村旅游的品牌建设、标准化建设、资金投入、税费优惠、金融支持、人才培训等进行战略设计。

（二）市级政府作好整体统筹

市一级政府需要从特色化、市场化、产业化、规模化、规范化等方面整体统筹，作好营销体系、发展格局、精品创建、整体包装、行动计划、考核监督等方面的布局。

（三）县级政府全面统领

乡村旅游是一项综合性的工作，特别是在县一级政府，任务更是复杂。因

模块六 乡村旅游市场营销

此，县一级政府的主要职责就是将乡村旅游市场营销工作全面统领起来，具体实施下去。

（四）村政府作好创新突破

村一级政府是乡村旅游市场营销最直接的组织者和参与者，他们对乡村文化的理解也是最深刻的，能够发挥自己的热情和想象，为乡村旅游市场营销注入活力。

二、行业协会在乡村旅游市场营销中的工作

在开展乡村旅游市场营销过程中，行业协会的主要作用包括：通过旅游调查和评估，找到本地乡村旅游的特色及核心吸引力；综合评估乡村旅游的目标市场，围绕主要市场的需求，结合本地资源规划、设计和开发乡村旅游的辅助产品，使乡村旅游的内容逐步丰富完善；挖掘、整理和保护当地独特的乡村文化民俗资源，组织开展有当地特色的旅游节事活动，塑造旅游地独特的文化形象；调动农民、村委会等各方面宣传的积极性；推动乡村旅游经营者开展联合营销等互惠互利的活动，组织经营户统一参加旅游交易会、展销会等促销活动；帮助组建乡村旅游的营销和服务网络，创立专题网站，为旅游者提供全面的乡村旅游信息；主动对农户进行营销培训辅导，包括如何制作宣传品，如何组织农事体验活动等；教育农户自觉维护乡村旅游品牌；开展区域联动营销，在政府推动下实现产品互动、信息分享、形象共塑，联合开发区域间农村旅游产品，搭配组合旅游线路，整合相近区域内的农村旅游资源，进一步丰富区域农村旅游形象，努力满足旅游者的消费需求。

三、经营者（企业）在乡村旅游市场营销中的工作

对于乡村旅游经营者来说，也要积极主动地开展市场营销。越是中小型经营者越要联合起来开展宣传推广工作，这样才能吸引更多游客。具有一定规模的乡村旅游企业要设立专门的营销部门，聘用市场营销人员，制订营销规划。要积极配合参与由政府和协会组织的促销活动。针对不同对象，乡村旅游经营者要采用不同的公关策略，如表6-1所示。

表6-1　乡村旅游经营者的公关策略

对象	策　略
旅行社	合作要着眼于长远，通过签订协议，明确利益分配，建立长期稳定的伙伴关系
游客	大量派发宣传资料，适当发放赠票； 鼓励参加体验活动，实行门票折扣优惠； 增加抽奖活动，营造和谐的互动关系
政府部门 行业协会	参与旅游部门和行业协会组织的营销活动； 配合政府的重要接待活动，成为地区形象代表； 合作举办活动； 依法纳税，关注社会公益事业
大众媒体	和相关媒体建立合作互利的友好关系，杜绝负面报道，增加正面报道； 赠送内部刊物或宣传资料给相关媒体； 与媒体合作举办活动； 赞助媒体举办的相关活动； 举行媒体联谊会，巩固媒体关系； 给记者寄送宣传资料和赠品

任务二　乡村旅游市场营销的内容

旅游促销是一门学问，需要讲究科学性和针对性。乡村旅游市场营销需要考虑的重点内容有以下几方面。

一、制订乡村旅游营销计划

"凡事预则立"，在乡村旅游市场营销过程中，制订营销计划很重要。营销计划包括短期行动计划（月度、季度、年度）、中期行动计划（2～3年）、5年以上战略性营销规划和专项活动营销计划。制订营销计划之前，首先要考虑乡村旅游的发展现状、乡村旅游市场规模、营销目标、实现目标的途径、目标是否能实现等问题。

模块六 乡村旅游市场营销

（一）中长期营销计划

完整的中长期营销计划一般包括以下几方面：现状分析，如环境、区位、主要竞争者、市场潜力、产品服务、优劣势、机遇和限制因素等；营销战略，如市场细分和目标市场、营销定位、营销目标、营销组合选择等；行动实施计划，针对各个目标市场制订不同的行动方案，包括主要活动、职责分工、计划日程、营销预算、预期效果等；计划监测评估。

（二）短期和专项活动营销计划

短期和专项活动营销计划一般包括促销目标、促销策略、实施计划等。具体到每一次促销活动的方案，则包括促销目的、促销对象、时间、地点、合作对象和合作方式、活动内容和程序、广告计划、工作安排和分工、费用预算和来源、效果预估等。

二、塑造乡村旅游形象

旅游形象就是游客对旅游目的地的综合感知和印象，就像一张"乡村旅游名片"。独特的旅游形象可以确立竞争优势，造就持久的吸引力和生命力。在消费者更加成熟和理性的市场竞争环境中，如何充分体现和强化鲜明的外在形象，使潜在旅游者意识到旅游目的地的"与众不同"，是一个十分重要的课题。

（一）旅游形象策划

形象策划又称CI设计，由理念识别（mind identity，简称MI）、行为识别（behaviour identity，简称BI）和视觉识别（visual identity，简称VI）三方面构成。旅游目的地的形象构成要素复杂，可将其归结为三个层次，即旅游目的地理念形象、旅游目的地行为形象和旅游目的地视觉形象。乡村旅游形象是对旅游资源特色、发展现状和区位条件等多方面的高度浓缩和提炼，既要体现区域特色，又要能吸引旅游者的共鸣，是独具特色、具有号召力、能激发目标市场游客情感需求的形象，对于宣传旅游产品、塑造地方旅游品牌起着关键性的作用。

1.主题形象定位

以乡土优先、文化先行作为旅游策划定位原则，树立明确的旅游形象及旅游特色。乡村旅游地以农为根，特别是以农民为基础，应突出农耕景象、农家生活、农民性格三大主题，体现文化、民俗以及生活形态的差异性，使旅游者感受到乡村旅游地自然、随和、淳朴的文化氛围。如浙江省丽水市莲都区以"花语乡村"整合乡村优质资源，将项目主题打造为"基于乡愁，高于乡愁"，形成功能齐全、一村一景的主题乡村旅游集群。

2.宣传口号

旅游形象设计的重点在于旅游口号的确定，旅游口号是以最简单明了的语言，充分体现出旅游地的自然、人文特色，如袁家村的旅游口号"关中印象"，语言简明，并突出了袁家村的地理位置以及文化特色。山西省太谷县"谷色古香，养生太谷"的旅游口号，将太谷的晋商文化与乡村旅游资源高度概括，目前太谷南山一线已经初步形成了"品养生酒、练形意拳、打柔力球、住生态园"和"游三多堂、尝太谷饼、登凤凰山、吃农家饭"两条精品旅游线路。

旅游宣传口号是让游客感知旅游形象最有效的方法之一。一句好的口号语对于乡村旅游地的宣传推广能起到事半功倍的效果。旅游口号既要准确提炼最具竞争力的价值所在，又要把握潜在客源群的心理需求和文化层次。口号语需要简短且朗朗上口，以使游客便于接受和记忆，有效传递旅游地的主题和价值，进而吸引游客前往。

3.乡村旅游产品行为设计

在行为设计中，主要将游客的视觉、听觉、味觉、嗅觉作为设计重点。其中视觉设计包括了旅游地名称、旅游地标徽、标准字体、旅游纪念品、交通工具、户外广告、从业人员的视觉形象等，以LOGO符号、宣传广告作为打造重点，其中LOGO符号设计应汲取村庄的乡土色彩，给人视觉冲击。听觉设计以自然声音与人声相结合，如流水、鸟鸣，在清晨可以衬托出村庄幽静的自然环境，而音律简单、朗朗上口的乡间小调则增加了乡村的人文趣味。在味觉设计中，主打家乡菜味道，以留住游客的心。在嗅觉设计中，主要以芳香植物为主，用特色的乡土味道给游客留下深刻印象。例如针对山东省临沂市岱崮镇的乡村旅游策划，李也文旅依托当地独具特色、浓厚多彩的"崮乡文化"，将粗犷古朴的石屋、石墙和独具风味的特色小吃，同原始、质朴、壮美的山崮奇观一道，凝聚成了中国崮乡独

模块六　乡村旅游市场营销

特的乡村魅力，使岱崮镇成为沂蒙山区民风民俗的天然博物馆。

4.形象宣传与营销

形象宣传的主要途径为互联网。乡村可以通过网站、微信公众号等平台对乡村自然景观、人文风情以及特色产品进行宣传与营销。游客也可以通过在论坛中讨论的形式评价乡村旅游经营者，并提出宝贵意见等。还可以借用电台、报纸、杂志以及广告牌等宣传渠道，提高乡村的整体知名度。

（二）注重形象的文化包装

旅游形象有着多方面的展示通道，然而策划的核心在于文化包装。浓郁的民俗风情和文化内涵是核心竞争力，在推广乡村旅游形象时要体现文化性，全方位展示乡村的独特内涵。首先，要分析所处地区的文脉，深入挖掘资源和产品特色。其次，要通过环境建设和产品开发两个方面来体现文化内涵。再次，要营造乡村文化氛围，通过开展丰富多彩的文化活动来形成乡土文化气氛和文化环境。

三、建设乡村旅游品牌

乡村依托自然资源、环境和人文特色提高旅游地的知名度，增加对广大游客的吸引力。打造独具特色的旅游品牌，持续不断地进行品牌建设与维护，对乡村旅游目的地竞争力的提升有着重要的作用。

（一）乡村旅游品牌建设的意义

目前，国际旅游业出现了探寻异域风的趋势。"越是民族的，就越是世界的"理念已深入人心，特色是旅游业的灵魂，也是乡村旅游的根本，有特色才有吸引力，有吸引力才有市场。乡村旅游存在的最大问题就是同质化，热闹的背后往往是门前冷落。因此，我们在发展乡村旅游时一定要尽量做到"人无我有，人有我优，人优我特"，要特别注意挖掘乡村旅游的文化性，加强品牌建设。

（二）乡村旅游品牌建设

旅游目的地品牌竞争力包括市场能力、管理能力和基础能力三个层次。基础能力是乡村旅游发展的根本，市场能力是核心，管理能力则是有力保障。乡村旅游品牌建设是个系统性的工程，需要结合内外部环境，整合旅游资源，关注游客需求等。在进行品牌建设时要以自身旅游资源、基础设施条件和文化内涵为着眼点，以打造乡村自然景观特色、地域文化背景为重点，使乡村旅游形象在旅游市场上更具吸引力，不断提升其品牌影响力。

（三）乡村旅游品牌经营策略

当前，乡村旅游的个性化、差异性、体验性特点比较明显，竞争日趋激烈，一个好的旅游目的地品牌往往成为游客选择的依据。因此，乡村旅游经营者一定要重视品牌建设。

1.准确进行乡村旅游品牌定位

乡村旅游品牌的建立绝非是一朝一夕就能做到的，必须要花费大量的时间和精力，通过自身旅游品质的提升和大量的营销工作才能建立起来。乡村旅游品牌的定位对品牌创建工作起着至关重要的作用，准确定位才能够提升乡村旅游品牌的影响力，以吸引更多游客。

2.保持乡村环境本色，加强品牌文化建设

品牌的建立需要长时间积累，需要有文化内涵作支撑。必须要保护好乡村旅游地区的自然环境和人文环境，并将乡村文化渗透到乡村旅游地品牌建设中。

3.品牌联合策略

品牌联合策略是指对于旅游产品特色较接近的企业，通过共同打造同一个品牌，实现建立品牌的目的。乡村旅游企业由于自身的资源较少、资金匮乏、企业高层次经营人员缺乏等诸多条件限制，一个企业不容易建立良好的品牌影响力。因此，进行品牌联合，共同打造一个精品品牌是非常好的选择。

4.广泛传播品牌，加强乡村旅游网站建设

品牌的建立除不断提升旅游产品质量、服务水平等以外，还需要通过各种营销手段进行广泛传播。

（1）借助传统媒体传播品牌

传统的宣传方法主要有发传单、设置广告牌以及投放电视、报纸广告等。由于这些媒体的有效性和宣传面广的特点，乡村旅游品牌宣传仍然需要借助这些传统宣传渠道。

模块六　乡村旅游市场营销

（2）利用现代新兴媒体推广

互联网时代，乡村旅游借助互联网将会有助于品牌的推广。可以运用微信、微博等来宣传推广自身品牌；借助专业乡村旅游网站或构建自身网站进行品牌推广；也可以在政府部门网站进行推广。

5.加强品牌保护

品牌建立起来之后，仍然需要通过各种方法加强品牌保护。有时一个微小的负面信息经过放大之后，也有可能导致长期建立起来的品牌消亡。因此需要提高品牌保护意识，通过各种风险预警机制对品牌进行保护。

任务三　乡村旅游的目标市场

通过市场调研了解目标市场，找出"谁是我们的顾客"，并分析他们的共同特征，可以有的放矢地开展宣传促销。乡村旅游市场营销是一门学问，从调研分析、确定目标、制订计划到实施执行，每一个环节都需要认真对待，马虎不得。有的企业很重视营销并制订了"宏伟"却不切实际的促销计划，不区分目标市场全面出击，打一枪换个地方，往往收效不佳。应当集中力量瞄准重点市场，连续不断地进行巩固性宣传。

一、乡村旅游市场调研

市场调研的主要功能：一是收集并陈述事实（获得市场信息的反馈，向决策者提供关于当前市场的信息和进行营销活动的线索）；二是分析和解释信息（了解当前市场状况形成的原因和一些影响因素）；三是对市场变化进行预测（通过对过去市场信息的分析推测可能的市场变化）。

（一）乡村旅游市场调研的作用

1.提供正确的市场信息

通过市场调研可以了解市场的变化趋势，以及消费者的潜在购买动机和需求，有助于营销者识别最有利可图的市场机会，抓住发展契机。对于企业来说，能否及时了解市场变化情况，并适时、适当地采取应变措施，是企业能否取胜的关键。

251

2.为制定营销策略提供依据

通过分析市场信息,避免企业在制定营销策略时脱离实际,帮助营销决策者了解营销活动的得失。只有实际了解市场情况,才能有针对性地制定市场营销策略和企业经营发展战略。

3.及时了解行业发展现状

通过市场调研有助于了解当前相关行业的发展状况和经验,为改进企业的经营活动提供信息,还可以对市场变化趋势进行预测,从而可以提前计划和安排,充分利用市场的变化,从中谋求企业的利益。

4.整体宣传策略的需要

市场调研为企业和产品宣传等提供信息和支持。宣传推广需要了解各种信息的传播渠道和传播机制,以确定合适的宣传推广方式及详细的营销计划。

(二)乡村旅游市场调研的内容

1.乡村旅游市场环境调研

①政治环境调研,主要是了解对乡村旅游市场产生影响的国际国内政治形势、政治状况、政治制度,国家对旅游行业管理的有关方针政策等。

②法律环境调研,主要是分析研究相关国家和地区以及企业所在地的有关法律、法规、条例,特别是有关旅游企业所在地的法律、法规、条例,有关旅游企业的经济法、企业法、合同法、环保法等,同时熟悉国际惯例,了解各国、地区发展旅游业的方针政策。

③经济环境调研,主要指一国或地区在一定时期内的国民经济发展状况,包括社会经济制度、经济发展水平、产业结构、劳动力结构、消费水平、消费结构以及经济发展动态等。

④技术环境调研,是对一个国家或地区当前的技术状态、新技术成果、技术发展动向以及推动技术发展的相关政策等的调查。

⑤自然地理环境调研,指地理、气候、季节、自然资源、交通运输等的状况。

2.乡村旅游市场需求调研

旅游需求主要由购买者、购买欲望和购买能力组成,旅游市场需求变化表现为旅游消费心理、消费欲望、消费动机、购买能力等方面的变化。

3.乡村旅游市场营销调研

这包括乡村旅游产品和服务调研、价格调研、推销调研、营业推广调研，以及对公关活动、广告活动、分销管理、经营商的调查等。

4.竞争对手调研

调研竞争对手的产品和竞争对手的基本情况。

（三）乡村旅游市场调研的方法

1.观察法

观察法是社会调查和市场调查研究的最基本的方法。它是由调查人员根据调查研究的对象，利用眼睛、耳朵等感官以直接观察的方式对其进行考察并搜集资料。

2.实验法

实验法是由调查人员根据调查的要求，用实验的方式，将调查的对象控制在特定的环境条件下，对其进行观察以获得相应的信息。控制对象可以是产品的价格、品质、包装等，在可控制的条件下观察市场现象，揭示在自然条件下不易发生的市场规律。这种方法主要用于市场销售实验和消费者使用实验等。

3.访问法

访问法可以分为结构式访问、无结构式访问和集体访问。

结构式访问是通过事先设计好的、有一定结构的访问问卷进行的访问。调查人员要按照事先设计好的调查表或访问提纲，以相同的提问方式和记录方式进行访问。提问的语气和态度也要尽可能地保持一致。

无结构式访问是没有统一问卷，由调查人员与被访问者自由交谈的访问。双方可以根据调查的内容，进行广泛的交流。如对商品的价格进行交流，了解被调查者对价格的看法。

集体访问是通过集体座谈的方式听取被访问者的想法，收集信息资料。集体访问可以分为专家集体访问和消费者集体访问。

4.问卷法

问卷法是通过设计调查问卷，让被调查者填写调查表的方式获得所调查对象的信息。在调查中将调查的资料设计成问卷后，让被调查对象将自己的意见或答案填入问卷中。

（四）收集乡村旅游市场信息的渠道

收集乡村旅游市场信息的渠道有：社会公开的统计数据资料；旅游局、农林局、水利局等政府相关部门；行业协会，如观光农业协会、旅游协会等；利益相关者，如旅行社、旅游公司、票务代理公司、酒店、旅游交通企业、旅游购物店等；各类相关展览会和博览会；其他商业组织和团体等。

二、乡村旅游市场细分

（一）市场细分的概念

市场细分是指营销者通过市场调查，依据游客的需求、消费特点和习惯，将整体市场划分为若干子市场的过程。每一个子市场都是由具有类似需求特征的消费群体构成的，每一个消费群体都有一个特定的市场。

乡村旅游市场细分是旅游市场营销过程中的重要环节。通过前期市场调研对旅游市场进行科学合理的细分，目的是指导后期乡村旅游市场营销活动，进一步发掘乡村旅游市场，开发旅游新产品，开拓旅游新市场，有针对性地制定和调整旅游市场营销组合策略，优化资源配置和取得良好的经济效益。

（二）市场细分的依据

旅游市场细分可以从以下几方面进行：目标客源市场分布情况、旅游组织方式构成情况、游客职业和年龄、旅游目的、旅游花费构成情况、了解乡村旅游信息的渠道、旅游逗留天数、闲暇时间的安排，以及旅游者感兴趣的旅游资源、旅游商品等。

在对乡村旅游市场进行细分的过程中，针对游客的来源、类型、规模、消费习惯、流动规律等，进一步确定他们的需求，在不同需求的人群中再对其旅游方式进行细分，以采取不同的营销手段。

三、乡村旅游目标市场

（一）目标市场的概念

目标市场指在整体乡村旅游市场上选定作为营销对象的某些细分市场。选择的目标市场必须要有足够大的市场潜力和长期盈利能力。作为经营者不能幻想让所有客源都成为自己的客人，要懂得发挥自身优势，锁定特定的客户群，认真研究他们的旅游需求。

各个乡村的地理位置、区位环境、资源条件、产品种类及知名度都不同，因此具体的目标市场不同，所能应用的营销策略也不尽相同。在确定目标市场时，必须根据自身条件来确定客源市场。

（二）乡村旅游消费者

乡村旅游者的主体是城市居民，其主要的旅游动机是缓解压力、接近自然。中国乡村旅游消费者具有以下特征：从出游距离上看，平均出游距离约70公里；从乡村逗留时长看，平均出游时间达25小时，即过夜游客较多；从出游范围来看，超过96%的游客在本省参与乡村游；从出游原因看，休闲和探亲访友占75%；从出游频率看，半数以上游客每月进行一次乡村游；从出游方式看，70%的游客选择乡村自驾游；从乡村游群体看，以结伴出行为主，多为青壮年。

项目二　乡村旅游市场营销策略

【项目导入】

乡村旅游市场营销就是根据所选的目标市场，有针对性地选择营销策略，实现对不同人群的营销，以保证产品能有效地进入每一个细分市场。随着我国乡村旅游业的飞速发展和成熟，乡村旅游市场营销方式也正在发生着重要的变革，并直接决定了乡村旅游产业的发展。

【学习目标】

知识目标：

- 掌握网络营销的主要内容；
- 了解注意力营销与传统营销方式的区别，掌握注意力营销的常见方法；
- 熟悉4P组合营销策略的内容。

能力目标：

- 能结合乡村旅游地的实际情况，选择有针对性的策略开展营销工作。

【项目任务】

◆　实地调查或利用互联网了解1~2个国家级乡村旅游示范点的市场营销策略，并为当地某一建设中的乡村旅游地提出可行的市场营销策略。

模块六 乡村旅游市场营销

任务一　乡村旅游网络营销

在社会经济、科技高速发展，人们生活水平逐步提高的背景下，乡村旅游也进入了全新的发展时期。中国已经进入"互联网+"时代，在传统行业的营销中，互联网已经得到了较为广泛的应用。乡村旅游要实现"线上线下"互动营销、融合营销、精准营销，在做好线下营销的同时，要加大线上营销的力度，做好网站、微信、微博等多种互联网营销平台建设，除了提供乡村的地理位置、交通状况、旅游价格、自然风景、人文特色、民风民俗、住宿餐饮信息之外，还能为旅游者的游览线路、时间安排、食宿选择等提出建议，实现从"卖产品"，向提供乡村休闲生活方式转变。

一、构建网络营销平台

在整个乡村旅游市场中，旅游信息不对称，受众（游客和潜在游客）接触的信息面狭窄。乡村旅游景区应构建智能、独立、个性、全免费的网络平台，提供景区特色、旅游线路、酒店、旅游商品、气候、交通、注意事项等信息，并及时更新相关内容，完善线上服务，增加供需双方互动，以方便受众搜索信息，做出旅游决策。

二、APP移动客户端推广营销

随着移动互联网时代的到来，移动终端（手机或平板电脑）APP得到了持续发展，是目前普遍采用的一种营销模式。营销者将乡村旅游产品与服务整合成图文、视频，通过APP展示给用户，从而达到营销的目的。移动客户端是连接企业与用户之间关系的重要渠道，它可以随时随地与用户进行互动，提供更好的用户体验。随着APP技术开发人员的增多和市场的成熟，APP的开发成本相对于其他营销模式更为低廉，因此乡村旅游对移动客户端营销模式的接受程度越来越高。

移动客户端为用户提供方便快捷的访问入口，拥有比网页更便捷的操作界面。在"去哪儿旅行"客户端中搜索乡村旅游可获得大量乡村旅游产品的信息，同时可以实现精准查询、预定、互动、分享等。此外，还有专门的乡村旅游移动客户端，如"乡村旅游——中国最大的乡村旅游信息平台"，该客户端发布乡村旅游企业/行业信息，通过评论、分享等互动功能，加强企业与消费者的联系，帮助企业灵活开展营销活动，扩大品牌影响力。

三、拓展社交平台营销模式

根据中国互联网信息中心的调查统计，目前使用规模最大的社交平台有QQ、微信、微博等。由于社交平台用户基数大、受众广、发展成熟，企业可利用社交平台对消费者信息和消费者行为进行分析，直接向目标用户及时传递个性化的信息，从而达到精准营销、互动营销的目的。虽然社交平台是用户分享购物体验和产品信息的主要平台，但社交平台营销模式主要以品牌宣传、口碑营销为主，其购买转化率不高，部分社交平台不具备支付功能，因此其购物功能还有待进一步挖掘。

四、积极加入农业电商的发展

在"互联网+"发展的大背景下，各类电商开始逐渐进入农业领域，发展迅猛。当前很多地方旅游局开设了在线农业观光旅游旗舰店或农产品旗舰店，以旅游服务带动当地农产品的销售，不仅增加了游客对景点的直观认知，也促进了消费者线上购买农产品。农业电商成为村庄整体的"乡村旅游名片"。

任务二　注意力营销

注意力营销，就是以最大限度跟踪、捕捉消费者的注意力为目的，围绕如何获取注意力，并将它变为看得见、摸得着的经济效益而展开的营销活动。

传统营销模式是实体营销，局限于销售某一种实物产品，顾客满意仅以目标市场的满意度为中心。在注意力经济环境下，新的营销观念是只有公众，不分市场，商家追求的是公众关注度而不是市场占有率。注意力营销模式是在注重顾客需求的同时，强调企业主动扩大市场和创造新的市场，用新颖独特的方法使新产品挤入某一市场，引导消费，从而引起"轰动"效应；强调以公众的注意力为前提，重在推销一个品牌、一种形象或一种价值观念，从而确保公众注意力的长期维持。

模块六　乡村旅游市场营销

传统营销主要依靠人力和物力，以印刷宣传手册、做广告、个人推销、搞说明会等手段实现。注意力营销给传统营销赋予新的内容，利用高科技手段和网络媒体进行宣传，借助新闻热点、节庆、软广告等手段吸引公众注意。

一、宣传旅游热点

宣传旅游热点是捕获公众注意力的捷径，也是注意力营销最有效的手段。在社会生活中，热点问题是公众普遍关心的问题，构成热点的可以是事件，也可以是人物，通常是二者的结合。热点新闻则是新闻传媒围绕社会热点所展开的有一定力度和深度、有广泛影响的持续性的报道。

利用热点新闻吸引公众的注意力，就要寻找或创造与乡村旅游有关的各种人物、事件、活动等；时间上要有延续性；内容上尽量新颖、有特色，利用媒体的力量迅速捕获公众注意力。

（一）申报各级遗产项目

各级自然、文化遗产是旅游产品的一大亮点，遗产申报过程中可以进行广泛的宣传。

（二）委派形象大使

旅游形象大使应是社会影响力较大的人。从旅游形象大使的评选、公布到其为旅游推广所开展的一切活动，都是新闻媒体所热衷的话题。

（三）紧跟社会热点

社会热点是社会各界瞩目的焦点问题，影响范围广。因此紧跟时代主题，抓住社会焦点，巧妙地利用公众对社会热点的关注进行乡村旅游营销是不可忽视的方法。

二、播发旅游广告

播发旅游广告是通过媒体选择目标人群进行有针对性的宣传，实际上是付费购买公众的注意力。通过广告营销手段来吸引公众注意力，要求对广告活动的各个环节进行准确定位和精心策划。

（一）广告定位要准确

旅游广告定位首先应突出吸引力因素。在突出个性的前提下，常见的一种旅游广告定位方法是比附定位。比附定位的技巧就在于巧妙抢占第二位,如上海曾定位为"东方巴黎",海南三亚曾打出"东方夏威夷"的旗号等,目的就是利用这些著名的旅游地引起游客注意,给人们一种"不出国门,周游世界"的心理满足感。

(二)媒体选择要恰当

选择媒体时,通常要考虑四个方面的问题。

1.媒体的覆盖面

媒体的覆盖面越大,受众接收广告的概率就越大。

2.目标受众对媒体的收视(听)率

这是指媒体能够接触到的旅游消费者数量。媒体的收视率是决定广告效果好坏的关键因素。

3.媒体对旅游产品的展现效果

旅游产品的特质要求媒体具有"景"和"境"的展现功能,这就限制了一些媒体的宣传效果。

4.媒体的信誉

如果一个媒体做过虚假广告,就会降低这一媒体上其他广告的效果。

(三)文案编写要精美

一篇精彩的广告文案,就是一篇优秀的文学作品。一则好的广告文案应做到以下几点。

1.诉求针对游客,语言紧扣时代

广告文案应充分了解游客的心理需求及偏好,有浓郁的时代气息,反映旅游需求的热点、主流和趋势。

2.文字优美

广告文字要优美,能使人产生丰富的联想,但要避免过于深奥。

3.文案生动有趣

广告文案要把所宣传的地方同历史名人、历史事件、著名小说中的人物等联系起来,以刺激旅游者的旅游兴致。

模块六　乡村旅游市场营销

4.口号简洁明了

广告口号要凝练、生动，要用浓缩的语言和精辟的文字向游客反复展示一个有吸引力的旅游形象。

（四）宣传时机要把握

旅游广告要选择适当的时机，也就是广告的时间策略，即对广告发布的时间和频率做出统一的、合理的安排。一般从宏观上讲，有集中时间和均衡时间两种策略。集中时间策略主要是集中力量在短时间内对目标市场进行突击性的广告宣传，对于新开发的乡村旅游产品，适于采用集中时间策略。均衡时间策略是有计划地反复对目标市场进行广告宣传，其目的在于持续地加深消费者对产品或企业的印象，挖掘市场潜力，扩大商品的知名度。这样的广告效果往往具有延迟性。采用均衡时间策略要注意广告内容的新鲜感。

另外，节假日时间策略是旅游业常用的时间策略，如五一劳动节、国庆节等适用于出游的长假前期，往往是旅游广告最集中的时段。节庆活动、体育盛事、重大庆典等活动前后也适合投入广告。

三、举办旅游节庆活动

旅游节庆活动往往规模不一，有特定的主题，在特定空间范围内定期或不定期举行，一般延续几天到十几天的时间。节庆活动有助于宣传旅游目的地形象，并加深游客对旅游产品或服务的印象，从而在短时间内达到宣传效果，使旅游者的数量越来越多，进而不断提高当地的知名度，促进当地旅游业和社会经济的全面发展。因此，节庆活动是旅游注意力营销的一种有效手段。

任务三　4P 组合策略

乡村旅游的主要营销因素有产品（product）、价格（price）、渠道（place）和促销（promotion），简称4P。营销组合策略就是在这四个营销因素之间的不同组合，产生不同的作用，它体现着现代市场营销观念指导下的整体营销思想。

一、产品策略

（一）产品分类

乡村旅游产品是指在乡村旅游过程中，景点经营人员为满足游客的需求而提供的产品和服务。乡村旅游产品包括核心产品和辅助产品。核心产品指基础资源，如乡村自然风光、田园生活、历史文化、民俗节庆等，它们是乡村旅游中最具吸引力的内容。辅助产品指为核心产品服务的配套资源，由经营者提供，为游客和当地居民服务，如餐饮、娱乐设施、手工艺品等。

（二）产品组合

游客的需求不同决定着乡村旅游经营者必须提供不同组合的旅游产品和服务。乡村旅游产品组合以乡村文化为主题，通过横向和纵向两个维度进行。乡村旅游产品横向组合是把乡村地区特有的自然景观、民俗风情、历史文化、农事田园生活等基础旅游资源进行组合。乡村旅游产品纵向组合是对横向组合产品中每一类别的具体项目进行细化和组合，例如自然景观类包括山水资源、地貌特征、茶园、蔬菜、水果等，民俗风情类包括乡村特有的节日、传统文化习俗、特色美食等，历史文化资源包括历史建筑遗迹、村庄发展历程、著名人物故居、抗战文化历史等，农事田园生活类包括体验乡村田园生活、采摘樱桃等。

（三）乡村旅游体验产品策略

如何保证游客美好的体验，是吸引游客前来乡村旅游和提高游客重游率的关键。

乡村旅游体验产品包括娱乐体验产品、教育体验产品、乡村美学体验产品等。娱乐体验产品，主要是通过设计一些传统民俗性的娱乐活动（如采茶、山歌对唱）或者新颖的旅游活动，来满足游客娱乐的需要。教育体验产品，主要是满足市民学习乡村文化，感受当地百姓生活的需要。乡村美学体验产品，主要是使游客欣赏到乡村旅游中美丽的自然风光，从中感受到乡村生活的乐趣。

当游客结束旅游体验之后，需要对游客的体验过程进行评价，找出游客满意和不满意的地方，以便不断提高服务水平。旅游市场竞争加剧，旅游者对产品的种类和质量要求越来越高，企业需要不断捕捉市场的变化，推出不同组合的旅游

模块六　乡村旅游市场营销

产品，以满足市场需要。

二、价格策略

合理的价格决定旅游者购买的意愿，它是旅游产品的使用价值和价值能否实现的重要因素。旅游价格策略直接影响旅游需求、市场竞争、企业盈亏等重大问题。旅游企业的定价方法可根据定价时侧重考虑的因素不同，分为成本导向定价、需要导向定价和竞争导向定价等。根据消费心理学的理论可知，价格是影响游客决策的重要因素，恰当的价格策略是撬动市场、调节游客流向以及提高收益的有力手段。

（一）关于门票

乡村旅游和山地旅游、滨海旅游、湖泊旅游等是有明显区别的，因为乡村旅游往往带有情感，乡村给人一种归宿感。这就要求乡村旅游区要给游客家一样的温暖和宾至如归的感觉，少收门票或不收门票是乡村旅游的发展趋势。如陕西省咸阳市的袁家村和马嵬驿两个著名乡村旅游区就免门票，每逢国庆和春节黄金周游客众多。

（二）关于业态和服务收费

乡村旅游地要跳出门票经济，靠丰富的内部业态和有偿服务等赢利。但无论是旅游淡季还是旺季，收费也要合理，不能发生欺客、宰客现象，因此规范的消费价格显得非常重要。

三、渠道策略

乡村旅游营销渠道主要有传统的旅行社和携程网、同程旅游网等电子商务平台。建立一个结构完善、高效的分销体系，是提高市场份额和市场影响力的重要手段。

（一）渠道建设

乡村旅游渠道建设应遵循减少分销层级、降低运营成本、提高反应速度三个基本思路，针对不同重要程度的目标市场采取不同的渠道建设措施：在重要目标市场城市应设立专门的营销机构；而在次一级的目标市场城市可与当地相关组织合作，让其成为乡村旅游代理商；再次一级的目标市场可根据实际需要派驻营销代表。

(二)渠道管理

渠道建设只完成了渠道策略的第一步,要保证渠道体系高效运作,就必须紧抓渠道的管理工作,及时发现和解决问题。具体措施包括:对各级、各类渠道成员进行精细化管理,渠道成员需要得到旅游目的地的认证,每年都需要接受年检,以淘汰不符合要求的渠道商,提高整个渠道体系的质量;保证旅游目的地与渠道商之间信息往来通道的高效畅通,可迅速地将旅游市场变化的信息上传下达,并在渠道体系内部实现无障碍共享;建立旅游产品渠道商俱乐部,每个季度(也可根据旅游淡旺季情况安排时间)召开渠道商会议,一方面给业绩突出的渠道成员颁奖,另一方面增进目的地与各渠道商之间的了解。

(三)营销渠道体系升级

1.营销渠道立体化与层次化

单一的乡村旅游景点规模和实力较弱,难以与大型景区抗衡。可通过多个乡村旅游景点的联合,凝聚综合实力,形成具有竞争力的乡村旅游组团。很多传统营销渠道费用较高,而且在营销效果上也不一定会很好,因此需要主次分明,分清重点。

(1)以组团方式与旅行社合作,降低成本

旅游分销商主要有旅行社、宾馆饭店、导游等。其中最主要的是旅行社。在实际运作过程中,乡村旅游经营者通过与旅行社联系,将其旅游产品纳入旅行社采购的范围,然后旅行社再对乡村旅游产品进行包装销售。在这个过程中,可以采取几个乡村组团推广的方式。

(2)以联盟方式与媒体沟通,增强话语权

单个的乡村旅游企业往往与大媒体之间难以形成对等的沟通,在进行旅游营销时也会遇到很多困扰。如果同一个片区的乡村旅游企业形成联盟,话语权就会大大增强。联盟成员共享营销资源,互相推荐客户,形成整体品牌竞争力。

2.营销渠道精准化与持续化

(1)锁定特定企业,让营销更直接

对于市区范围内或者城市近郊(一般为两小时内车程)的乡村来说,出租车

模块六 乡村旅游市场营销

就是旅游景区增加客源市场的渠道之一。因此，与出租车企业进行合作，能以较低的成本实现较好的效果。

（2）锁定特定部门，让营销更有力

乡村旅游营销需要与当地政府部门和机构建立较好的合作关系，特别是旅游主管部门，因为他们能够为乡村旅游营销提供政策方面的支持。

（3）锁定特定社团，让营销更持久

调查显示，自驾游客是乡村旅游的主要游客群，选择汽车自驾游俱乐部、车友俱乐部等民间社团进行营销是乡村旅游营销的重要环节。

3.营销渠道智慧化与艺术化

（1）乡村旅游网站要"土"一点

网络渠道可以选择知名的旅游网站或自建景区网站两种方式。开发建立乡村自己的网站，定位要立足于乡村自身的特点，不要模仿城市的网站。

（2）乡村旅游推介要"智"一点

乡村旅游营销可以在智慧化方面做一些尝试和创新。比如特色活动智能解说、智慧乡村住宿等。同时，可以通过智能平台加强监督、提升服务、及时反馈、随时互动，提高乡村旅游的营销效果。

（3）微博、微信要"绿"一点

乡村旅游的微博、微信比较受大家欢迎，一般来说都会形成忠诚度较高的粉丝群体。之所以会出现这种情况，就在于乡村的美景与城市景观存在差别，让久居城市的人看到了更加生态、古朴的景象。

（4）乡村营销活动要"嗨"一点

乡村旅游营销活动中最容易犯的毛病是两个"风"：跟风和一阵风。跟风是模仿，一阵风是不持久。所以，活动营销一定要找准自己的特色，坚持年年搞，年年"嗨"。"嗨"久了，活动的影响力就越来越大了。

四、促销策略

乡村旅游经营者要正确认识促销，走出一些观念误区。一是促销无用、自然增长。近年来国内旅游市场需求旺盛，尤其是黄金周期间，在普通的乡村旅游点都游客盈门，以至于有人认为促销既费钱又无用，不促销也能保证游客量逐步增长。二是过于自信、等客上门。有些旅游企业负责人盲目乐观，认为知名度已经足够，可以坐地收钱，还有的人认为自己这么好的地方不愁没人来，结果事与愿违。三是期望过高、立竿见影。以为只要一促销客源就会上升，对促销效果要滞后于促销活动一段时间的规律认识不足。对促销除了带来客源增长外，有时更多地体现在形象提升、品牌塑造等长远潜在回报上缺乏认识。

乡村旅游促销的主要目的就是激发旅游欲望，要把每一次促销活动当作一次市场宣传机会，让更多人愿意来乡村旅游，从而拓宽客源，增加收入。不能有促销无用、自然增长，过于自信、等客上门，期望过高、立竿见影的想法。促销就是要做到让宣传信息以最恰当的方式抵达最恰当的用户，并通过一种互动方式最大限度地吸引目标市场潜在客源。目前，我国乡村旅游市场开发和宣传整体面临品牌塑造不到位的窘境，需要对旧有的促销手段进行革新，必然需要大量的、多层次的传播工具予以支撑。

（一）宣传促销

旅游宣传促销是扩大影响、提高知名度、促进旅游产品销售的主要形式和手段。乡村旅游要保持不断扩大的客源市场，必须采取切实有效的措施，进行全方位、多形式的乡村旅游宣传促销活动。乡村旅游市场营销的渠道多种多样，如积极参与全国性或区域性的旅游促销会议，通过展览宣传促销；编印旅游手册、乡村旅游公园简介、导游图等进行宣传；制作旅游纪念品，如风光明信片、T恤衫等；与各大旅行社及宾馆联营，让利并依靠他们进行促销等。

（二）媒体促销

以乡村旅游总体形象为指导，委托专业广告传播公司制作详尽的媒体推介方案。在媒介的选择上，应根据乡村旅游开发的各个阶段和市场的不同状况，选择恰当的媒体进行组合，以新媒体（微信、微博、互联网等）为主，传统媒体为辅，最终形成多类媒体、多个渠道、多种角度、网络化的立体媒介促销平台。

（三）销售促进

与大量的媒体促销相辅相成，在乡村旅游地建设和发展的不同阶段，应择机

模块六　乡村旅游市场营销

采取不同的销售促进措施,以刺激市场获得预期效果。

1.针对游客

针对游客可采用赠送纪念品、旅游吉祥物、优惠券、累计消费奖励券、淡旺季套票等方法,不断地吸引新客源、巩固老客源。

2.针对渠道商

针对渠道商可采取折扣、赠品、特殊VIP服务、销售奖励等办法,扩大分销商的盈利空间,巩固和发展目的地与渠道商的营销联盟。

3.针对自身的销售体系

针对乡村旅游地自身的销售体系,除在薪酬制度上给予保障,还可采用发放业绩奖金和授予荣誉称号等激励措施来鼓励销售体系内的员工。

(四)人员促销

人员促销是面对面的直接营销,与间接营销相比具有针对性强、沟通效率高等优点。可采用的人员促销方法包括,在主要目标市场联合当地有关部门或机构共同举办乡村旅游形象推广及产品展示会,邀请本地相关的政府部门、旅行社、旅游企业和新闻媒体参与;定期或不定期安排促销专员对目标市场城市的专业团体,如记者协会、教育工会、大型企事业单位,进行日常电话拜访、登门拜访,共同商议团体旅游、会议旅游等合作事宜;鼓励乡村旅游地的每一位员工、每一个村民利用微信朋友圈或个人微信公众号等宣传本旅游地。

模块七

乡村旅游从业人员

/乡/村/旅/游/开/发/与/经/营/管/理/

学习目标

通过本模块的学习，了解乡村旅游从业人员服务角色定位，熟悉乡村旅游从业人员形象规范，掌握乡村旅游从业人员培养的途径，会进行形象定位并通过仪容、仪态、服装、语言等进行形象塑造。

【导言】

　　从目前来看，大多数乡村旅游从业人员，不管是经营者还是乡村服务人员，都是当地农民，没有经过正规的培训，对旅游市场和旅游者心理缺乏了解，经营水平和服务质量都偏低。因此，要使乡村旅游持续、快速、健康地发展，需要对乡村旅游从业人员进行形象设计，对其服务行为进行规范，对从业人员进行有针对性的培养，使其和乡村旅游市场发展的需求相一致。

模块七　乡村旅游从业人员

项目一　乡村旅游从业人员的形象设计

【项目引入】

乡村旅游从业人员的形象是一个人的精神面貌和内在气质的外在体现,它与一个人的道德修养、文化水平、审美情趣等有着密切的关系。不同时代、民族和阶级的审美观及经济发展状况,会影响到人们如何去塑造自己的形象。现代审美观要求我们按照社会发展的需要来塑造自己的形象。为了适应改造客观世界的需要,更好地为旅游者服务,乡村旅游从业人员应努力将自己的外在形象塑造得充满朝气、富于生命力。

【学习目标】

知识目标:

- 掌握乡村旅游从业人员的服务角色和对其形象的基本要求;
- 了解乡村旅游从业人员仪容、仪表的概念及重要意义。

能力目标:

- 能根据对乡村旅游从业人员仪容、仪表的基本要求进行形象塑造。

【项目任务】

◆ 以小组为单位,搜集乡村旅游从业人员角色定位的相关内容,并为家乡的乡村旅游从业人员进行形象设计。

任务一　角色定位

一、服务提供者

乡村旅游从业人员直接参与了乡村旅游服务的全过程。从旅游者走进乡村旅游地用餐、住宿、体验娱乐项目、购买土特产品，到最后离开乡村旅游地，每一个环节都离不开乡村旅游从业人员的参与。餐厅、住宿服务人员要殷勤招待，娱乐项目服务人员要带动旅游者投入体验过程，导购要热情介绍土特产品等，乡村旅游从业人员是服务的提供者，是旅游者需求的关注者和满足者。

二、产品营销者

由于乡村旅游从业人员和旅游者接触最多，他们在服务的同时也是在销售乡村旅游产品，服务的质量和水平直接影响到旅游者的满意度。乡村旅游产品包括服务和旅游商品，许多从业人员在提供服务的同时还承担着推销员的角色，如向旅游者介绍乡村旅游地的各种商品、服务设施和服务项目等。

三、乡村旅游形象代表

乡村旅游从业人员是乡村旅游地的代表，其一言一行都影响着旅游者对旅游地的感知，他们的态度和行为直接影响到服务质量。即使从业人员在休息时，只要他们穿着工作服以从业人员的身份展示在旅游者面前，就会对旅游地的形象带来影响。乡村旅游从业人员应该与旅游者建立并维持良好的关系，从而保持旅游者对旅游地的良好印象。旅游地关系营销的核心概念就是建立与旅游者的长期关系。旅游从业人员直接接触旅游者，是影响旅游地与旅游者能否建立长久关系的关键因素。旅游者的满意度高，就有可能成为旅游地的回头客，而且会产生良好的口碑。而旅游者的满意度与从业人员的表现是直接相关的。从业人员与旅游者关系友好，并善于倾听旅游者的意见，旅游者对服务的评价就会更高，旅游者重游的可能性就会更大。

四、信息传递者

乡村旅游从业人员直接与旅游者接触，是连接旅游地和旅游者的纽带。从业

模块七 乡村旅游从业人员

人员了解旅游者的需求和期望,并能进一步跟踪服务质量,在发现问题时及时采取对策。同时旅游地对外做出的服务承诺,最终也是由从业人员具体实施的。从业人员在传递信息和沟通的过程中起了关键性的作用。

五、建议者

乡村旅游从业人员常常承担着建议者的角色。他们在征询和总结旅游者需求的基础上,从旅游者的角度出发,为旅游者提供各种与旅游地相关的信息,介绍旅游地的产品、服务设施和服务项目,给旅游者提出建议。这与推销者的角色有着本质的不同,推销者是从旅游地的利益出发,努力促成销售;而建议者是从旅游者的需要出发,本着为旅游者负责的态度,充当旅游者的顾问,适时地向旅游者提出建议。这就要求从业人员熟悉旅游地的整体情况和最新信息。

六、引导者

服务互动过程中,为使服务顺利地进行,从业人员引导着旅游者完成整个服务体验。乡村旅游从业人员在与旅游者的互动过程中起到了引导的作用。旅游者若在服务中表现积极并配合完成服务过程,则有助于提高服务效率;服务过程中,旅游者的参与程度会影响服务结果,因而从业人员的引导十分重要。乡村旅游从业人员通过自己的服务技巧引导旅游者参与和配合服务,带动旅游者的积极性,有利于增加旅游者的满意度。

七、问题解决者

在服务的过程中,从业人员随时面临各种冲突和问题。如旅游者提出的要求与规定相违背而产生的冲突,旅游者对服务的期望和要求过高而产生的冲突等。乡村旅游从业人员要随时解决这些冲突,以利于服务的有效进行。除了这些冲突,乡村旅游从业人员还会面临服务失败或旅游者需求特殊等诸多问题。这些问题大都在与旅游者接触的关键时刻发生,这时从业人员要发挥主动性和积极性,避免失误并处理好客人的特殊需求,让旅游者满意。

乡村旅游从业人员是乡村旅游形象的窗口,他们的服务和在服务过程中所体现的职业素养关系到游客对乡村旅游形象的评价。乡村旅游从业人员应以亲切的态度对待旅游者,将一些充满乡村生活情趣的历史文化、民宿风情纳入乡村旅游

服务中,让旅游者在体验家的温暖的同时也能感受到乡村特有的魅力。良好的旅游服务形象的塑造需要切实提高服务人员的文化和道德修养,从而提高接待水平和服务质量。

乡村旅游从业人员应定期进行身体检查和卫生检查,防止有传染病者上岗,保证乡村旅游的饮食卫生。建立乡村旅游餐饮卫生培训制度,定期对从业人员进行卫生知识培训,使他们了解工作岗位的卫生管理制度,懂得国家餐饮卫生法规,懂得餐具消毒制度,保证用餐卫生。

任务二　形象塑造

【思考案例】

经过一天的游览,游客小李筋疲力尽,打算在某景区内的餐厅就餐。服务员艳丽的妆容和袒胸露背的着装令他心惊肉跳,怀疑自己是否误入"黑店"。其后,传菜员那长长的、血红的指甲令他吃饭没了胃口,总担心那长长的红指甲会碰到菜上。结账时小李跟服务员核对账单,又闻到对方的口臭。这次用餐小李感觉吃得很不舒服。

为何小李这顿饭吃得很不舒服?旅游从业人员着装有哪些要求?旅游从业人员仪容、仪表有哪些注意事项?

一、仪容、仪表

(一)仪容、仪表的概念

仪容指一个人的容貌,包括五官的修饰和适当的发型衬托。

仪表指一个人的外表。除容貌、发型外,它包括人的服饰、身材、神态和姿态、个人卫生等,是一个人精神面貌的外在体现。

模块七　乡村旅游从业人员

（二）乡村旅游从业人员注重仪容、仪表的意义

1.仪容、仪表是树立乡村旅游地良好形象的基础和前提

现代企业都十分重视树立良好的公众形象，乡村旅游地也不例外。乡村旅游地形象主要取决于两个方面：一是提供的特色乡村旅游产品与个性化服务水平；二是从业人员的形象。在从业人员形象中，从业人员的仪容、仪表是最重要的表现，在一定程度上体现了乡村旅游地的服务形象，而服务形象是乡村文明的首要标志。

乡村旅游从业人员工作的特点是直接向乡村旅游者提供服务。客人对乡村旅游地员工的"第一印象"是至关重要的，而"第一印象"的产生首先来自一个人的仪容、仪表。良好的仪容、仪表会令人产生美好的第一印象，从而对乡村旅游地产生积极的宣传作用，同时还可能弥补某些服务设施方面的不足；反之，不好的仪容、仪表往往会令人生厌，即使有热情的服务和一流的设施也不一定能给客人留下良好的印象。因此，注重仪容、仪表美是对乡村旅游从业人员的一项基本要求。为了向乡村旅游者提供优质服务，使客人满意，乡村旅游从业人员除了应具备良好的职业道德、广博的业务知识和熟练的专业技能之外，还要讲究礼节、礼貌，注意仪容、仪表。

2.良好的仪容、仪表是乡村旅游从业人员获得尊重的有效手段

爱美之心人皆有之。每一个乡村旅游从业人员都有尊重自我的需要，也想获得他人的关注和尊重。作为一名乡村旅游从业人员，只有注重仪容、仪表，从个人形象上反映出良好的修养与蓬勃向上的生命力，才有可能受到客人的称赞和尊重，从而更加感到自信。

3.良好的仪容、仪表是乡村旅游从业人员尊重旅游者的体现

注重仪容、仪表是尊重旅游者和讲究礼节、礼貌的具体表现。无论是有意或无意，每个人的仪容、仪表都会在对方心理上引起或使人轻松愉悦、给人以美感，或使人别扭、不舒服的感觉。如果尊重他人，就应该通过仪容、仪表来体现对他人的重视。仪表端庄大方，整齐美观，就是尊重他人的具体体现。在整个旅游活动过程中，旅游者都在追求一种比日常生活更高标准的享受，当然也包括美

275

的享受。

4. 良好的仪容、仪表可以尽快缩短旅游从业人员与旅游者之间的心理距离

人的外表在待人处事中所起到的作用是不容忽视的。一个人的仪容、仪表在人际交往中会被对方直接感受,并由此反映出其个性、修养、工作作风、生活态度等最直接的个人信息,将决定对方心理的接受程度,继而影响进一步沟通与交往。因此,从某种意义上讲,良好的仪容、仪表是成功的人际交往的"通行证",在一定程度上满足了人的爱美、求美的共同心理需求。乡村旅游从业人员整齐、得体的仪容、仪表,以其特殊的魅力给人留下美好的第一印象,常常会有一种特别的亲和性,无论在工作还是生活中,都会产生良好的社会效果。

5. 良好的仪容、仪表反映了乡村旅游地的管理水平和服务质量

从业人员的仪容、仪表反映出一个乡村旅游地的管理水平和服务质量。在当今市场竞争激烈的条件下,乡村旅游地的设施、设备等硬件条件已大为改善,日趋完美。因此,作为软实力的从业人员素质对服务水平的影响就会越来越大。而从业人员的仪容、仪表在一定程度上反映了从业人员的素质。一个管理良好的企业,必然在其员工的仪容、仪表和精神风貌上有所体现。

(三)对乡村旅游从业人员仪容、仪表的基本要求

1. 男士仪容、仪表基本要求

①短发(侧不过耳,后不过领)清洁、整齐,不要太新潮。

②精神饱满,面带微笑。

③每天刮胡须,饭后洁牙。

④提倡穿朴素的民族服装,大方得体,与季节、环境相协调。

⑤鞋子光亮、清洁。

⑥指甲短,保持清洁。

⑦全身衣着颜色在三种以内。

2. 女士仪容、仪表基本要求

①头发梳理整齐(前不过眉后不过肩),长发要用发夹夹好,不扎马尾巴。

模块七 乡村旅游从业人员

②化淡妆,面带微笑。

③提倡穿朴素的民族服装,大方得体,与季节、环境相协调。

④指甲不宜过长,并保持清洁。涂指甲油时应用自然色。

⑤裙子长度适宜。

⑥穿肤色丝袜,无破洞(应有备用袜)。

⑦鞋子光亮、清洁。

⑧全身衣着颜色在三种以内。

【思考案例】

重要的服务仪表

某报社记者吴先生为作一次重要采访,下榻于北京某饭店。经过连续几日的辛苦采访,终于圆满完成任务。吴先生与两位同事打算庆祝一下,当他们来到餐厅,接待他们的是一位五官清秀的服务员,接待服务工作做得很好,可是她面无血色显得无精打采。吴先生一看到她就觉得没了刚才的好心情,仔细留意才发现,原来这位服务员没有化工作淡妆,在餐厅昏黄的灯光下显得疲态十足,这又怎能让客人看了有好心情就餐呢。当开始上菜时,吴先生又突然看到传菜员涂的指甲油缺了一块,当下吴先生第一个反应就是:"不知是不是掉入我的菜里了。"为了不惊扰其他客人用餐,吴先生没有将他的怀疑说出来。但这顿饭吃得吴先生心里总不舒服。最后,他们唤柜台内服务员结账,而服务员却一直对着反光玻璃墙面修饰自己的妆容,丝毫没注意到客人的需要。用餐结束,吴先生对该饭店的服务十分不满。

二、仪态

（一）仪态的含义

仪态又称"体态"，是指人的身体姿态和风度。姿态是身体所表现的样子，风度则是内在气质的外在表现，它主要是通过人的言谈举止、动作表情、站姿、坐相、走态、眼神及服饰装扮等方面体现出来的。仪态属于人的行为美学范畴。它既依赖于人的内在气质的支撑，又取决于个人是否接受过规范和严格的体态训练。人们可以通过自己的仪态向他人传递个人的学识与修养，并能够表达某种感情。

（二）乡村旅游从业人员仪态的基本要求

1.站姿

常言"站如松"，就是说，站立应像松树那样端正挺拔。站姿显现的是静态美。站姿是训练其他优美体态的基础，是表现不同姿态美的起始点。

（1）站姿的基本要求

①头正、颈直、下颌微收，双目平视前方，嘴微闭，表情自然，稍带微笑。

②双肩平齐，放松下沉，双臂自然下垂，虎口向前，手指自然弯曲，中指对准裤缝。

③立腰挺胸，挺直背脊，收腹提臀，髋部上提。

④两腿直立，双膝并拢。

图7-1

⑤两脚跟相靠，脚尖分开成45°～60°，重心在两脚间的中心位置上。

（2）乡村旅游从业人员服务时常用的站姿

①垂臂式站姿，如图7-1所示。

②腹前握指式站姿（图7-2），即两手在腹前交叉，右手搭在左手上直立。这种站姿，男子可以两脚分开，距离不超过20厘米。女子可以用小丁字步，即一脚稍微向

图7-2

前，脚跟靠在另一脚内侧。这种站姿端正中略有自由，郑重中略有放松。在站立中身体重心还可以在两脚间转换，以减轻疲劳。这是一种常用的接待站姿。

③后背握指式站姿（图7-3），即双手在身后交叉，右手贴在左手外面，放在两臀中间。两脚可分可并，分开时不超过肩宽，脚尖展开，两脚夹角成60°，挺胸立腰，收颌收腹，双目平视。这种站姿优美中略带威严，易产生距离感，所以常为门童和保卫人员采用。如果两脚改为并立，则突出了尊重的意味。

图7-3

④单臂后背式站姿（图7-4），即一手背在后面，贴在臀部；另一手自然下垂，手指自然弯曲，中指对准裤缝。两脚可以并拢也可以分开，或成小丁字步。左臂弯曲则用左丁字步，右臂弯曲则用右丁字步。这种站姿男士多用，显得大方、自然、洒脱。

图7-4

⑤单臂前屈式站姿（图7-5），即一手置于腹前，贴在腹部；另一手自然下垂，手指自然弯曲，中指对准裤缝。两脚可以并拢也可以分开，或成小丁字步。左臂前屈则用右丁字步，右臂前屈则用左丁字步。

以上几种站姿密切联系着岗位工作，在日常工作中适当运用，会给人挺拔俊美、庄重大方、舒展优雅、精力充沛的感觉。

图7-5

（3）应避免的不良姿态

①头不正，颈不直，或仰头、低头、左右偏头，探着颈。

②身不直，肩不平，或弯腰驼背、含胸挺腹、塌腰撅臀，身子前倾，扒桌靠椅，耸肩、斜肩。

③双手插在腰间或抱在胸前，或双手插在裤袋里做小动作。

④将身体倚靠在墙上，或倚靠其他物品作为支撑点。

⑤无精打采或东倒西歪。

2.坐姿

（1）坐姿的基本要求

坐下时不应满座，宽大沙发、椅坐2/3，一般坐椅子的1/2。

（2）基本坐姿

入座时要轻与稳。走到座位前，自然转身，右脚后撤半步，安稳坐下（着裙女士，入座前应用手自后向前将裙后再坐）。坐下后，上半身应保持站立时的姿态，腰背不可弯曲。只可坐满椅子的2/3，并时刻保持双膝并拢。

（3）常用坐姿

①男士坐姿分为标准式（图7-6）、前伸式（图7-7）、重叠式（图7-8）等。

图7-6　　　　　　　　　图7-7　　　　　　　　　图7-8

②女士坐姿分为标准式（图7-9）、侧点式（图7-10）、前交叉式（图7-11）、曲直式（图7-12）、侧挂式（图7-13）等。

（4）不良坐姿

变换坐姿时，动作幅度不可太大。起来时，右脚向后收半步而后起，动作不要迅猛。坐在椅子或沙发上时，不要前俯后仰，不要将脚放在椅子或沙发扶手和茶几上。不跷二郎腿，尤其不要跷着二郎腿还上下晃悠，两手不要漫不经心地拍打扶手。

图7-9　　　　　　　图7-10　　　　　　　　　图7-11

　　　图7-12　　　　　　　　　图7-13

3.走姿

（1）走姿的基本要求

①头正、颈直、下颌微收，双目平视前方，面带微笑。

②挺胸收腹，直腰，脊背挺直，提臀，上体微向前倾。

③肩平下沉，手臂放松伸直，手指自然弯曲。两臂前后摆幅不得过大（前摆约35°，后摆约15°）。

④跨出的步子应是脚跟先着地，膝盖不能弯曲。脚腕和膝盖要灵活，富于弹性，不可过于僵直。

⑤行走轨迹：男士两条平行线；女士一条直线。

⑥步幅（前脚跟到后脚尖的距离）要适当。一般步幅为一脚长，但因性别、

身高不同会有一定差异。着装不同，步幅也不同。如女士穿裙装（特别是穿旗袍、西服裙、礼服）和穿高跟鞋时步幅应小些，穿长裤时步幅可大些。

⑦步速：女士118～120步/分钟，男士108～110步/分钟。

（2）不规范的走姿

①左顾右盼。

②重心太前倾，或太过后"坐"。

③双脚内、外八字。

④走交叉步时臀部摆动不自然，幅度过大或扭腰。

⑤两手贴着裤缝走。

⑥将两手插在衣裤里，或背着手，摇头晃脑。

4.蹲姿

（1）蹲姿的基本要求

下蹲拾物时，应自然、得体、大方，不遮遮掩掩。两腿合力支撑身体，避免滑倒。应使头、胸、膝关节在一个角度上，使蹲姿优美。

（2）蹲姿的类别

①交叉式蹲姿。在实际生活中常常会用到蹲姿，如集体合影前排需要蹲下时，女士可采用交叉式蹲姿，下蹲时右脚在前，左脚在后，右小腿垂直于地面，全脚着地。左腿由右腿后面伸向右侧，左脚跟抬起，脚掌着地。两腿靠紧，合力支撑身体。臀部向下，上身稍前倾（图7-14）。

图7-14

②高低式蹲姿。下蹲时右脚在前，左脚稍后，两腿靠紧向下蹲。右脚全脚着地，小腿基本垂直于地面，左脚脚跟提起，脚掌着地。左膝低于右膝，左膝内侧靠于右小腿内侧，形成右膝高左膝低的姿态。臀部向下，基本上以左腿支撑身体（图7-15）。

图7-15

模块七　乡村旅游从业人员

三、体态语言

体态语言又称"人体语言"或是"态势语"，它是通过人体某部分形态的变化来传递信息、表达情感的一种无声语言。

（一）手势

1.乡村旅游从业人员常用的手势及规范

（1）"请"的手势

"请"是服务过程中用得最多的手势，根据手臂所抬的高度和方向，大体可包括"请进""里面请""那边请""请坐""各位请"等几种意思。

① "请进"——体侧式（图7-16）。五指自然伸直并拢，掌心斜向上方，手掌与地面成45°，整个手臂应略微弯曲，上臂与前臂成140°为宜。表示"请进"时，应以肘关节为轴，上臂带动前臂，手臂由体侧自下而上抬起，身体略微前倾，头向手势方向略偏，面向客人，目视来宾微笑。

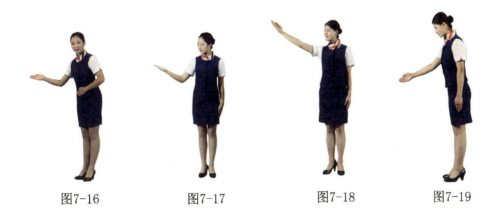

图7-16　　　　图7-17　　　　图7-18　　　　图7-19

② "里面请"——曲臂式（图7-17），只有一只手空闲时常采用此姿势。五指自然伸直并拢，掌心向上，以肘关节为轴，手臂由体侧自下而上抬起，手指尖不可超过另一边体侧。身体略微前倾，面向客人，目视来宾微笑。

③ "那边请"——直臂式（图7-18）。在体侧式的基础上，整个手臂抬起，肘关节基本伸直，略低于肩，手掌指向所指的方向。身体略微前倾，面带微笑，眼看所指方向，兼顾宾客是否会意。

283

④"请坐"——斜式（图7-19）。在体侧式的基础上，肘关节基本伸直，整个手臂与身体的夹角不超过60°，手掌指向椅子所在方位。身体略微前倾，面带微笑，眼看所指椅子。

⑤"各位请"——双臂横摆式或双臂侧摆式（图7-20），面对较多来宾时使用。双臂横摆式为两手臂从上腹前打开，然后两手臂形状与体侧式相同，身体略微前倾，面向客人，目视来宾微笑。站在来宾的侧面时，可将两只手臂向一侧摆动。

图7-20

（2）指示方向或介绍某人的手势

这两种手势皆应当掌心向上，四指并拢，大拇指张开，以肘关节为轴，前臂自然上抬伸直。指示方向时上体稍向前倾，面带微笑，视线始终随手的方向移动，并兼顾对方是否意会到目标。

（3）打招呼、致意、告别、欢呼、鼓掌等的手势

应该注意根据场景控制手势力度的大小、速度的快慢及时间的长短，不可以过度。看体育比赛、文艺演出或欢迎客人到来鼓掌时，应该用右手手掌轻拍左手手掌心，不可过分用力，也不可以不鼓掌。更不应该用鼓掌表示不满，即喝倒彩。

2.不规范的动作

在交际活动中，有些手势会让人反感，严重影响形象。比如当众搔头皮、掏耳朵、抠鼻子、咬指甲或手指在桌上乱写乱画，双手插在口袋里，双手抱头，摆弄手指，用拇指指自己的鼻尖和用手指指点他人，这些手势动作都是不礼貌的。

（二）眼神

眼神也称目光语。"眼睛是心灵的窗户"，可以反映出一个人的个人修养、性格特点和心理状态。

眼神根据注视的位置可分公务注视、社交注视和亲密注视；根据注视的方向可分俯视、平视、仰视；注视的时间长短不同，表达的意思也不同。

①正视宾客，即将视线经常停留于对方的前额到嘴部的三角区之间。应与对方经常保持目光接触，不得左顾右盼。

②应对游客的目光作出积极的反应。

③尽量与游客目光保持同一水平高度。

（三）微笑

1.微笑的作用

①可充分展示一个人的风度，并可助其成功。

②在人际交往中，微笑能迅速地缩小彼此间的心理距离。

③服务人员的微笑有助于为企业树立良好形象，促进企业成功和发展。

2.微笑的意义

微笑传递着友好、亲善、尊重等信息，给人如沐浴春风之感，是人际交往中口头语言沟通的"润滑剂"。

3.微笑训练

可以对着镜子练习微笑，采用情绪记忆法进行重复，也可借助一些字词进行口型训练。

【思考案例】

一笑解危机

在内地一家饭店，一位住店的台湾客人外出时，有一位朋友来找他，要求进他房间去等候。由于客人事先没有留下话，总台服务员没有答应其要求。台湾客人回来后十分不悦，跑到总台与服务员争执起来。公关部王小姐闻讯赶来，刚要开口解释，怒气正盛的客人就指着她鼻子尖，言词激烈地指责起来。当时王小姐心里很清楚，在这种情况下，勉强作任何解释都是毫无意义的，反而会招致客人情绪更加冲动。于是她默默无言地看着他，让他尽情地发泄，脸上则始终保持一种友好的微笑。

一直等到客人平静下来，王小姐才心平气和地告诉他饭店的有关规定，并表示歉意。客人接受了王小姐的劝说。没想到后来这位台湾客人离店前还专门找到王小姐辞行，激动地说："你的微笑征服了我，希望我有幸再来饭店时能再次见到你的微笑。"

资料来源：职业餐饮网

（四）头部语言

一般来说，点头表示致意、感谢、理解、满意、赞许、认可、同意、应允、承认、顺从、应和等意义；摇头则表示否定，也可表示对抗、高傲等。世界上大多数国家以点头表示首肯，摇头表示否定。但因文化和环境的差异，头部语言又有不同。如在保加利亚和尼泊尔以及印度的某些地方，则以点头表示否定，摇头表示肯定；塞孟人以头向前冲表示肯定；土耳其和阿拉伯人将头抬起表示否定。使用头部语言时，动作要优雅得体，不要过猛过大，轻微地点头或摇头即可。

四、服饰规范

（一）正式场合着装的基本要求

旅游接待与服务业对礼仪要求较高，因此要求员工的着装应端庄、恬静、稳重、得体。

1. 男士着装的基本要求

男士着装应干净整洁、熨烫平整、扣子齐全、拉链完好，不应有菜汁、油渍和其他污迹，不可有漏缝、破边。在服装式样和色彩搭配上忌杂乱，职业装忌过于鲜艳，服装质地忌粗糙。

2.女士着装的基本要求

女士着装应干净整洁、熨烫平整，服装式样不能太怪异、太暴露，工作装色彩不宜太过鲜艳、醒目，更不能满身珠光宝气。饰物不宜过多，式样应充分考虑乡村特色，而颜色选择则应充分考虑是否与肤色相协调。

（二）服装选择与搭配技巧

1.身体因素

不同的身材在选择服装时的侧重点大不一样。身材的高矮、胖瘦决定了人们对服装颜色、式样、面料等方面的选择，但总的原则是扬长避短，充分利用人眼的视觉差，突出和夸张身材的优点，掩饰和弥补身材的缺陷与不足。

2.脸型因素

不同的脸型决定人们在选择服装领型上应有差别。圆脸型的人不宜选择小圆领的衣服，长脸型的人不宜选择长形领，方脸型的人宜选小圆角领或双翻领，瓜子脸、鹅蛋脸等尖脸型的人选配衣领的范围较广，可以是大翻领，也可以是小圆领、加宽领等。

3.肤色因素

肤色的深浅决定着服装颜色的选择。光洁、细腻、白嫩的皮肤适合于任何颜色的服装，只要服装本身的颜色协调就可以；肤色较黑的人不适合粉红、淡绿两种颜色；面色偏黄的人较适合着蓝色或浅蓝色上装；面色红润的人宜穿茶绿或墨绿色的衣服。

4.年龄因素

年轻人应最大限度地展现女孩的清纯和男孩的朝气；中老年人在色彩上应选择亮度低些的色彩，在款式上以简洁、合体、大方、雅致的风格为主。

5.环境因素

在服饰选择上应注意TPO原则，即必须符合时间（time）、地点（place）和场合（occasion）三个要素。

(三)脸型、发型的搭配

1.乡村旅游从业人员发型的一般要求

①整齐、清洁,没有头垢、头屑。

②头发光润,丝丝可见光泽,具有较好的弹性。

③不粗不硬,不分岔,不打结,有柔软感。

④疏密适中,不留怪异发型。

⑤色泽统一,保持自然。

2.脸型、发型搭配的原则与技巧

①长脸型:发型轮廓应平伏些,尤其是前额的刘海应留得长而多一些。

②方脸型:发型轮廓应略蓬松,鬓角的头发要留得厚些,但不宜太长;发梢应向两颊前倾,掩盖下颌骨;前额刘海应留短发,且不宜过厚。

③圆脸型:发型应尽量从两侧鬓角向下拉长,鬓角头发宜留得厚一些,使发梢偏向两颊;前额应适当留短发,但不宜过短。

④菱形脸:发型不宜采用双分式,最好略显蓬松。

(四)乡村旅游从业人员的形象包装

1.男士的形象包装

旅游接待与服务人员中男士的整体形象要求稳重、得体、大方、高雅,力求显示出行业素质和职业风采。

①首先是精心梳理好头发,不留长发,更不要染发。

②认真修剪胡须、鼻毛、鬓角等;面部皮肤要经常护理,以保持面部光洁,神采奕奕。

③一定要做到衣着整洁,正式场合穿西装一定要系领带,衬衫下摆要扎进裤腰中;不穿袖口或裤边已磨损或开线的衣服。

④正式场合要穿皮鞋,且皮鞋要擦亮。

2.女士的形象包装

旅游行业女性形象应力求端庄、恬静,显示出良好气质和专业素养。

模块七 乡村旅游从业人员

①化淡妆，修剪指甲和鼻毛，将头发盘起或梳扎好。

②不佩戴多余的珠宝首饰，以免显得珠光宝气，给人留下粗俗的印象。

③着装得体，不穿透明或紧绷身体的服装，更不得穿领口过大的上装和超短裙。

【思考案例】

哪里出了差错？

王某是一个大型旅游景区营销部的经理，有一次在与一位台湾商人洽谈业务之前做了大量的准备工作。到了双方会面的那一天，他又对个人的形象刻意做了一番修饰：上身穿一件花格子T恤衫，下身穿一条比较前卫的牛仔裤，头戴一顶刻有景区标志的遮阳帽，脚穿一双旅游鞋。特别值得一提的是，为了显示自己工作经验颇为丰富，王某蓄起了胡须，近半个月都没刮过胡须。毫无疑问，王某想给对方一个时尚、能干的印象。然而事与愿违，对方看到王某这一身打扮，却皱起了眉头，业务最后也没谈成。

思考：王某的业务为何没谈成？推测一下，王某给台商留下的第一印象如何？在正式场合，旅游从业人员的服饰和仪容应遵守哪些规范？

289

【知识链接】

服务行业中常用的口诀

1. "三轻""四勤"：说话轻、走路轻、操作轻，眼勤、嘴勤、手勤、腿勤。

2. 服务三原则：质量、服务、卫生。

3. 迎送礼：迎客走在前，送客走在后，同行不抢道，客过要让路。

4. "五先"原则：先女宾后男宾，先客人后主人，先首长后一般，先长辈后晚辈，先儿童后大人。

5. "五声""十一字"："五声"即客人进店有欢迎声，客人离店有送别声，得到帮助有致谢声，打扰客人有致谦声，客人欠安有问候声；"十一字"即您、您好、请、谢谢、对不起、再见。

模块七 乡村旅游从业人员

项目二 乡村旅游从业人员的服务规范

【项目引入】

乡村旅游从业人员规范化的服务、大方得体的仪容仪表能增强旅游者对乡村旅游地的认可和信任，给旅游者留下良好的印象，进而为旅游者重返乡村旅游地游览提供了可能。

【学习目标】

知识目标：

● 熟悉乡村旅游从业人员的服务规范。

能力目标：

● 能将服务规范熟练运用到实际工作中。

【项目任务】

◆ 以小组为单位，搜集、整理乡村旅游从业人员的服务规范，能将服务规范熟练运用到实际工作中。

一、乡村旅游景区接待服务规范

景区接待服务的主要工作包括售票服务、入门接待服务（包括验票及咨询）和投诉受理服务。

（一）售票服务

①积极开展优质服务，礼貌待客，热情周到，售票处应公示门票价格及优惠办法。

291

②主动解答游客的提问,做到百忙不厌,杜绝与游客发生口角,能熟练使用普通话。

③主动向游客解释优惠票价的享受条件,售票时做到热情礼貌、唱收唱付。

④向闭园前一小时内购票的游客提醒景区的闭园时间及景区内仍在进行的主要活动。

⑤游客购错票或多购票,在售票处办理退票手续时,售票员应按景区有关规定办理。如确不能办理退票的,应耐心向游客解释。

⑥热情待客,耐心回答游客的提问。游客出现冲动或失礼时,应保持克制态度,不能恶语相向。

⑦耐心听取游客批评,注意收集游客的建议,及时向上一级领导反映。

(二)验票服务

①验票岗位工作人员应保持良好的工作状态,精神饱满,面带微笑。

②游客进入景区时,工作人员应使用标准普通话及礼貌用语。

③对漏票、持无效证件的游客,要礼貌地耐心解释,说明无效原因,说服游客重新购票。

④残疾人或老人进入景区时,应予以协助。

⑤如遇闹事滋事者,应及时礼貌予以制止;若无法制止,立即报告有关部门。切忌在众多游客面前与其争执,以免引起景区秩序混乱。

(三)咨询服务

①接受游客咨询时,应面带微笑,且双目平视对方,全神贯注,专心倾听,以示尊重与诚意,不可三心二意。

②咨询服务人员应有较高的旅游综合知识,对游客关于本地及周边区域景区情况的询问,要提供耐心、详细的答复和游览指导。

③答复游客的问询时,应做到有问必答,用词得当,简洁明了。

④接待游客时应谈吐得体,不得敷衍了事。言谈不可偏激,避免有夸张论调。

⑤接听电话应首先报上姓名或景区名称,回答电话咨询时要热情、亲切、耐心、礼貌,要使用敬语。

⑥遇到暂时无法解答的问题时，应向游客说明，并表示歉意，不能简单地说"我不知道"。

⑦通话完毕，应互道再见并确认对方先收线后再挂断电话。

（四）投诉受理服务

①景区工作人员应把游客的投诉视为建立诚信的契机。受理投诉人员要着装整洁，举止文明，热情、耐心地接待投诉游客。

②受理投诉事件时，能够现场解决的，应及时给予解决。若受理者不能解决的，应及时上报景区负责人，及时将处理结果通知投诉者，并注意收集反馈意见，科学分析，以便及时改进，提高服务质量。

③要以"换位思考"的方式去理解投诉游客的心情和处境，满怀诚意地帮助客人解决问题，严禁拒绝受理或发生与游客争吵现象。

④接待投诉者时，要注意礼貌，本着"实事求是"的原则。不能与客人争强好胜、与客人争辩，既要尊重游客的意见，又要维护景区的利益。

⑤景区应设立专用投诉电话，并在景区明显位置（售票处、游客中心、门票上等）标明投诉电话号码，且有专人值守。

二、乡村旅游景区导游（讲解员）服务规范

①景区导游（讲解员）应符合有关规定和要求，取得导游员（讲解员）资格，方可上岗。

②导游（讲解员）要时刻保持饱满的工作、服务热情，时刻处于良好的工作状态。

③景区导游（讲解员）应尊重游客，礼貌待客，微笑服务，热情主动，并耐心地倾听游客的意见。在合理的情况下，应尽量满足游客的要求。

④导游（讲解员）要严格按照讲解服务单位确定的游览线路和游览内容进行讲解服务，不得擅自减少服务项目或中止讲解服务。

⑤导游（讲解员）在讲解服务中，对涉嫌欺诈经营的行为和可能危及游客人身、财产安全的情况，要及时向游客作出真实说明或明确警示。

⑥导游（讲解员）不得向游客兜售物品和索要小费，不得欺骗、胁迫游客消费。

三、乡村旅游景区商业人员服务规范

（一）娱乐服务

①服务人员每天上岗前要认真仔细检查娱乐设施、设备，加强对设备、设施的定期维护和保养，使其处于良好的使用状态，保障游客安全。

②娱乐服务人员应具备良好的职业道德、文明素质、娴熟的技能和良好的心理素质。

③娱乐服务人员应提醒游客安全须知，并帮助游客作好安全准备，确认安全无误后再启动娱乐设施。

④对于不遵守安全规定的游客，服务人员要耐心说明违反规定的后果。如有解决不了的问题，应及时上报。

（二）购物服务

①商品购物服务人员除了要注意自己的着装和仪容仪表外，还要善于与游客沟通。

②应主动向客人介绍富有本景区特色的旅游商品，明码标价，无价格欺诈行为。

③购物市场管理应有序，经营者应统一佩戴胸卡，亮照经营，无尾随兜售或强买强卖现象。

四、乡村旅游景区餐饮服务规范

①餐饮服务人员要做到文明礼貌，热情待客，来有迎声、去有送声，微笑服务，并耐心解答就餐者提出的问题。

②注重个人仪容、仪表，保持个人卫生整洁，站立端正，面带微笑。

③按照《中华人民共和国食品卫生法》和国务院《公共场所卫生管理条例》的有关要求，切实做到景区餐饮设施格调统一，卫生三证齐全（包括卫生许可证、经营许可证、健康证），餐饮服务周到，无假冒伪劣商品，无过期变质食物，无食品加工过程中的交叉污染。

④餐厅应环境整洁，空气清新，有完善的防蝇、防尘、防鼠及污水处理设施。

⑤操作间应设专用冷藏、冷冻设施。餐具、饮具要做到一餐一消毒，有专用消毒设施。食品贮存应生熟分开。禁止使用一次性不可降解餐具。

⑥餐饮要做到质价相称、公平合理。在做到卫生、可口的前提下，还应注意用餐氛围、环境，体现本地区（景区）的饮食文化特色。

⑦严格执行服务规范和操作程序，根据菜肴种类按顺序上菜。要准确清楚地报上菜名，主动介绍饭菜特点。

⑧客人离开后，应提醒客人带好随身物品。

五、乡村旅游景区客房服务规范

①景区内的宾馆客房应清洁整齐。客房内各种设施、用具应消毒，保持卫生，做到一客一换。

②客房环境应保持安静。服务人员须做到"三轻"，即走路轻、说话轻、操作轻。

③客房安全设施要齐全可靠，做到防火、防盗。

④服务人员未经客人允许，不得擅自进入客人房间。如需进入客人房间，应先敲门，经客人允许后方可进入。

⑤客房服务人员要让客人看到的是真诚的微笑，听到的是真诚的话语，得到的是热情的服务。遇到客人应主动问好，使客人真正体会到"宾至如归"的感觉。

项目三　乡村旅游从业人员的培养

【项目引入】

目前，大多数乡村旅游从业人员都是当地农民，没有经过正规的培训，对旅游市场和旅游者心理缺乏了解，经营水平和服务质量都偏低。因此，要使乡村旅游充分发挥优势，充分利用旅游资源，提高乡村旅游竞争力，需要对乡村旅游从业人员进行职业能力培养。通过丰富的培训模式、培训内容，对不同人员进行分层培训，以提升乡村旅游从业人员的职业技能和素质，使乡村旅游从业人员能够更好地完成工作，为旅游者提供更加优质的服务，促进当地旅游产业持续、健康、快速发展。

【学习目标】

知识目标：
- 掌握培养乡村旅游从业人员的方法；
- 了解乡村旅游从业人员应具备的服务能力和现状。

能力目标：
- 能根据乡村旅游从业人员的现状，分析培训乡村旅游从业人员的方法。

【项目任务】

◆ 以小组为单位查阅资料，分类整理乡村旅游从业人员应具备的服务能力和现状，思考乡村旅游从业人员的培养途径。

模块七 乡村旅游从业人员

一、乡村旅游从业人员的素质要求

乡村旅游业的发展必须具备突出的景点特色、优越的服务质量、包容的文化环境三要素,其中,景点特色是发展旅游业的前提及客观条件;服务质量可增加旅游目的地的吸引力;环境要素不仅包括自然环境、景观建设,还包括旅游目的地的文明程度、居民对旅游者的态度。三要素需协调发展,缺一不可。三要素协调发展的水平取决于当地政府和旅游从业人员素质和服务技能的高低。因此,乡村旅游的发展对从业人员和旅游目的地的农民提出了很高的要求。一是需要具备一定的旅游专业知识和专业能力,对现代旅游业有明确的认识,具备发展的意识和眼光;二是需要有良好的职业道德和职业精神;三是需要具备良好的管理能力和专业的服务水平。当地农民的基本素质和业务素质如何,直接关系着乡村旅游的命运。开发乡村旅游资源,建设旅游基础设施固然重要,但提高农民的素质,通过农村职业教育和培训,建设一支合格的乡村旅游经营管理和服务队伍无疑更迫切。

二、乡村旅游从业人员的现状

(一)乡村旅游从业人员数量多,但文化素质偏低

乡村旅游的发展需要打造一支高素质、高技能、高水平的旅游行政人员、经理人、旅游经营者以及服务者,但目前旅游行政人员数量不多、乡村旅游经理人严重不足,乡村旅游经营者和服务者虽然在数量上有优势,但是整体的文化素质和专业技能水平低下。

由于乡村旅游大部分的从业人员文化素质较低,导致在乡村旅游开发过程中易出现以下问题。

1.观念落后

乡村旅游从业人员大多是当地村民,没有接受过正规的教育培训,也缺乏相应的经营管理经验,对乡村旅游发展的趋势和前景认识不到位。虽然周边城市的乡村旅游取得了较好的成效,但如果没有政府或企业的引导,他们积极主动开发乡村旅游的观念不强。

2.经营管理能力低下

乡村旅游从业人员的受教育水平较低,对旅游缺乏认识,对旅游者的接待仅

停留在提供简单的吃住玩上,对乡村旅游的特色开发、产品设计、整体规划等意识较差。这也是导致乡村旅游出现经营水平低下、收入水平不足以及发展水平落后等问题的重要原因之一。

(二)有针对性的乡村旅游从业人员培训比较欠缺

从乡村旅游开发伊始,各地就逐渐增加对乡村旅游专业人才的培养,但是发展速度较慢。大部分乡村旅游从业人员主要来源于农村本身的劳动力,专业的旅游从业人员严重缺乏,也缺乏对乡村旅游从业人员的培训。虽然近几年国家和地方政府加大投入,积极组织相关人员进行培训,但由于从业人员认识观念和培训方法、手段针对性不强等原因,收效不甚明显。

(三)院校培训的旅游专业人才多,但到农村进行就业的数量少

伴随着乡村旅游业的不断发展和进步,旅游专业人才队伍也在不断发展、壮大。根据相关的数据统计分析,旅游专业学生的数量足够满足旅游业的发展。乡村旅游虽然有着很好的发展前景,但是由于乡村旅游工作地点以及生活条件的限制,导致大部分的旅游专业学生并不会主动选择进入乡村旅游业,很多的旅游专业人才宁愿改行发展,也不愿意去从事乡村旅游事业。这最终使旅游专业人才大量流失,对乡村旅游业的发展产生严重的影响。

三、乡村旅游从业人员的培养

(一)加强政府引导和管理

乡村旅游的发展需要政府的引导、管理,并制定相应的乡村旅游发展规划,积极为乡村旅游的开发提供政策引导,在人力、财力、物力上给予相应扶持。针对乡村旅游从业人员的培养,建议政府从以下两个方面着手:一是政府要高度重视乡村旅游从业人员的培养问题,将培养问题纳入乡村旅游发展规划中,并制定专业的乡村旅游从业人员行业标准,保证从业人员的专业化发展;二是政府要发挥主导作用,采取各种措施,积极引导和鼓励高层次人才投身于乡村旅游业的发展。如举办旅游人才招聘会,建立旅游人才信息库,为乡村旅游企业构筑人才交流平台;建立乡村旅游人才引进的激励机制,提高乡村旅游产业对高层次人才的吸引力;为高层次人才提供全方位的服务保障,为其提供

模块七 乡村旅游从业人员

一个良好的发展空间等。

（二）树立正确舆论导向，吸引优秀高校毕业生

高校毕业生是社会人力资源中最宝贵的一部分，然而受到中国传统就业观念的影响，很多毕业生对就业岗位的地域、环境、待遇等方面都存在着过高的期望。城市优越的生活条件、良好的工作生活环境和更多的发展机遇，不仅使城市毕业生不愿到农村工作，即使是跳出"农门"的学生，也不愿意回到农村。就业观念的转变，离不开良好的舆论环境作保障。政府应积极出台各种优惠政策，并充分发挥媒体的舆论导向和典型示范的作用，利用报纸、电台、电视台、网络等媒体资源大力宣传典型，引导高校毕业生转变就业观念和成才观念，鼓励和吸引更多的优秀高校毕业生投身乡村旅游产业，从而提高乡村旅游业的管理水平，带动从业人员素质的整体提升。

（三）加强对乡村旅游从业人员的培训

1.以乡村职业学校教师为主体，组织动员多方教师资源

乡村职业学校教师对乡村和城市都比较熟悉，是联结乡村和城市的桥梁。因此，乡村职业学校要利用自身优势担当起培训乡村旅游从业人员的重任。由乡村职业学校牵头，以校校联合、校企联合、校政联合等方式组织教育培训，达到优势互补。如聘请旅游专业教师讲授旅游管理与服务、市场营销等课程，请酒店管理专业教师讲授饭店服务礼仪规范、食品卫生安全知识等。

2.针对不同对象和人员实行分层培训

乡村旅游人才可分为经营管理人员和服务人员两类。因此，需要有针对性地对其进行培训。对农家乐经营管理人员的培训主要包括组织其定期集中培训或外出考察，介绍经营管理理念、乡村旅游项目的策划和开发，以提高景区和家庭旅馆的经营管理水平和档次，发展壮大旅游经营管理人才队伍。对乡村旅游一般从业人员应开展岗位技能培训活动，主要包括传统技艺和乡土文化传承、导游服务、交通服务、客房服务、餐饮服务、旅游纪念品和娱乐活动设计、服务礼仪和服务规范、市场营销等内容。

3.提高乡村职业学校自编教材的质量

乡村职业学校可以结合当地旅游文化资源的特色、乡村旅游从业人员的基本情况，组织各方资源编制一套具有地方特色、实用性和可操作性强的有关乡村旅游经营管理、乡村旅游市场营销、乡村旅游服务等的职业教育特色教材，以提高乡村旅游从业人员的理论和实践水平。

4.开展灵活多样的培养模式

在人才培养模式方面，要以有针对性的短期培训为主，以学历教育为辅。根据农业和旅游业的特点，帮助广大学员解决工学矛盾，可采用农闲时间、旅游业淡季集中培训，利用晚上开设"小灶"培训，组织培训人员到点、到乡、到村进行集中培训。通过送教入村、送教上门，为广大学员提供便利。在培训方式上，则采用案例教学法、示范带动法、现场参观调研法、成功经营者现身说法等形式增强培训效果。在一些关键环节上，培训指导教师要深入各村、各点有针对性地开展专项现场咨询和指导，让学员边培训边实践、边培训边经营。通过灵活多样的培训方式和内容，全面提升乡村旅游从业人员的素质，培养适应新农村建设的旅游市场发展需要的专业人才。

（四）优化人才发展环境，有效控制人才外流

人才的高流失率是旅游行业面临的通病，乡村旅游更是如此。因此，在加强人才引进和培育工作的基础上，为乡村旅游人才营造良好的发展环境，有效控制人才外流，显得尤为重要。控制人才外流主要可以从以下三个方面着手。

1.建立合理薪酬制度

建立合理的薪酬制度，为乡村旅游人才提供能够客观真实地反映其价值、令乡村旅游人才满意的薪酬，从而激发人才的工作积极性。

2.提供广阔发展空间

根据乡村旅游人才的专业、特长，分配能够充分施展其才华的岗位，为人才提供一个广阔的发展空间。

3.人性化管理

重视对乡村旅游人才的管理，在人才的使用过程中尊重人才、爱护人才、关

模块七　乡村旅游从业人员

心人才，为人才营造一个良好的工作环境。

（五）加强市场监管力度，规范从业人员行为

规范从业人员行为是保障乡村旅游市场的良好秩序，促进其健康有序发展的需要。对于从业人员行为的规范工作，首先是要有针对性地制定促进和规范乡村旅游发展的法律、法规，依靠法律的手段对乡村旅游从业人员的行为进行管理和监督，使乡村旅游逐步走上法制化、规范化的道路。其次，要建立和健全乡村旅游服务质量管理标准体系和职业资格认证制度，对乡村旅游从业人员的行为进行指导和监督，使乡村旅游的服务质量能够得以不断提升。

【知识链接】

一个农家乐老板的生意"秘籍"

宗竹林是成都农科村最早经营农家乐的领头人之一，是他率先在农科村洗脚上田，抛弃传统的粮食种植和果树栽种，改为培育苗木花卉及桩头盆景，接着又带头搞起了乡村旅游农家乐，使农科村被誉为"中国乡村旅游第一村"。

问起农家乐经营有什么秘籍，宗竹林很中肯地说了下面五点。

秘籍一：不为旅游而旅游

农科村的发展模式有一项内容十分引人关注，即"不为旅游而旅游"。什么意思呢？宗竹林解释："一般的中国农村，经济发展都相对比较落后，产业链脆弱，如果仅仅依靠乡村旅游特别是农家乐来解决'三农'问题和建设社会主义新农村，产业太单一，风险过大，难以确保农村经济的可持续发展。因此必须寻求不同的发展道路，相互促进发展。"

"单一发展农村经济的教训举不胜举。水果俏了，大种水果，到处都种，价就跌了；猪肉俏了，大举养猪，到处都养，价就跌

了。对某种农业产业或单一产品过分依赖、过度发展,其市场的风险是巨大的。"宗竹林说,"农科村之所以三十年长盛不衰,其中一个重要的原因就是确定产业方向和产品方向时始终不走单一路线,而是时时居安思危,时时瞄准将来,时时以产业互补来防范市场风险。"

秘籍二:一碗免费豆花换回大批"回头客"

"有一次,我家里来了3个小伙子,酒喝到高兴时,一个小伙子突然提出想喝碗豆花清清口。恰巧那天我们家没磨豆花,但我没嫌麻烦,就让服务员到街上买了碗新鲜豆花,又给他上了两碟搭配的下饭咸菜,小伙子吃后赞不绝口。后来结账时,小伙子就想另外给豆花和下饭菜的钱,但因为我们是按人均20元的饭菜钱收的,我就坚决不要。小伙子很感动,后来,他不但自己定点在我这儿吃饭,还给我介绍了大量他的朋友过来。其实做生意就是这样简单,有时候一碗免费豆花,就能换回来一桌又一桌的回头客。"

秘籍三:不能盲目扩大接待人数

"农家乐,乐字很重要,不能为了赚钱盲目扩大接待人数。打个比方,我们家只有200人的接待能力,但如果来了300个客人,我照单全收,那么服务、菜品质量肯定跟不上,人家吃得不安逸,下次就不来了。这是典型的贪小便宜吃大亏,刚开农家乐的农民兄弟最容易犯这种错误。"这是宗竹林的第三个体会。

在宗竹林的"观景楼"农家乐,每天都是定量接待游客,即使生意再好,他也不会为了多赚几个钱而将就着马马虎虎招待游客,而是很礼貌地告诉游客实际情况,并热情地介绍游客到别处食宿。这样,虽然游客在当时有些失望,但也能理解宗竹林的一番好心,同时还为村里的其他农家乐照顾了生意,口碑自然就好了起来。

秘籍四:把快乐和感情投入进去

"做生意时不要光想着挣钱,要以诚待客。成都有几个朋友,

模块七 乡村旅游从业人员

5年前的春节到我家做客，我们又是杀猪、又是放烟花，让他们觉得就像在自己老家过年一样自在、热闹。后来，他们从第一次来的客人慢慢变成了经常走动的朋友。现在每到过年过节，他们就给我们带牛肝菌、枣子等特产，我女儿结婚他们也来喝喜酒。我们的关系现在就像亲戚一样，这是比做生意赚钱更有意义的事。而快乐是可以传染的，你在为游客服务的时候感到快乐，游客自然也就觉得快乐；你对游客微笑，游客自然也会对你报以微笑。所以，做服务行业，千万别吝啬你的快乐和笑容。"

秘籍五："搭公交车来的"也是重要客户群

"有些开农家乐的同行，思想比较势利，把利润看得太高。我的看法是不能光盯着'开私家车来的'，更重要的是吸引'搭公交车来的'工薪阶层，所谓薄利多销。因为'开私家车的'毕竟只是少数，真正撑起农家乐的还是工薪阶层。价钱实在，服务好，再弄几个自己的看家特色菜，把工薪阶层的回头客争取到，这才是农家乐长远而稳定的客户群。"

资料来源：https://wenku.baidu.com/view/f0b238bfad51f01dc381f13e.html

参考文献

[1] 张香荣.新农村建设背景下郑州乡村旅游开发与规划[J].当代旅游,2018(8):8-9.

[2] 罗正琴.新农村建设视域下的乡村旅游开发:基于四川省的分析[J].农业经济,2018(3):30-32.

[3] 张霞.乡村旅游开发中的农产品品牌营销[J].现代营销,2018(1):40-41.

[4] 文瑜.基于"互联网+"的桂林乡村智慧旅游开发研究[J].经贸实践,2018(3):197-199.

[5] 樊茜.我国乡村旅游开发的现状、问题及政策支持研究[D].西安:西北大学,2017.

[6] 孙仲权.乡村旅游从业人员职业能力培养的探讨[J].人力资源管理,2017(10):1.

[7] 李会琴,王林,宋慧冰,等.湖北省乡村旅游资源分类与评价研究[J].国土资源科技管理,2016,33(5):26-31.

[8] 郭凌,杨启智.乡村旅游开发与乡村文化变迁[M].成都:西南财经大学出版社,2014.

[9] 熊金银.乡村旅游开发研究与实践案例[M].成都:四川大学出版社,2013.

[10] 龚勋.现代乡村旅游开发及营销策略[M].成都:西南财经大学出版社,2013.

[11] 逯铮,张志增.乡村旅游从业人员职业能力培养新思路[J].中国培训,2012(2):46-47.

[12] 唐德荣.乡村旅游开发与管理[M].北京:中国农业出版社,2011.

［13］纪明源.乡村旅游线路设计的理论与实证研究［D］.福州：福建农林大学，2011.

［14］李静轩，李屹兰.乡村旅游开发与经营［M］.北京：中国农业科学技术出版社，2011.

［15］唐代剑.中国乡村旅游开发与管理［M］.杭州：浙江大学出版社，2007.

［16］卢绍香，殷红梅.乡村旅游地的旅游形象定位策划［J］.太原师范学院学报（自然科学版），2006，5（4）：112-115.